浙江省哲学社会科学规划
后期资助课题成果文库

税收优惠对企业市场行为的影响研究

Shuishou Youhui Dui Qiye Shichang
Xingwei De Yingxiang Yanjiu

潘孝珍 著

中国社会科学出版社

图书在版编目(CIP)数据

税收优惠对企业市场行为的影响研究 / 潘孝珍著 . —北京：中国社会科学出版社，
2016.8

ISBN 978 - 7 - 5161 - 8711 - 1

Ⅰ.①税…　Ⅱ.①潘…　Ⅲ.①税收优惠 - 税收政策 - 影响 - 企业行为 - 研究 -
中国　Ⅳ.①F812.422②F279.23

中国版本图书馆 CIP 数据核字(2016)第 182773 号

出 版 人	赵剑英
责任编辑	李庆红
责任校对	周晓东
责任印制	王　超

出　　版	中国社会科学出版社
社　　址	北京鼓楼西大街甲 158 号
邮　　编	100720
网　　址	http://www.csspw.cn
发 行 部	010 - 84083685
门 市 部	010 - 84029450
经　　销	新华书店及其他书店

印刷装订	三河市君旺印务有限公司
版　　次	2016 年 8 月第 1 版
印　　次	2016 年 8 月第 1 次印刷

开　　本	710×1000　1/16
印　　张	13
插　　页	2
字　　数	213 千字
定　　价	49.00 元

凡购买中国社会科学出版社图书，如有质量问题请与本社营销中心联系调换
电话：010 - 84083683

前　　言

　　税收优惠是政府为了实现特定的社会经济目标，通过法律、法规明确规定，给予部分纳税人减轻税负或免于征税的税收激励和照顾措施。它是政府引导企业市场行为的重要政策工具，其本质是政府对公共产品供给价格的差异化定价策略，目的是引导纳税人的社会经济行为，实现社会福利最大化。

　　为了引导企业市场行为，我国实施税收优惠的规模非常庞大，根据国家税务总局 2015 年 12 月 22 日发布的减免税目录，我国当前开征的 18 个税种中，涉及企业科技创新优惠方面的税种包括增值税、营业税、企业所得税、房产税、城镇土地使用税，共计 34 项。其中，优惠力度最大、优惠面最广的莫过于高新技术企业所得税税率减按 15%，以及三项研发费用加计扣除的优惠政策。为了全面掌握我国税收优惠政策的执行情况，国家税务总局和财政部曾于 2004 年联合发布减免税普查通知，此后决定2010 年起在全国范围内定期开展减免税统计调查工作。国家税务总局数据显示，2015 年我国仅落实高新技术有关税收优惠政策减免税就达 1400多亿元，足见我国税收优惠实施规模之体量庞大。

　　但是，我国税收优惠政策也存在政策制定不规范、政策体系杂乱、政策实施效果评估环节缺失等问题，其直接后果是，尽管我国税收优惠政策繁多，但对企业市场行为的引导效果欠佳。为此，国务院于 2014 年 12 月9 日发布《国务院关于清理规范税收等优惠政策的通知》（国发〔2014〕62 号），要求各省级人民政府和有关部门于 2015 年 3 月底前完成已有税收优惠政策的专项清理。然而，国发〔2014〕62 号文发布仅半年之后，就被 2015 年 5 月 11 日发布的《国务院关于税收等优惠政策相关事项的通知》（国发〔2015〕25 号）叫停。显然，在我国现阶段政府经济政策高度依赖于税收优惠的现实条件下，对现存的税收优惠政策开展全面清理是不现实的。目前，鉴于税收优惠政策实践中存在的不足，我国政府对其主要采取严格管理的措施，如国家税务总局于 2015 年 10 月 29 日发布《关于发布〈减免税政策代码目录〉的公告》，加强对税收法律法规规定、国务院制定或经国务院批准，由财政部、国家税务总局等中央部门制定的税收优惠政策进行管理，此后每月定期更新，并要求地方依照法律法规制定发布的适用于本地区的减免税政策，由各地税务机关制定代码并发布。

可以看出，对于税收优惠的态度，无论是学术界还是政府官方，总体上存在着两种截然不同的观点：一种观点认为，税收优惠可以有效地引导本地区企业的市场行为，从而促进地区经济快速发展；另一种观点则认为，税收优惠不利于创造公平的市场竞争环境，政府的财税政策应该尽量保持中性。实际上，税收优惠政策既非万能，也非绝对有害。就我国当前引导企业市场行为的税收优惠政策而言，重要的不是抛弃或清理绝大部分税收优惠政策，而是如何规范当前的税收优惠体系，对税收优惠政策的实施效果进行评估，并根据效果评估结果对税收优惠政策进行进一步调整，从而不断完善我国的税收优惠体系。

基于上述目标，本书重点从微观层面考察税收优惠政策对企业市场行为的理论效应，包括就税收优惠对企业市场行为的作用原理、影响因素、特点等进行深入探讨，并使用上市公司财务报表数据构建微观层面的税收优惠衡量指标，就税收优惠对企业市场行为的实际作用效果进行实证分析。在理论与实证研究的基础上，本书就进一步完善我国的税收优惠政策提出了具有实际应用价值的政策建议。

本书是浙江省哲学社会科学规划后期资助课题《税收优惠对企业市场行为的影响研究》（15HQZZ001）的最终成果。感谢责任编辑李庆红女士在本书出版过程中付出的辛勤劳动。

由于本人学术水平、专业知识结构等诸多方面的限制，书中未免会有疏漏、错误之处，敬请批评指正。

潘孝珍

2016 年 4 月 18 日

于钱江之滨

目　　录

导　　论

一　研究背景及意义

（一）本书的研究背景

税收优惠政策是政府调控国民经济的重要手段，政府通过向企业提供税收优惠政策来引导企业的市场行为，从而促进国民经济发展战略目标的实现。从近代历史来考察，新中国成立以来先后经历了传统计划经济时期、有计划的商品经济时期和社会主义市场经济时期三个历史阶段，税收优惠政策也随着我国社会经济形态的转变而经历不同的阶段。1994年以前，我国的税收优惠制度曾一度出现失控的局面①，究其原因在于我国当时处于社会经济大变革时期，税收优惠政策在调控国民经济运行上被寄予过高的期望。1994年的分税制改革奠定了我国当前税收优惠制度的基础，尽管改革之初对当时的税收优惠体系进行了全面清理，但由于各种条件的限制，我国至今仍未建立起科学完善的税收优惠制度。相反，随着时间的推移，我国当前的税收优惠体系在社会经济实际运行过程中又逐渐暴露出一些问题。奥肯的"漏桶原理"指出，政府通过征税的办法从富人那里获得1000元的税款，并将之转移给穷人，但穷人最终收到的可能只有600元，剩余的400元就像漏桶里的水一样，消失在国民收入转移的过程中。② 与此类似，政府针对企业出台税收优惠政策的目的，是为了引导企业的市场行为，从而创造高于税收优惠制度实施成本的社会收益，即假如政府通过向企业提供成本为1000元的税收优惠，其预期目标是该项优惠可以带来1500元的社会整体收益，但遗憾的是由于"漏桶效应"的存

---

① 刘海峰、陈占锋：《中国税收优惠制度改革研究》，西南交通大学出版社2007年版，第1页。

② ［美］阿瑟·奥肯：《平等与效率》，华夏出版社1999年版，第86—113页。

在，该项税收优惠政策最终实现的社会整体收益可能只有 1200 元、800元，甚至只有 500 元。不过，在我国税收优惠实践中，政府更多的是一厢情愿地认为，税收优惠政策可以创造高于 1000 元的社会收益，却不去深究其是否真的发挥了预期效果。基于当前我国政府税收优惠政策决策过程中的盲点，本书将从微观层面深入研究政府的税收优惠政策对企业市场行为存在的影响，从理论的角度探讨税收优惠对企业市场行为可能存在的影响效应，从实证的角度验证我国税收优惠政策是否实现了其预期目标。本书的研究背景主要有：

（1）税收优惠规模庞大，但统计数据缺乏。我国当前开征的 18 个税种中，每个税种都会有相应的税收优惠政策出台，与企业关系较为密切的增值税、消费税、营业税、企业所得税等税种的优惠项目更是繁杂，以企业所得税为例，其税收优惠形式包括了减免税、税额抵扣、税收抵免、投资抵免、先征后返、亏损结转、加速折旧、存货计价、税项扣除等项目。① 对于税收优惠的规模，国家税务总局和财政部曾于 2004 年联合发布减免税普查通知，但却一直未见发布普查结果数据。② 此后，国家税务总局从 2010 年起重新开始开展全国减免税统计调查工作，但该项工作从实施到现在，也仍未见国税总局发布全国性的调查结果数据。③ 不过，也有部分省市的税务部门对本辖区内的税收优惠水平进行过尝试性统计，或在国税总局组织的减免税统计调查过程中报告本辖区的减免税情况。如2012 年河南省国税部门共组织税收收入 1482.75 亿元，落实各项税收优惠 320.20 亿元④，当年度的税收优惠规模占到实际税收收入的 21.6%；深圳市龙岗区地税局管控的 20 多家创新型企业，2011 年享受到的税收优惠，仅研发费用税前加计扣除一项就达 8.65 亿元，2012 年 1—11 月则达

---

① 汪华亮、邢铭强：《最新企业税收优惠政策指南》，立信会计出版社 2011 年版，第 115—133 页。

② 参见《国家税务总局、财政部关于印发〈减免税普查实施方案〉的通知》（国税发〔2004〕83 号）。

③ 参见《国家税务总局关于开展减免税统计调查工作的通知》（国税发〔2010〕111 号）；《国家税务总局关于开展减免税统计调查工作的通知》（税总发〔2013〕51 号）等文件。

④ 《河南 2012 年国税收入和税收优惠总额突破 1800 亿元》，人民网，http：//henan. people. com. cn/news/2013/01/07/662176. html，2013 年 4 月 1 日。

到 18.54 亿元。① 更为根本的问题是，我国政府并不像一些西方发达国家那样将税收优惠作为税式支出纳入政府财政预算，也就不可能形成对税收优惠进行决算以统计实际税收优惠规模的制度。因此，尽管我国的税收优惠规模非常庞大，税务部门也在尝试进行税收优惠统计工作，但现实情况是，无论是全国层面上还是分省层面上，我国当前税收优惠制度的实际实施状况始终缺乏准确的统计数字。

（2）税收优惠实施效果评估环节缺失。尽管我国的税收优惠规模庞大，但却忽视对税收优惠政策实施效果的评估工作，以至于在政策实施过程中出现各种问题。政府经济政策的实施效果一般可以采用成本收益法进行评估，就税收优惠政策而言，可以通过估算政府税收优惠政策的实施成本和收益，并将两者数值进行对比，从而计算出该项政策的实施绩效。但是，如文前所述，我国并未将税收优惠作为税式支出纳入政府预算，税收优惠政策的实施成本难以获得，至于其收益更是未曾进入政府部门的视野，因此难以考量我国当前各项税收优惠政策的实际实施效果，这也导致我国政府出台税收优惠政策具有很强的随意性，不重视政策的实施成本，也不关注政策的实施效果。进一步地，由于税收优惠政策实施效果评估的缺失，使得相关利益集团的政策游说活动更加肆无忌惮，导致我国针对个别企业单独实施的各种税收优惠政策层出不穷，相同类型的企业处在不同的起跑线上，给本该公平竞争的市场经济主体制造人为的不公平，造成经济效率的极大扭曲。

（3）政府经济政策对税收优惠的依赖性。我国政府积极使用财政政策和货币政策对国民经济进行调控，而财政政策主要包括预算、税收、公债和财政支出四种政策手段。预算和公债手段一般适用于调控国民经济的整体宏观走势，而税收和财政支出手段除了可以调控国民经济的整体宏观走势外，还可以通过针对不同的经济主体制定差异化的政策方案来对微观经济主体进行调控。实际上，税收优惠政策既是一项税收政策也是一项支出政策，作为对基准税制的背离，它降低或免除了部分纳税义务人的税收负担，从而引导和改变纳税义务人的市场行为，在我国社会主义市场经济实践中得到了广泛应用，并且逐渐形成了政府对税收优惠政策的高度依

---

① 《落实研发给用税收优惠规模全市第一》，深圳政府资助网，http：//www.sz-money.org/pub/info6066.aspx，2013 年 4 月 1 日。

赖。政府每提出一项经济发展战略，往往都会有大量配套的税收优惠政策出台，如我国政府先后提出的西部大开发、东部新跨越、振兴东北老工业基地、中部崛起等一系列区域发展战略，都或多或少配套出台了一系列税收优惠政策。同时，政府提出的各种社会经济目标也都会与税收优惠紧密相连，如促进就业、促进区域经济发展、促进节能减排、促进中小企业发展、促进农村经济发展、促进科技进步等社会经济目标，都能在当前实施的各税种中找到相对应的优惠措施。可以说，我国政府在社会经济调控工具的选择上，对税收优惠具有极强的依赖性。

（4）结构性减税大背景下将有更多税收优惠政策出台。我国当前正在贯彻实施的结构性减税政策，最初是为了应对国际金融危机而临时提出的，但在政策实施过程中，人们不断意识到结构性减税政策实际上是一项可以而且需要长期实施的宏观经济政策。原因在于，从我国政府大口径的宏观税负水平来看，政府全部收入占国内生产总值的比重相对偏高，有减税的必要；从我国政府财政收入的结构来看，尽管税收仍是我国政府财政收入的主要来源，但政府性基金收入、规费收入等也占了政府收入相当高的比重，特别是对地方政府来说，许多年份土地出让金收入几乎占到地方政府财政收入的一半左右，表明我国政府财政收入的结构非常不合理，有结构性调整的必要。税收优惠政策实际上是实施结构性减税政策的重要载体，我国在国际金融危机以来出台的大部分结构性减税措施大多都是以税收优惠的形式出现，如规定从 2015 年 1 月 1 日到 2017 年 12 月 31 日，对年纳税所得额低于 20 万元的小型微利企业，其所得减按 50% 计入应纳税所得额，按 20% 的税率缴纳企业所得税。在当前大力实施结构性减税的大背景下，预计将会有更多的税收优惠政策出台。

（二）本书的理论及现实意义

在我国当前税收优惠规模庞大但统计数据缺乏，政策实施效果评估环节缺失，政府经济政策严重依赖于税收优惠，并将有更多税收优惠政策出台的研究背景下，本书将着重分析政府税收优惠政策对企业市场行为的影响，其理论与现实意义在于：

（1）将研究视角聚焦于政府宏观税收优惠政策对企业的影响。税收优惠政策既是一项宏观政策，也是一项微观政策，它通过减少企业税款缴纳数额，直接影响企业的现金流状况，从而改变企业在市场竞争中的具体行为。可以说，税收优惠的微观经济效应是其宏观经济效应发挥作用的基础。因此，税收优惠对企业的影响更应该进入学术研究的视野，本书正是以此为切入点，重点研究政府的税收优惠政策对企业市场行为可能存在的微观影响机理与实际经济效应，从而具有很强的理论与现实意义。

（2）构建指标衡量企业享受的税收优惠水平。对企业享受到的税收优惠水平进行衡量，是关于税收优惠对企业市场行为影响研究的基础环节。然而，我国税收优惠统计工作缺失，在宏观层面上，除了出口退税数据以外，其他类型的税收优惠数据都不可得。并且，即使政府公布近年来统计所得的减免税数据，也仅仅是全国、地区或者税种层面的宏观数据，仍无法应用到企业层面的税收优惠效应分析中。因此，已有文献主要通过各种方式对我国税收优惠规模进行测算，如在总体上测算全国的税收优惠水平、以税收优惠政策测算地区税收优惠水平、以企业财务报表测算企业税收优惠水平等。本书将在总结前人研究成果的基础上，从理论上对已有的税收优惠衡量方法进行更加科学的改造，并运用可以公开获得的上市公司财务报表数据，测算我国企业实际上享受到的税收优惠水平，从而具有一定的理论与现实意义。

（3）对企业市场行为进行定量分析。除了衡量企业享受的税收优惠水平外，本书按照企业运营流程，将企业市场行为分解成投资决策行为、科技创新行为、市场获利行为，从理论上构建合理的企业市场行为衡量指标，并从总体现状、分行业现状、分区域现状等多维度进行实证分析。由此，本书对我国企业当前的投资决策行为、科技创新行为和市场获利行为有一个全面的描述，并为本书进一步从实证角度分析税收优惠对企业市场行为的影响提供数据支持，因此具有很强的理论与现实意义。

（4）为政府政策制定提供理论与现实依据。由于本书使用的是微观层面的上市公司数据，因此研究的广度和深度都要受到上市公司财务会计制度的约束，本书将根据企业运行流程和数据的可得性，在理论分析的基础上，选择企业投资决策行为、科技创新行为和市场获利行为进行计量分析，从实证的角度探讨税收优惠政策对企业市场行为存在的影响。并且，本书将根据理论分析与实证分析的结果，对我国实施税收优惠制度改革提供具有理论与实践基础的政策建议，从而有利于促进政府税收优惠政策决策的科学性、可行性和有效性，为我国进一步推进社会主义市场经济体制改革贡献绵薄之力，这也是本书最为重要的理论与现实意义。

二 国内外相关文献综述

(一) 税收优惠理论研究进展

1. 税收优惠与税式支出

关于税收优惠的概念，朱承斌（2005）认为，税收优惠是政府根据一定时期政治、经济和社会发展的总目标，给予特定的课税对象、纳税人或地区的税收激励和照顾措施。汪华亮、邢铭强（2011）也认为，税收优惠是指税法给予某些纳税人和征税对象某些鼓励和照顾措施的一种特殊规定。叶金育、顾德瑞（2013）则认为，税收优惠本质上是一种租税特权，违背了量能课税与平等课税的根本理念，其合法性与正当性在于它所承载的特定价值追求。对于税收优惠的分类，刘蓉（2000）根据我国税法和税收实践，认为税收优惠主要包含减免税额、税收扣除、税收抵免、税收饶让、优惠税率、盈亏互抵、优惠退税、税收递延等形式。吴文锋、吴冲锋（2009）则按照性质，将税收优惠分为地域性税收优惠、行业性税收优惠、其他税收优惠等。此外，税收优惠按照合法性可以分为法定税收优惠和非法定税收优惠，法定税收优惠是由税法条文明确予以规定的税收优惠项目，而王立彦、刘向前（2004）指出，非法定税收优惠是指地方政府或主管机关超越法定权限批准的税收减免或返还。尽管我国税收优惠的种类很多，规模庞大，但对于税收优惠规模的统计工作却尚未起步，李扬（1990）就曾指出，我国1978—1987年的税收优惠规模不可忽视，而1987年以后的税收优惠规模数据不可得，只有完整的以出口退税表示的税收优惠数据。温来成（2000）认为，将税收优惠纳入财政预算，实现规范化管理，是我国税收优惠制度改革的根本出路；白重恩、毛捷（2011）则进一步指出，世界各国主要有"综合预算管理模式"、"准预算管理模式"和"非制度化的单项监督与控制模式"三种税收优惠管理模式。

税收优惠与税式支出有着天然的联系，税式支出的概念最早由 Surrey 于1967年提出，并由 Surrey（1974）对其进行全面论述。Surrey 认为，尽管税收抵免、减税等税收优惠政策从表面上看属于政府财政收入的范畴，但它们在本质上与政府财政支出有着相似的性质，应该将税收优惠按照财政支出的方式进行量化管理与监督。此外，Anderson（2008a）认为，税式支出是相对基准税制来说，减少或推迟小部分纳税人的税收负担的相关税法规定、规章和惯例；Schick（2007）指出，税式支出在许多 OECD 国家被熟知为税收减免、税式补贴和税式援助；陈端洁（2004）则认为，税式支出是由于政府对特定经济或社会目标的追求，以税收优惠的形式，通过对基准税制的偏离而导致政府税收收入的减少。但是，税收优惠与税式支出也有明显的区别，如解学智、史耀斌、张天犁等（2003）指出，尽管税式支出概念是由税收优惠概念发展而来，所涉及的对象基本相同，但两者绝不是同义反复；邓欣（1997）认为，税式支出强调了税收优惠与直接财政支出的相似性和可替代性，并且提出按照直接财政支出对其进行预算管理的必要性。

2. 税收优惠经济效应

在宏观经济效应方面，易志坤（2003）指出，税收优惠政策可以促进产业结构优化、推动科学技术进步、促进地区经济协调发展、吸引国外资金和先进技术、有利于出口创汇等。姚林香、车文军（2008）通过不完全信息博弈模型分析认为，税收优惠政策可以有效地促进就业，然而，方重、梅玉华（2008）根据我国失业现象的特点，认为税收优惠在促进我国就业上具有局限性。此外，税收优惠在促进区域经济增长上也发挥了非常重要的作用，如 Jian、Sachs 和 Warner（1996）指出，中国东部沿海地区在 20 世纪 90 年代以后快速发展的一个重要原因是，东部沿海地区拥有特殊的税收优惠政策；Zhang（2001），Bao、Chang、Sachs 等（2002）也都得出了相同的结论。不过，也有学者看到税收优惠存在的负面效应：胡宇（1999）认为，增值税优惠政策对经济效率来说是一种损害；李莹（2005）认为，由于我国的税收优惠主要由税务部门以政令形式确定，这给纳税人偷逃税款留下很多政策漏洞，从而致使国家税款流失；刘蓉（2005）则指出，税收优惠虽然具有收入"自尝"、税负均衡、结构调整、社会公平等正面效应，但也存在许多负面效应，如税收优惠政策不一定有效、成本过高、资源配置效率低下等问题。

在微观经济效应方面，陈海山、李保民（1994）指出，税收优惠侧重于经济活动的微观调节，其调节对象是较为具体的纳税人、应税产品和特定税种，从微观的角度促进经济增长。此外，还有一些文献将研究视角集中于企业，如刘颖、刘明（2012）认为，税收优惠政策具有经济导向性，能够把企业的经济行为引导到政府鼓励的领域中去；沈肇章、魏朗（2009）指出，税收优惠的政策效应主要受企业组织特征、运用税收优惠能力、税收优惠政策信息传递与管理三个因素影响；张荣芳、刘燕冰（2013）则认为，尽管我国对技术创新企业实施各种税收优惠措施，对企业的技术改进和研发起到一定的推动作用，但由于税收优惠措施颁布主体多元化、低层次，造成税收优惠措施的不可预见性和不稳定性。从具体研究内容来看，夏霖（2003）、孙磊（2011）等文献就税额式、税基式、税率式等不同的税收优惠方式对企业业绩的传导路径进行研究；Knot（1990）、Dilnot 和 Johnson（1993）、张勇和王美今（2004）等文献关注于税收优惠政策对企业年金的影响；Derashid 和 Zhang（2003），吴联生（2009），Wu、Wang、Luo 等（2012），则对税收优惠与企业国有股权等公司治理结构问题进行分析。

3. 税收优惠实践中的问题反思

我国政府积极使用税收优惠政策，来促进社会经济的持续发展，但在政策实施过程中也存在着一些值得反思的问题。在总体政策效果上，宋燕琳（2005）认为，我国税务主管部门在审批税收优惠政策时，往往只按照上级的指示或凭借主观意向决定，缺乏成本收益观念。陈庆萍（2005）、孙德轩（2006）、邓保生（2011）等指出，我国现行税收优惠规模过大，具有普遍优惠的特点，政策目标繁多却针对性不足，政策导向功能微弱。Ho 和 Landau（2008）认为，由于地方政府更偏向于发展本辖区经济，所以在执行中央政府制定的税收优惠政策时，更偏向于扩大政策的受益面，从而引起地区间税收竞争。针对我国税收优惠实践中存在的问题，张余、杨抚生（2010）通过面板数据模型分析发现，税收优惠的激励效应存在结构性差异，间接税的激励效应要大于直接税，但我国当前的税收优惠政策主要以直接税为主。

在具体的税收优惠目标上，万莹（2006a）认为，税收优惠在促进残疾人福利上存在局限性，由于税收优惠的逆向调节以及将非纳税人排除在受益范围之外的特点，无法使大多数技能差又缺少资金的残疾人受惠。王建刚、韩毅、李中健（2005）认为，尽管我国促进就业的税收优惠政策力度很大，但其作用机制决定了政策对促进企业扩大再生产从而增加就业岗位的引导作用比较弱。彭熠、胡剑锋（2009）指出，我国目前出台的农业税收优惠政策，对改善农业企业的经营绩效并无明显的作用，反而在许多方面产生了消极影响。西部大开发是我国区域税收优惠政策的重要组成部分，李香菊（2001）认为，我国西部大开发税收优惠政策存在所得税优惠多、流转税优惠少，"纵比"有优惠，"横比"无优惠等问题。潘孝珍（2010）指出，西部地区的地方政府往往把税收优惠作为吸引投资的工具，但几乎从不考虑投资质量，从而影响西部经济的健康发展。肖育才（2012）则指出，我国西部大开发税收优惠政策存在方式单一、期限太短、限制条件多、门槛过高等问题，再加上税源的跨地区转移，致使西部地区的资源优势难以转化为财政优势。

4. 本部分研究述评

税收优惠作为重要的理论与实践问题，学术界对此展开深入研究，并取得大量的研究成果，但同时也存在一些问题。首先，税收优惠与税式支出的概念区分尚不清晰，尽管它们实质上是一个事物的两个方面，但侧重点并不相同，因此在实际研究过程中更需要注意两者间的区别。其次，对于税收优惠的经济效应，往往倾向于宏观视角而忽视微观视角，注重实践方面的探讨而缺乏理论与实证方面的深入研究。当然，国内外相关文献对我国税收优惠经济效应缺乏实证研究，这和我国没有建立完善的税收优惠统计制度密切相关，但部分非官方数据库的存在，比如我国上市公司财务报表数据库，为我们从微观视角研究税收优惠的微观经济效应打开了全新的一扇门。

（二）企业市场行为理论研究进展

1. 新古典企业理论与企业市场行为

新古典经济学对企业行为的分析是以"经济人"假设为前提的，即企业行为的目标是追求利润最大化，如新古典经济学的代表人物马歇尔（Marshall）于1890年出版的《经济学原理》奠定了现代微观经济学基础，该书以完全竞争假设为前提，以生产函数和成本函数为分析工具，以边际原理为企业行为准则，分析企业如何实现短期利润最大化。由于当时处于资本主义发展初期，萨伊定律（Say's Law）被现实所印证而获得广泛认可，即认为供给创造自身的需求，从而在理论上引导企业重视成本控制，而忽视对消费者需求的呼应。此后，"张伯伦革命"抛弃完全竞争假设，分析在"垄断竞争"条件下企业利润最大化目标的实现，"凯恩斯革命"否定"萨伊定律"，以有效需求不足理论解释企业供给过剩的现象。实际上，新古典经济学作为经济学主流，其关于企业市场行为的理论观点比较丰富，这里只能择其要点进行综述。此外，所有理论中尤为值得一提的是熊彼特（Schumpeter）在企业创新理论上的突出贡献，他认为创新是企业建立一种新的生产函数，其目的是为了最大限度地获得潜在利润，并进一步指出创新的五种情况。

2. 交易成本理论与企业市场行为

交易成本概念起源于 Coase（1937），Coase 认为交易成本是企业使用市场价格机制的成本，包括发现商品相对价格的成本、为达成交易产生的谈判和签约成本，以及经济生活不确定性导致的风险成本等，企业的作用就在于降低市场交易成本。此外，Coase（1960）、Stigler（1966）等文献，使交易成本在企业市场行为研究中得到广泛应用。Williamson（1975）把"交易成本"简单地分成了搜寻成本、信息成本、议价成本、决策成本以及监督成本，Williamson（1985）还进一步将交易成本细化为事前交易成本和事后交易成本。对于交易成本理论在企业市场行为研究中的具体应用，Buckley 和 Casson（1976）应用交易成本理论对跨国企业离开母国到东道国进行投资的行为进行分析，认为跨国公司是基于节约交易成本的效率动机而产生的经济组织。Rugman（1981）也应用交易成本理论对企业的国际投资问题展开研究，认为由于外部市场交易成本过高，企业需要通过国际投资进一步扩大规模，以内部市场替代外部市场。周文豪（2001）认为，企业是生产成本与交易成本的统一，科技创新活动在促进产出增加的同时，也节约了生产成本和交易成本。李善民、陈玉罡（2004）将交易成本的节约和企业组织能力的提高结合起来，用以解释企业并购行为。

3. 合约理论与企业市场行为

实际上，合约理论和交易成本理论有着非常密切的联系，两者都是新制度经济学的重要研究内容，Coase（1937）就是运用交易成本分析企业的合约性质，而随着 20 世纪 70 年代以后新制度经济学的研究范式逐渐被主流经济学接纳，合约理论日益成为现代经济学重要的研究内容。Crossman 和 Hart（1986）指出，企业是一种不完备合约，企业的合约权利分为特定权利和剩余权利，要把所有特定权利全部列出来是非常困难的，企业所具有的这种合约特性对企业行为产生了诸多影响，比如在制定企业资产转让合约时，最佳方案是让其中一方购买剩余权利。罗云辉、林洁（2009）基于合约理论，对我国企业"走出去"建立合作公司过程中，由于所有权和销售权配置不同导致的"努力"水平差异进行理论分析。宋晶、黄舟（2010）指出，隐性合约是一种具有隐含含义的，非明文规定或没有明说的长期合约，并分析了隐性合约在促进企业与劳动者达成长期劳动合同过程中的内在机理。罗必良（2012）以东进公司的土地承租案为例，说明企业通过"以合约匹配合约，以合约治理合约"的方式，使不稳定合约存在并得以延续。

4. 行为经济学与企业市场行为

周业安（2004）指出，行为经济学是在心理学基础上研究经济行为和经济现象的经济学分支学科，因此，行为经济学在建立初始主要以个人作为研究对象。Kahneman 和 Tversky（1979）在大量心理学实验的基础上，提出了充分展示人类决策行为复杂性的预期理论，成为行为经济学的奠基之作，使行为经济学在解释人类行为上发挥了重大作用。Shiller（1990）对人类投资活动中的某些反常行为进行研究，认为小数法则可以解释其原因。随着研究的深入，行为经济学对企业行为的解释力也逐渐显现，因为从根本上说，企业的各种行为决策最终是由个人做出的。陈怡男、刘颖（2005）运用行为经济学相关理论，对市场中大量存在的企业价格行为异象进行解释，认为由于羊群效应、过度自信、赋予效应、锚定现象等因素造成企业非理性价格行为，进而提出了相应的解决方案。刘红（2007）以行为经济学的视角来分析企业经营目标的偏离现象，并以近代中国最大的民族航运公司民生公司为例讨论近代爱国主义意识形态的经济意义。

5. 本部分研究述评

企业是经济学研究的重要主体，企业市场行为是经济学研究的主要对象，在经济学发展过程中形成了许多关于企业市场行为的理论，这些理论在解释企业市场行为时有着各自的特点和优势。新古典经济学对企业市场行为的解释依赖较强的"经济人"假设；交易成本理论与合约理论作为新制度经济学的重要内容，对企业市场行为有着较强的解释力；行为经济学以心理学为基础，对企业市场行为的研究得出了更具微观基础的结论。在运用这些经济学理论研究税收优惠这一宏观经济政策对企业的影响时，也需要注意这些理论存在的问题，如新古典经济学的"经济人"假设并不一定与实际相符，可以将税收优惠看成是政府向企业提供的"单向合约"，但当前的合约理论尚未将"单向合约"纳入研究视角。

（三）税收优惠水平衡量方法的研究进展

1. 总体税收优惠水平的衡量方法

解学智、史耀斌、张天犁等（2003）指出，税收优惠总体水平的衡量包括两个方面：一是在可以直接获得税收优惠数据的情况下进行加总或分类核算；二是在不能直接获得有关数据的情况下，根据间接数据进行估算。在已经建立税式支出预算管理体制的发达国家，总体税收优惠水平只需通过查阅政府部门提供的预算与决算报告即可获得，如 OECD（2010）列示了加拿大、德国、韩国、荷兰、西班牙、英国、美国等国政府税式支出相关报告的获取途径。对于总体税收优惠规模的具体计算方法，White-house（1999）提出可以通过收入放弃法（Revenue Forgone Method）来计算，即如果取消税收优惠，并且经济主体的行为未发生改变时，纳税人总共需要增加支付的税收总额；Anderson（2008a）则认为，可供选择的总体税收优惠衡量方法还包括初始收入损失法（Initial Revenue Loss Method）、最终收入损失法（Final Revenue Loss Method）以及等额支出法（Outlay Equivalence Method）等。此外，崔惠玉和张威（2005）、张彬和邢鹏（2011）等文献也指出，OECD 国家计算税收优惠总体规模的方法主要有收入放弃法、收入获得法和等额支出法。

不过，我国面临的现实问题却与国外发达国家有着很大差异，我国并未建立税式支出预算管理体制，政府官方尽管也在尝试对税收优惠规模开展统计工作，但并未见公布完整的税收优惠统计报告。因此，我国学术界对于税收优惠规模的衡量往往采取解学智、史耀斌、张天犁等（2003）指出的第二个方法，即根据间接数据进行估计。曹润林、邵晶（2012）采用收入放弃法测算了我国 1994 年以来的税收优惠规模，发现我国税收优惠规模总体上呈上升趋势。陈永伟、徐冬林（2011）认为，税收优惠总体规模与企业所得税收入规模成反比，以企业所得税收入作为税收优惠的衡量指标。此外，葛夕良、刘应红（2009）认为，我国对外资企业的出口税收优惠分成两个时间段，所以在实证分析中采取虚拟变量的方法分别表示不同时期我国税收优惠总体规模的差异。此外，Saez（2004）通过建立最优税收优惠模型分析认为，一国税收优惠最优规模主要取决于税制公平性、商品价格弹性和挤出效应等因素。

2. 区域税收优惠水平的衡量方法

对于区域税收优惠水平的衡量，Demurger 等（2002）、钟炜（2006）等文献，根据我国颁布的区域性税收优惠政策，对于经济特区、沿海开放城市等不同区域，根据其享受税收优惠程度的差异，分别给予不同的权重，由此建立各省市税收优惠指数，作为区域税收优惠水平的衡量指标；

陈斌（2007）在此基础上，为了反映税收优惠政策的阶段性和层次性，按照税收优惠政策的调整时间和优惠程度，确定各个城市不同时期的税收优惠指数。刘军、邱长溶（2006）以虚拟变量来衡量地区税收优惠水平，即实施西部大开发战略的省份，税收优惠虚拟变量的值为1，否则为0，以此衡量西部地区是否实施了税收优惠政策。此外，万莹（2006b）将地区税收优惠水平分为四大类，刘建民、劳辉（2007）以外资享受的所得税税率作为地区税收优惠水平的衡量指标。当然，也有少数研究通过调研获得地区税收优惠规模的数据，但由于诸多限制，该方法获得的数据并不完整，样本数量相对偏少，时间也比较滞后，如张江雪（2010）通过调研获得北京市16个区县2001—2003年的国税所得税与地税营业税减免金额数据，以此衡量地区税收优惠水平。

3. 企业税收优惠水平的衡量方法

从现有文献来看，学术界主要通过四种方法来衡量企业享受的税收优惠水平。第一种方法是以企业所得税的名义税率或实际税率作为税收优惠水平的衡量指标，这也是最为广泛使用的一种方法。如吴联生（2009）、李增福（2010）等文献，以上市公司年报附录中公布的本企业所得税名义税率作为企业是否享受税收优惠的衡量指标，企业的名义税率越低则表明其享受的税收优惠水平越高。Wilkie（1988）、陈涛和吕万革（2004）、闫龙飞和张天舒（2010）、潘孝珍（2012）、李杰等（2013）、李爱鸽和钟飞（2013）等文献则以所得税实际税率为企业税收优惠水平的衡量指标，认为企业所享受的税收优惠政策并不是只有税率优惠一项，还包括税收减免、再投资退税、先征后返、加速折旧、税收抵免等多种形式，名义税率无法有效反映企业享受到的全部税收优惠政策，而实际税率作为企业享受各项税收优惠政策以后实际负担的税负水平，可以有效地衡量企业所享受的全部税收优惠水平。至于实际税率的计算方法，Stickney 和 McGee（1982）、Porcano（1986）、Shevlin（1987）等文献，以"实际税率＝所得税费用÷息税前利润"这一公式为基础，通过对分子和分母的微调，获得不同的实际税率计算公式。第二种方法是以抽样调查获得企业税收优惠规模数据，作为企业税收优惠水平的衡量指标。如孙磊（2011）抽样调查了青岛市两家高新技术企业2009年的财务数据，对两家企业享受的税收优惠水平以及可持续增长指标进行分析。邵诚、王胜光（2010）使用结构方程模型，以2008年深圳市102家软件企业为样本，分析了增值税优惠、所得税优惠和营业税优惠与企业研发投入的关系。杜军、王皓妍（2013）通过对常州市 165 户高新技术企业的调研获得企业享受税收优惠规模的数据，具体包括高新技术企业 15% 税率优惠、研发费用加计扣除、安置残疾人工资加计扣除、符合条件的股息、红利等权益性投资收益、过渡期税收优惠等项目。第三种方法是设计特定类型的指数作为企业税收优惠水平的衡量指标。如 Warda（2001、2005）设计了 B 指数，用以衡量企业科技研发活动享受的税收优惠水平；戴晨、刘怡（2008）则运用该指数对我国企业研发行为的税收优惠水平进行实证研究。第四种方法是指除上述三种方法以外的其他几种较少使用的税收优惠水平衡量方法。如李俊杰和刘渝（2011），Wu、Wang、Luo 等（2012）文献在企业实际税率的基础上构建虚拟变量来衡量税收优惠，当实际税率小于 15% 时认定企业享受税收优惠，否则认定企业没有享受税收优惠。王素荣、刘宁（2012）等个别文献以企业"税费返还额"作为税收优惠水平的衡量指标，它通过"应纳税所得额乘以法定税率，减当期所得税"估算得到。

4. 本部分研究述评

对于总体税收优惠水平和区域税收优惠水平的衡量，由于我国税收优惠统计数据的缺乏，学术界只能通过尝试各种方法对其进行测算，但许多文献的测算方法并不科学，还有待进一步深入研究。就微观层面的税收优惠水平而言，尽管上述四种衡量方法都有各自的优点，但缺点也非常明显。第一种衡量方法的优点是可以使用上市公司的数据，由于上市公司样本量大，企业财务数据公开程度高，非常有利于开展实证研究；但缺点是名义税率或实际税率并不代表税收优惠水平本身，它们与企业实际享受的税收优惠水平成反比，在实证分析过程中对于指标的解释比较复杂，实证分析结果并不直观。第二种衡量方法的优点是获得企业税收优惠规模的数据比较直观，但缺点是要对企业展开抽样调查，数据获取成本非常高昂，样本量非常有限，并且企业涉税信息作为企业的商业信息，并不是所有企业都愿意如实报告自己的税收优惠规模，这将导致实证分析结果的选择性偏差。第三种衡量方法的优点是指标的针对性强，但由此也导致指标使用上的局限性较大，并且计算出来的税收优惠指标往往是一个行业或地区性指标，并不能真正代表企业所享受到的税收优惠水平。在第四种衡量方法中，如果是以构造虚拟变量的方法作为企业税收优惠水平的衡量指标，尽管克服了第一种衡量方法的缺点，但也损失了企业税收优惠水平的细节信息，而且将临界点设定为 15% 并无合理依据；如果是采用税费返还额的方法，实际上这个指标可以直接查阅上市公司的现金流量表获得，通过公式计算近似值显然是舍本逐末，同时该指标也忽略了企业规模对税费返还额的影响。

（四）税收优惠与企业投资决策行为的研究进展

1. 税收优惠对企业投资决策行为的理论效应

关于税收优惠对企业投资决策行为的理论效应，陈涛、吕万革（2004）通过建立一个关于公共物品供求的新古典模型证明，当企业无差异曲线斜率大于政府生产可能性边界的斜率时，减税才能刺激投资；尽管税收优惠政策在一定时期内可以吸引投资，但这可能会导致政府无力改善投资环境，从而丧失投资吸引力。万莹（2005）以博弈论为分析工具，研究了地方政府税收优惠竞争对辖区内企业投资的影响，认为税收优惠竞争虽然短期内促进了辖区内企业投资规模，但对社会整体发展非常不利。彭程、杨红、黄荣（2011）构建企业投融资决策的实物期权模型研究认为，企业会因为税收优惠政策而产生过度投资问题，从而导致企业投资决策的非效率。左大培（2000）通过建立数理模型分析认为，对外税收优惠政策可以促进外资企业的投资规模。Scholes 和 Wolfson（1990）认为，税收优惠将会影响企业是否进行投资的决策，以及具体的投资组织形式。Coyne（1994）则认为，小企业与大企业相比，其投资行为对税收优惠的反应更加敏感，因为小企业没有足够的人力和财力来建立更有效的避税策略，但大企业这方面实力更强。Mintz（1988）就具体税收优惠措施对企业投资的影响进行分析，认为税收抵免和投资扣除刺激企业投资的效果好、成本低，是不错的税收优惠措施。此外，更多的学者重点关注税收优惠对外商直接投资存在的理论效应，Forsyth 和 Docherty（1972）指出，税收优惠不能决定外资对东道国的选择，但如果外资已经大概地选择好投资区域，则东道国的税收优惠政策将会对外资投资决策产生重要影响。Bond 和 Samuelson（1986）提出的税收优惠信号理论认为，税收优惠不仅可以提高企业的税后利润，更重要的是可以作为本国政府发出发展本国经济的信号，引导外资进入税收优惠区域，促进地区经济增长。OECD（2001）的研究则表明，税收优惠可以促进外国投资者的投资热情，从而提高东道国的投资水平，使其达到有效投资率。闻媛（2005）也指出，税收优惠措施主要通过减少跨国公司在东道国的投资成本，并增加投资收益，来实现吸引外商投资的目的。

2. 税收优惠与企业投资决策行为的实证研究

目前，学术界对税收优惠与企业投资决策行为的研究主要集中在宏观层面，重点关注一个国家或地区吸引外商直接投资税收优惠政策的有效性。Hines（1996）通过考察美国 50 个州的外商直接投资规模发现，税收优惠水平越高的地区获得外商投资的规模越大。李宗卉、鲁明泓（2004）以我国 68 个城市作为样本，使用面板数据模型研究发现，税收优惠政策是引导外商投资流向的主要因素，且这些政策基本上实现了特定时期将外资引向特定地区的政策目标。Devereux 和 Griffith（1998）对跨国企业的投资区位决策进行研究，发现税收优惠政策在吸引外商直接投资上发挥了重要作用。Bond 和 Samuelson（1986）、Cheng 和 Kwan（2000）、苏建华（2006）、钟炜（2006）、刘建民和劳辉（2007）、傅元海（2007）、张先锋等（2013）也都对税收优惠政策与外商直接投资规模的问题进行实证研究。相对来说，学术界对于税收优惠与企业投资决策在微观层面上的研究相对较少，Rolfe、Ricks、Pointer 等（1993）通过调查发现，处于不同阶段的企业对税收优惠类型的偏好不尽相同，如刚建立的企业偏好投资减免类税收优惠政策，而成长型的企业偏好利润减免类税收优惠政策。萨林哥和萨默斯（1983）使用 1959—1978 年的数据研究发现，政府给企业提供的指数化调整、加速折旧等税收优惠政策，可以促进企业投资规模的增长。袁宏伟（2010）基于对我国上市公司有效税率的测度，分析了企业税收优惠水平与投资结构的关系，认为企业可以通过改变自身有形投资和无形投资的结构，来调整自身的有效税率水平。此外，也有学者认为我国税收优惠在促进企业投资上存在一些问题，如李宗卉（2004）认为，我国吸引外资的税收优惠政策存在扩大地区差距、产业导向不明显等问题。

3. 本部分研究述评

学术界关于税收优惠与企业投资决策行为的研究，无论是理论效应还是实证分析，都侧重于宏观视角，即一国税收优惠政策对本国投资规模的影响，缺乏基于微观视角的一国税收优惠政策对本国企业投资行为影响的分析。并且，由于研究视角和数据来源的限制，绝大部分文献都是关注一国税收优惠政策对本国外商直接投资规模的影响。尽管外资对于一国经济增长的重要性不可否认，但本国各类企业的发展壮大才是本国公民的福祉所在，因此，开展税收优惠政策对本国企业投资决策影响的研究显得更为重要，但在实际研究过程中却又往往易被人忽视。

（五）税收优惠与企业科技创新行为的研究进展

1. 税收优惠对企业科技创新行为的理论效应

从理论上分析，税收优惠对企业科技创新存在很大的影响，Bernstein（1986）就直接和间接税收优惠政策对企业研发活动的影响进行评估，认为税收优惠在促进企业研发上确实发挥了作用。Berger（1993）认为，对企业研发的税收抵免政策，可以增加企业的研发支出规模，但这反过来又会进一步提高企业税款缴纳水平。柳剑平、郑绪涛、喻美辞（2005）通过三阶段博弈模型研究表明，在企业研发活动溢出程度较低的情形下，政府对企业进行研发补贴的同时可以征税，以抑制过高的研发热情。黄永明、何伟（2006）认为，税收优惠可以通过补偿创新外部性、减弱创新不确定性、培育创新环境等提高企业的创新预期收益。匡小平、肖建华（2007）提出，税收优惠能提高企业的自主创新能力，与流转税相比，企业对所得税优惠的反应更敏感，不过娄贺统、徐浩萍（2009）提出了相反的理论假设，认为与所得税相比，流转税优惠对企业科技创新的激励效果更强。薛荣芳（2007）构建了税收优惠影响企业研发的数理模型，探讨了税率、折旧抵免、税收抵免等方式对企业研发的影响。刘颖、刘明（2012）认为，出口退税增加了企业用于技术研发或购买高新技术的能力，扩大了企业对外开放程度，从而诱导企业进行科技创新。张义忠、汤书昆（2007）则对税收优惠促进高新技术产业发展的基本原则进行分析，认为税收优惠应该遵循法定原则、适当性原则、择优扶持原则、鼓励创新原则、促进科技成果转化原则等。但也有学者表达了相反的观点，如 Eisner、Albert 和 Sullivan（1984）认为，税收抵免政策对企业研发活动的激励效果有限，并且有时候会阻碍企业研发规模的增加。江静（2011）认为，政府对企业研发的税收优惠政策以直接税为主，这要求企业在研发活动中垫付较多的前期资金，在企业利润少且流动资金不足的情况下，税收优惠政策对内资企业的研发活动影响较小。

2. 税收优惠与企业科技创新行为的实证研究

学术界主要从政府的税收优惠政策是否有效提高了企业研发活动的视角进行实证研究，Hall（1993）对美国 20 世纪 80 年代促进研发的税收优惠政策进行评估，认为它实现了促进企业研发的预期目标。Mamuneas 和 Ishaq Nadiri（1996）的研究表明，尽管公共资助的研发活动会挤出私人资助的研发活动，但政府促进研发的税收优惠政策对提高私人资助的研发活动有着非常重要的作用。Bloom、Griffith 和 Reenen（2002）运用 9 个 OECD 国家从 1979—1997 年的面板数据研究表明，税收优惠有效提高了企业的研发强度，如果税收优惠使企业的研发成本降低 10%，在短期内可以提高 1% 的研发水平，在长期则会提高 10% 的研发水平。Guellec 和 Pottelsberghe（2003）使用 17 个 OECD 国家 1980—1990 年的数据研究表明，税收优惠对企业的研发支出具有直接并且积极的作用。国内学者的相关研究也得出了相似的结论，如朱平芳、徐伟民（2003）以上海市为样本的面板数据随机效应模型研究表明，政府对研发的拨款资助和税收减免互为补充，提高一个的强度也会增加另一个的效果，但该效应以政府税收减免为主。戴晨、刘怡（2008）的实证研究表明，与财政补贴相比，税收优惠对企业研发活动的激励作用更强，但财政补贴具有针对性强、反应快捷的优势。朱云欢、张明喜（2010）利用全国高新技术企业认定管理领导小组办公室 2009 年对新认定高新技术企业的抽查数据进行实证研究发现，与财政补贴相比，税收优惠能在更大程度上诱导企业进行研发活动。李万福、林斌、杜静（2013）在考虑研发支出调整成本的情况下，对我国研发支出税收优惠政策的激励效应进行实证分析，研究结果表明，目前我国激励企业研发的税收优惠政策在总体上是有效的。对于具体的税收优惠政策，夏飞、胡洪曙（2002）认为，鉴于风险投资已经成为科技创新的重要资金来源，我国应该将针对科技创新活动的直接优惠转移到对风险投资的间接优惠上来。陈美容、曾繁英（2013）研究发现，税收优惠政策的实施对企业研发支出有较显著的正向影响，但增值税优惠的影响效应并不显著。

但是，也有研究表明，政府促进研发的税收优惠政策同时也存在许多问题，在促进研发活动上的效果并不理想。Mansfield（1986）的研究表明，美国、加拿大和瑞典的税收优惠政策效果有限，为了进一步提高税收优惠政策的有效性，应该对研发活动进行更加严格的定义。OECD（2002）的研究报告也指出，基于税收优惠政策在促进研发上存在的问题，许多 OECD 国家开始重新制定更为有效的税收优惠政策。李丽青（2007）通过对 103 家企业的问卷调查发现，我国促进研发的税收优惠政策对企业的研发投入虽然具有正向效应，但政府每 1 元税收优惠成本的投入，只能促使企业增加研发投入 0.104 元，政策效果不够明显。王玺、姜朋（2010）则认为，我国现行税收优惠制度对自主创新存在多方面的限制，如激励自主创新的税收优惠政策体系不健全、缺乏人力资本积累的税收优惠政策等。王一舒、杨晶、王卫星（2013）研究表明，现行高新技术企业税收优惠政策对企业自主创新能力没有激励效应，企业对税收政策的满意度、税务部门服务满意度、企业规模、已认定高新技术企业时间等都会影响优惠政策的实施效果。黄洁莉、汤佩、蒋占华（2014）研究发现，现阶段因税收优惠政策所导致的税负减免，对于农业企业研发投入的激励仍未达到预期效果。

3. 本部分研究述评

学术界关于税收优惠对企业科技创新行为理论效应的研究结论并不一致，大部分学者认为税收优惠可以激励企业的科技创新行为，但也有少部分学者认为税收优惠对企业科技创新行为的激励效果有限。对于税收优惠与企业科技创新行为的实证分析，国内外大部分研究都是使用国家层面的宏观数据，企业层面的微观数据相对较少，一个重要原因是 OECD 国家公布的都是国家层面的税收优惠数据。基于已有成果，可以从如下方面推进税收优惠与企业科技创新行为的研究：首先，构建税收优惠对企业科技创新影响的理论模型，对其理论效应及作用机理进行严谨的经济学分析；其次，使用上市公司的微观数据，从微观视角探究税收优惠对企业科技创新行为的影响。税收优惠作为宏观经济政策，主要是通过改变企业的行为来实现其调控意图，从微观视角来对税收优惠与企业科技创新进行实证研究，比国家层面的宏观视角更有说服力。

（六）税收优惠与企业市场获利行为的研究进展

1. 税收优惠对企业市场获利行为的理论效应

学术界关于税收优惠与企业市场获利行为的理论分析相对较少，如 Pechman（1987）就增值税对资本收益率的影响进行理论分析，认为由于增值税预付的税款已经转嫁到最终消费品的价格上，所以增值税并不会影响企业的资本收益率，即企业享受的增值税优惠政策对其市场获利水平在理论上并无影响。Haufler 和 Schjelderup（2000）的研究表明，税收优惠政策对企业市场获利的最终结果有着重要影响，较高的税率将会导致企业通过转让定价来转移市场利润，从而在表面上降低跨国公司在东道国的获利水平。Keuschnigg 和 Nielsen（2002）通过建立一般均衡分析框架证明，资本收入所享受的税收优惠可以有效提高风险资本的市场获利水平。此外，丁涛（2002）认为，税收是企业经营所面临的外部成本，而企业总是通过边际收益等于边际成本来实现税后利润的最大化，因此，税收优惠对企业市场获利能力的影响受到边际收益与边际成本的制约。

2. 税收优惠与企业市场获利行为的实证研究

关于税收优惠与企业市场获利行为的实证研究相对较多，且研究重点也较为集中。许多文献关注增值税优惠对企业市场获利行为的影响，如李伟、铁卫（2009）使用我国 13 家商业银行 1996—2006 年的数据分析表明，较高的税负水平会对商业银行的市场获利水平产生显著的负面影响，并建议降低银行业流转税税负，提供相应的税收优惠政策。林文婷、潘孝珍（2012）使用 2000—2010 年我国 37 家上市金融企业的数据，研究发现税收优惠与企业市场获利能力正相关，但这主要是通过所得税优惠实现的，间接税优惠对企业经营绩效无明显作用。Demirguc - Kunt 和 Huizinga（1999）的研究也表明，税收优惠政策对银行经营业绩有着重要的影响。此外，还有部分学者根据企业性质的差异，研究税收优惠对福利企业、中小企业或普通企业的市场获利能力的影响，如汪盈、吕久琴（2012）对浙江省某县级市福利企业进行调研，发现税收优惠政策对不同业绩水平的企业存在不同的影响，对于业绩较好的企业影响程度较小，对于业绩较差的企业影响程度较大。孙秀凤、王定娟（2006）使用 2000—2004 年 677 家深市 A 股上市公司为样本，研究发现所得税税负与净资产收益率负相关，并指出降低企业所得税税负将会有效提高企业净资产收益率。

3. 本部分研究述评

现有文献关于税收优惠对企业市场获利行为的研究主要集中于实证分析方面，并且在研究过程中对于企业市场获利行为的衡量也呈现多样化，如以"企业绩效"、"净利润率"、"净资产收益率"等概念衡量企业的市场获利行为，这些都具有一定的合理性。并且，也有不少文献通过上市公司数据或调研数据从微观的视角对税收优惠与企业市场获利行为进行了研究，但共同存在的问题是对于税收优惠的衡量方法还有待改进。此外，关于税收优惠对企业市场获利行为影响的理论分析还需要进一步深入探讨。

（七）评述性总结

已经有许多文献围绕税收优惠与企业市场行为展开理论与实证研究，如本书综述的税收优惠与企业投资决策行为、科技创新行为和市场获利行为的效应，以及在这些研究过程中所面临的税收优惠相关概念、企业市场行为相关理论、税收优惠衡量方法等问题。不过，我们仍然可以从如下四个方面进行拓展，对税收优惠与企业市场行为进行更为深入的研究：第一，现有的绝大多数文献都是从宏观视角展开研究，从国家或者行业层面分析税收优惠对企业市场行为存在的影响，但对于税收优惠这一宏观经济政策对企业的影响缺乏应有的关注，因此，可以从这方面进行深入研究。第二，在解释税收优惠对企业市场行为影响上缺乏系统的理论体系，关于税收优惠对企业市场行为的作用机理还有待进一步探讨。第三，由于我国税收优惠统计工作的欠缺，具体税收优惠项目的实际数据无法获得，但如何准确衡量企业享受到的税收优惠水平是开展相关实证研究的前提，尽管学术界在这方面进行过许多有益的探索，但在具体衡量方法上还需要进一步梳理、规范和改进。第四，部分文献在税收优惠与企业市场行为的实证分析上做了很多工作，只是使用的方法相对比较单一，这主要是由数据本身特性决定的，但是在具体计量方法上仍旧还是存在一些可以拓展的空间，比如结合数据特性运用非平衡面板数据模型、分位数回归模型和工具变量回归模型等，以期获得更稳健的实证研究结果。

三　研究框架和主要内容

本书关于税收优惠对企业市场行为影响的研究框架可以由图 0 - 1 表示。可以看出，本书的主要内容包括如下三个部分：

第一部分是税收优惠与企业市场行为的理论分析，主要包括本书的第一章和第二章。第一章论述税收优惠与企业市场行为的概念及其衡量：首先对税收优惠和企业市场行为的概念进行界定，这是本书研究的逻辑起点；其次对税收优惠与企业市场行为的衡量指标和衡量方法进行论述，为后文的实证分析提供数据和方法来源。第二章论述税收优惠对企业市场行为的作用机理：首先就税收优惠对企业市场行为的作用原理进行理论分析；其次从宏观、中观和微观三个层次，分析了税收优惠对企业市场行为作用效果的影响因素；最后对税收优惠作用于企业市场行为的特点进行深入分析，从而全面地论述了税收优惠对企业市场行为的作用机理。本部分内容的主要任务，是为后文的实证分析提供坚实的理论基础。

第二部分是税收优惠与企业市场行为的实证分析，主要包括本书的第三章到第六章。第三章从总体层面、行业层面和区域层面，分别论述当前我国企业税收优惠水平、投资决策行为、科技创新行为、市场获利行为的现实状况，所使用的数据主要来自上市公司财务报表。第四章是税收优惠

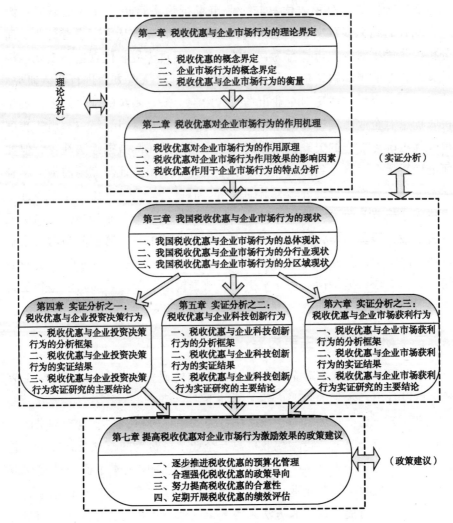

图 0 - 1　税收优惠对企业市场行为影响的研究框架

与企业投资决策行为的实证分析，第五章是税收优惠与企业科技创新行为的实证分析，第六章是税收优惠与企业市场获利行为的实证分析，它们将在建立税收优惠与企业相关市场行为的理论分析框架基础上，使用上市公司的数据，就税收优惠对企业相关市场行为的影响进行深入的实证分析，进而从实证的角度论证我国税收优惠政策是否实现了政府的预期政策目标，并进一步探讨其可能的原因。

第三部分是本书的政策建议，包括本书第七章。根据理论分析和实证分析的结果，本书提出了与研究结论相切合，与实际需求相符合的相关政策建议，具体包括逐步推进税收优惠的预算化管理、合理强化税收优惠的政策导向、努力提高税收优惠的合意性、定期开展税收优惠的绩效评估等措施。

四　研究方法

首先，定性分析与定量分析相结合的方法。定性分析主要是对经济现象的性质及其变化规律进行理论上的抽象分析，而定量分析侧重于对经济现象本身及其关系进行实际上的数量分析。本书对税收优惠和企业市场行为的概念进行界定，并就税收优惠对企业市场行为的作用原理、影响因素和特点进行理论上的抽象，都属于定性分析的范畴。在此基础上，本书就税收优惠与企业市场行为展开定量分析，在具体的定量方法上，由于本书使用微观层面的企业数据，其特点是横截面很大，但时间跨度很短，主要适用多元线性回归模型作为基础模型进行分析；在数据条件允许的情况下，进一步使用非平衡面板数据模型、分位数回归模型、工具变量回归模型等计量模型，以求得出更稳健、更有效的实证分析结果。

其次，宏观分析与微观分析相结合的方法。宏观分析主要侧重于从宏观层面对经济现象进行分析，而微观分析主要侧重于从微观层面对经济现象进行分析。本书关于税收优惠对企业市场行为影响的研究主要以微观分析为主，因为企业是市场经济的主体，从微观层面可以更为透彻地理解政府宏观经济政策的实际效果，从而使本书与现实经济的联系更加紧密。不过，对于同一个经济现象，实际上可以从不同的层次展开分析，因此本书以企业的微观数据为基础，从全国总体、分行业、分地区的多个层次，对我国税收优惠和企业市场行为的现状进行论述，实现宏观分析与微观分析上的结合。

最后，实证分析与规范分析相结合的方法。实证分析主要回答"是什么"的问题，着重研究经济现象背后的客观规律，而不夹杂任何研究者个人的主观价值判断；相反，规范分析主要回答"应该是什么"的问题，以一定的主观价值判断为基础，并研究如何才能实现符合价值判断的既定目标。本书运用实证分析方法对我国企业享受的税收优惠水平、企业本身的市场行为水平，以及税收优惠政策对企业市场行为的实际作用效果进行分析，从而回答了我国当前税收优惠对企业市场行为的影响"是什么"的问题。但是，本书的最终目的是为了给政府的税收优惠政策决策提供坚实的理论与现实基础，以解决"应该是什么"的问题。因此，本书最后一章以规范分析结尾，论述了提高税收优惠对企业市场行为作用效果的相关政策建议。

五　可能的创新点与不足

首先，研究视角的创新。以往的研究大多从宏观视角来研究税收优惠问题，重点关注税收优惠对地区经济增长、地区投资规模等宏观经济变量的影响，却极少关注税收优惠作为宏观经济政策对企业产生的影响。但是，宏观经济变量的变化以企业行为的改变为基础，税收优惠政策直接影响企业的市场行为，并在此基础上对宏观经济产生影响。因此，学术界重视研究税收优惠宏观经济效应而忽略它的微观经济效应，可能会存在舍本逐末的问题。基于上述原因，并考虑到研究数据的可得性，本书将研究视角主要集中于微观领域，从微观层面来探讨税收优惠对企业市场行为产生的影响。

其次，研究思路的创新。已有的关于税收优惠微观层面的文献主要集中于实务方面，比如整理政府出台的相关税收优惠措施、分析企业如何享受更多的税收优惠利益等。本书的研究思路是重点关注于税收优惠对企业市场行为影响的理论与实证研究，运用现代经济学理论与方法来分析税收优惠对企业市场行为的作用机理，通过构建计量模型来分析税收优惠对企业市场行为的实证影响。

最后，研究结论与政策建议的创新。本书的研究结论是基于微观视角，运用严谨的经济学理论分析和科学的计量模型实证分析而得出，因此，基于本书研究结论提出的政策建议具有坚实的理论与现实基础，从而在实践中具有极高的应用价值，将有助于提高政府税收优惠政策决策的科学性和有效性。

本书研究的不足之处在于，尽管本书已经尽可能地使用所有可以公开获得的数据构建企业税收优惠水平的衡量指标，但由于微观层面上市公司数据的可得性受到企业会计制度的制约，所构建的企业税收优惠衡量指标体系还不够全面。随着将来我国企业会计制度的进一步完善和上市公司财务信息公开程度的进一步提高，本书构建的税收优惠衡量指标体系随之有待进一步拓展。

第一章

税收优惠与企业市场行为的
理论界定

本章的主要任务是，对税收优惠与企业市场行为的概念、衡量指标、衡量方法等进行论述，为后文进一步展开实证研究奠定坚实的理论基础。在内容安排上：首先，分别对税收优惠和企业市场行为的概念进行界定，这是本书研究的起点；其次，从微观层面上构建企业税收优惠水平和企业市场行为的衡量方法；最后，介绍本书对税收优惠与企业市场行为进行现状描述所使用的统计方法。

第一节　税收优惠的概念界定

税收优惠的概念可以从内涵、种类及其与相关概念的比较分析等方面进行界定。其中，税收优惠的内涵包括定义、本质及特点；可以根据政策目的、优惠形式、优惠对象等对税收优惠进行分类；同时，税收优惠、税式支出以及财政补贴是三个既密切联系又有所区别的概念，有必要对它们的异同点进行分析，从而使我们对税收优惠的概念有更深刻的理解。

一　税收优惠的内涵

（一）税收优惠的定义

税收优惠指的是政府为了实现特定的社会经济政策目标，通过法律法规明确规定，给予部分纳税人减轻税负或免于征税的税收激励和照顾措施。企业和个人作为市场经济的主体，其行为往往都遵循利益导向，由于存在市场失灵等因素，利益导向下的个体行为并不能带来最优化的市场运行结果，企业和个人的个体行为可能与社会目标相偏离，因此政府有必要向其提供一定的利益诱导或照顾性措施，引导其具体的市场行为，优化市场运行结果。税收优惠本身是一种税款利益的让渡规则，包括授益主体和收益主体两个方面①，其中，授益主体指的是让渡税款利益的政府，通过规定符合一定条件的纳税人可以少缴或不缴税，将正常税法规定中纳税人本需要缴纳的属于政府的税款利益让渡给纳税人，从而减少政府本身的税收收入；收益主体指的是获得税款利益的单位和个人，他们根据税收法律法规条文来改变自身的社会经济行为，使之符合享受税收优惠的限制条件，来获得减少向政府缴纳税款数额的经济利益。因此，政府向纳税人提供税收优惠政策的直接后果是，政府获得的税收收入规模减小，纳税人缴纳的税款支出规模减小。

（二）税收优惠的本质

庞凤喜、潘孝珍（2013）认为，税收是公民为了获得政府公共产品供给而支付的成本，即税收的本质是政府对公共产品的供给价格。建立在公民主权之上的国家具有公共性，其存在的目的和职能是为了向全体公民提供公共产品，而全体公民依照税收法律法规缴纳的税款，是维持国家运转和保障国家职能发挥的资金来源，体现了公民获得政府公共产品供给而支付的成本。税收优惠的本质可以根据税收的本质进行延伸，即税收优惠本质上是政府对公共产品的供给价格进行差异化定价的策略行为，政府通过制定税收优惠政策，减免符合一定条件的纳税人所应缴纳的税款，即这部分纳税人获得公共产品供给所支付的成本降低了，但是由于公共产品在消费上具有的非排他性和非竞争性，这部分享受税收优惠政策的纳税人所获得的公共产品供给数量却并没有减少。政府通过税收优惠政策对公共产品实施差异化定价，这与垄断企业对产品实施的价格歧视策略非常类似，但其中的差别在于：垄断企业实施价格歧视策略的目的是为了获取超额垄断利润，实现企业利润的最大化；政府实施税收优惠政策的目的是为了引导纳税人的社会经济行为，实现社会福利的最大化。

（三）税收优惠的特点

税收优惠具有目的性、非普遍性和法定性三个方面的特点。

目的性指的是所有税收优惠政策的出台都是为了实现一定的社会经济目标，进而提高社会总体福利水平。马国强（2003）明确提出，没有政

---

① 刘蓉：《税式支出的经济分析》，西南财经大学出版社2000年版，第12—20页。

策目标的税收免除或减少不属于税收优惠。政府通过向符合政策条件的纳税人提供税收优惠，引导纳税人改变其市场行为，从而实现既定的社会经济目标。比如，为了促进高新技术产业的发展，政府通过给研发费用占销售收入的比重超过既定数值的企业提供较低的所得税税率优惠，激励企业更多地从事科技创新活动。然而，并不是所有税收优惠政策都能有效地实现政府的政策意图，如部分鼓励残疾人就业、促进"三农"发展的税收优惠政策在实施过程中并未能发挥其预期效果，因此，尽管税收优惠具有很强的目的性，但其实际实施效果则有待进一步考察。

非普遍性指的是税收优惠的对象并非所有纳税人，只有符合特定条件的纳税人才能享受税收优惠待遇。金人庆（2000）、朱承斌（2005）等文献在对税收优惠进行定义时，也都强调税收优惠的非普遍性。如果一项税收减免规定是针对所有纳税人出台的，即使它有明确的政策目标，也不能将其视为税收优惠，因为针对所有纳税人的优惠措施是一种普惠制，它实际上已经成为基本税收制度的一部分。此外，在现实生活中，有时候政府会针对某家企业出台专门的减免税文件，其作用只是人为地改变这家企业的经营状况，尽管它在名义上仍被称为税收优惠，但在本质上却是政府向这家企业提供定向财政补贴。因此，税收优惠的非普遍性强调的是，税收优惠的对象既不是全部纳税人，也不是某个纳税人，而是符合税收法律法规所设定的特定条件的一部分纳税人。

法定性指的是政府的税收优惠政策应由法律法规明确规定，没有相应法律法规作为前提，税务机关不能随意减轻纳税人税负，纳税人也不能随意减少缴纳税款。税收优惠的法定性是由税收本身的法定性决定的，税收在本质上是公共产品的供给价格，但由于公共产品非排他性和非竞争性的特点，其交易规则并不像私人产品那样遵循自由交易的原则，而需要借助国家的行政权力来实现公共产品在政府与公民间的顺利交易。但是，国家行政权力天然具有侵略性，只有将权力关进制度的牢笼，公民的权利才不会受到国家行政权力的侵害，因此必须用法律法规来规范国家的征税行为，否则公民不负有缴税义务。税收优惠作为公共产品供给价格的差异化定价策略，降低了部分纳税人获取公共产品的成本，这同样需要由法律法规予以明确规定，否则由于行政权力的天然侵略性，如果随意给一部分纳税人提供税收优惠政策，就意味着侵害了其他纳税人的权利。

二　税收优惠的类型

税收优惠是政府调控社会经济的重要政策手段，可以按照政策目标、优惠形式和优惠对象等对其进行分类，从而对其有更全面的认识。

（一）按政策目标分的税收优惠类型

税收优惠可以承载许多不同的政策目标，结合本书对税收优惠的定义，可以按照政策目标差异将其分成鼓励性税收优惠和照顾性税收优惠。

鼓励性税收优惠，是政府为了激励纳税人去做某事或不做某事而制定的税收优惠政策，其目的是为了调动纳税人的积极性，通过税收利益来诱使纳税人改变其行为，以达到政府既定的政策目标。一般来说，鼓励性税收优惠是税收优惠体系的主体，主要包括平衡地区经济发展水平、实现产业结构升级、促进科学技术发展、减少环境污染物排放、促进中小企业发展等方面的税收优惠政策。如政府出台的促进西部地区经济增长的税收优惠政策，通过向西部企业提供一些税收优惠政策，提高西部地区企业的市场竞争力，并诱导东部发达地区的企业向西部地区转移，带动西部地区经济增长，实现区域经济协调发展，这就是一项典型的鼓励性税收优惠，由此也可以发现，鼓励性税收优惠具有强烈的诱导机制。

照顾性税收优惠，是政府为了照顾部分特殊纳税人的经济利益而制定的税收优惠政策，其目的是为了照顾和帮助特定的国民经济单位或个人，通过为其提供税收优惠政策，来实现社会经济的平衡发展。从本质上讲，照顾性税收优惠是一种定向财政补贴，它虽然也承载着一定的政策目标，但却没有相应的诱导机制。一般来说，一国税收优惠体系中，照顾性税收优惠的数量相对较少，如针对生产经营不善的企业提供临时性税收优惠政策，体现了国家为了照顾这部分市场主体的经济利益，而向其提供税收优惠政策，实质上则是向其发放定向财政补贴。

本书研究的是税收优惠对企业市场行为的影响，这意味着本书的研究对象是具有利益诱导机制的鼓励性税收优惠政策，而照顾性税收优惠政策并不在本书的研究范围。

（二）按优惠形式分的税收优惠类型

税收制度的基本要素主要包括纳税人、课税对象、税率、税目、计税方法、纳税环节、纳税期限、纳税地点、减免税和法律责任等，在不同的社会经济阶段，政府基于不同的社会经济发展目标，通过税收法律法规的形式对基本税制要素进行偏离，这就形成了涵盖多种税收优惠类型的税收优惠体系。总体而言，纳税人需要缴纳的税额可以通过"应纳税额＝税基×税率"的公式计算得到，此外"时间"也是影响纳税人税收负担的重要因素，因此可以根据这四项基本因素，将税收优惠分成税基式税收优惠、税率式税收优惠、税额式税收优惠和时间式税收优惠四种类型，而每一类型的税收优惠又都可以分成不同的具体形式。图1-1显示了税收优惠的具体形式。

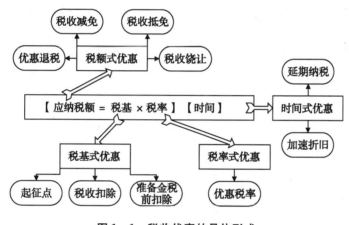

图1-1　税收优惠的具体形式

税基又叫计税依据，是据以计算征税对象应纳税额的直接数量依据[①]，因此，税基式税收优惠主要通过降低征税对象用以计算应纳税款的数量依据，来实现降低纳税人税收负担的政策目标，从图1-1中可以看到，它具体又可以分成起征点、税收扣除和准备金税前扣除三种形式。起征点规定了征税对象开始征税的数量界限，当征税对象的计税依据超过起征点时，就其全部数额进行征税，否则不予征税。在税收制度中通过起征点的规定，可以免除规模较小的纳税人的税收负担。税收扣除指的是税法规定纳税人可以将符合规定的特殊支出项目按照一定的比率或全部从应税对象中扣除，从而降低纳税人的计税依据，减轻其税收负担。并且，税收扣除一般多出现在所得税中。[②] 准备金税前扣除指的是，企业在计算应纳税所

---

① 艾华、王敏：《税法》，高等教育出版社2012年版，第5页。

② 朱承斌：《税收优惠的经济分析》，经济科学出版社2005年版，第1—8页。

得额时，将一部分符合税法规定的准备金予以扣除，从而降低企业的计税依据，为企业提供相应的税收优惠利益。计提准备金可以降低企业运营风险，并为企业的进一步发展储备资金，而准备金税前扣除的税收优惠政策有利于稳定企业生产运营，助推企业发展。

税率式优惠指的是政府通过税收法律法规明确规定，允许符合条件的一部分纳税人在计算应纳税额时适用较低一档的税率，从而降低其税收负担水平，从图1-1中可以看出，它主要以优惠税率的形式出现。税率是计算税额的尺度，反映了应纳税额与税基之间的比例关系，是衡量某一税种税负轻重的重要标志。在税收实践中，税率类型可以分成比例税率、超额累进税率、定额税率和超率累进税率等。在税收实践中，不同税种采用不同的税率类型，主要原因是为了实现特定的政策意图。比如，为了维护企业市场竞争的公平，对内外资企业都按照相同的标准采用相同的单一税率；为了调节不同收入水平公民之间的收入差距，对公民的工资薪金收入采用超额累进税率，降低公民的税后收入差距。尽管通过采用不同的税率类型可以在一定程度上实现政府的社会经济政策目标，但税率优惠还是在税收优惠实践中得到了广泛应用，特别是在企业所得税中的应用最为明显。

税额式优惠指的是在纳税人通过税基与税率计算出应纳税额的基础上，允许符合条件的一部分纳税人减少应纳税额，从而降低其税收负担水平，从图1-1中可以看到，它主要有税收减免、税收抵免、优惠退税、税收饶让等多种形式。税收减免是税法直接规定对纳税人的应纳税额减征一部分或全部免除。税收抵免允许纳税人将某些特殊支出的一定比例用于抵扣应纳税额，从而降低纳税人的税收负担，而纳税人要获得税收抵免优惠，必须满足一定的特殊支出条件。优惠退税是指政府将符合特定条件的纳税人所缴纳税款的一部分或全部税款予以退还，主要包括投资退税和出口退税等。税收饶让主要适用于个人所得税与企业所得税，是指居住国政府对于跨国纳税人从非居住国政府处获得减免的那部分税收视同已缴纳所得税，在计算本国所得税时予以抵免，因此税收饶让是一种特殊的税收抵免优惠，其主要目的是为了避免国际重复征税，降低跨国纳税人的所得税负担。一般来说，税收饶让的实施需要居住国政府与非居住国政府签订相应的税收协定为前提。

除了税基、税率和税额以外，时间也是影响纳税人税收负担的重要因素，时间式优惠延迟了纳税人缴纳税款的时间期限，尽管缴纳税款的总额并没有发生变化，但纳税人获得了资金的时间价值，减轻了当期税收负担水平。从图1-1中可以看到，时间式优惠主要包括延期纳税和加速折旧两种形式。延期纳税是指直接延迟纳税人缴纳税款的时间，如许多国家为了鼓励本国企业的跨国投资，允许本国企业国外子公司的利润继续留在国外进行投资经营，只有在企业将利润汇回国内时，才需要缴纳企业所得税，从而极大地延迟了企业所得税的缴纳时间，相当于为本国企业的跨国投资行为提供无息贷款。加速折旧是指在机器设备使用初期提取的折旧比例较高，随着机器设备使用年限的增加，每年提取的折旧比例依次递减，从而将纳税人当期需要缴纳的税款转移到以后年度缴纳，间接延迟了纳税人缴纳税款的时间。

（三）按优惠对象分的税收优惠类型

纳税主体主要包括企业法人和自然人，所以根据优惠对象进行分类，可以将税收优惠分成企业型税收优惠和个人型税收优惠。个人型税收优惠的主体是自然人，并不属于本书的研究范围。企业型税收优惠的主体是企业法人，是指政府为了实现特定的社会经济政策目标，通过法律法规明确规定，为部分企业法人提供的减轻税负或免于征税的税收激励和照顾措施。企业法人是一国绝大部分税种的纳税主体，企业型税收优惠可以根据企业所属行业的差异进行具体分类。比如，农业是国民经济的基础，但又存在农产品市场价格波动大、自然风险高、农资价格高等问题，各国政府为了支持农业行业的发展，出台了大量针对农业的税收优惠政策，这些政策可以归类于企业型税收优惠中农业的优惠。相类似的，其他行业也都具有与其行业特点相适应的税收优惠政策，这些政策在促进本行业发展方面也都发挥了一定的作用。

三 税收优惠与相关概念的比较分析

（一）税收优惠与税式支出的比较分析

税式支出的概念最早由Surrey于1967年提出，并随后在世界各国的税收理论与实务中得到广泛应用，不过我国引入"税式支出"概念的时间相对较晚，杜萌昆（1989）是第一篇讨论税式支出的中文文献，此后两年时间里，《涉外税务》、《财经研究》等杂志相继发表了8篇关于税式支出的论文，对"税式支出"概念在我国的传播起到了非常重要的作用。① 自从我国首次引入"税式支出"概念以来，学术界以"税式支出"为题的论文共有183篇，而同时期以"税收优惠"为题的论文共有2529篇。实际上，这两个概念并不能相互替代，更不是同义反复，它们两者既密切联系又有所区别。税收优惠与税式支出的异同点可以通过如下公式推导来表示：

首先，政府的财政收支存在如下等式关系：

$$财政支出 - 财政收入 = 预算平衡（预算赤字或预算盈余）$$
$$(1.1)$$

我们在式（1.1）中引入税收优惠的概念，由于税收优惠减少了政府的财政收入水平，于是可以得到：

$$财政支出 - （财政收入 - 税收优惠） = 预算平衡（预算赤字或预算盈余）$$
$$(1.2)$$

现在，我们可以将税收优惠移出括号，并与财政支出合并，可以得到：

$$（财政支出 + 税收优惠） - 财政收入 = 预算平衡（预算赤字或预算盈余）$$
$$(1.3)$$

对于式（1.3）来说，我们可以将税收优惠视为政府财政支出的一部分，并给它换一个名称，于是就可以得到如下公式：

$$（财政支出 + 税式支出） - 财政收入 = 预算平衡（预算赤字或预算盈余）$$
$$(1.4)$$

从上述公式的推导中可以发现，如果单纯从资金的角度来讲，税收优惠与税式支出所指向的对象其实是相同的，由此可以进一步分析税收优惠与税式支出的异同点。

税收优惠与税式支出的相同点主要有：（1）税收优惠与税式支出的本质相同。从式（1.2）到式（1.4）的演算过程可以发现，我们只需将"税收优惠"在公式中的位置从收入转移到支出中，再改变其名称，就演变成"税式支出"了。因此，无论是税收优惠还是税式支出，它们指的都是相同的一笔资金，在研究对象上具有同一性，并没有本质上的差别。

① 这8篇论文分别是：王陆进（1990）、刘心（1990）、刘大众（1991）、李杰云（1991）、郝博周（1991）、王陆进（1991）、张维（1991）、邵培德（1991）。

（2）税收优惠与税式支出的目的相同。政府制定一项财政政策，无论是被称为税收优惠还是税式支出，其目的都是为了对市场经济主体产生一定的引导作用，实现政府的调控意图。因此，政府制定的财政政策是否发挥作用，能发挥什么样的作用，都只与政策本身相关，而与该政策到底是被称为"税收优惠"还是"税式支出"无关。

　　税收优惠与税式支出的不同点主要有：（1）税收优惠与税式支出的表现形式不同。尽管税收优惠与税式支出在本质上并无差别，但在具体的表现形式上却有很大不同。从式（1.2）中可以看出，税收优惠主要表现为政府财政收入的减项，即政府豁免了纳税人本该缴纳税款的义务，减少了政府获得的财政收入规模；从式（1.4）中可以看出，税式支出主要表现为政府财政支出的加项，即政府以税式支出的形式向部分纳税人提供政策支持，从而增加了政府当年度的财政支出规模。（2）税收优惠与税式支出的预算要求不同。税收优惠与税式支出在预算要求上的差异来源于其表现形式的差异：从税收优惠的角度来看，由于它是政府财政收入的一部分，现代西方国家在制定预算过程中对其要求并不非常严格，发达国家的财政收入与其说是预算收入，还不如说是预测收入，遵循量入为出的原则，往往更加注重纳税人的纳税遵从度，而不是政府财政收入的具体规模；从税式支出的角度来看，由于它是政府财政支出的一部分，现代西方国家在制定预算过程中对其要求非常严格，往往需要制定详细的财政支出预算，并且更加注重成本收益的分析，讲求政府财政支出的绩效评价。

　　从税收优惠到税式支出的公式推导以及它们异同点的分析中可以看出，税收优惠与税式支出并无本质差别，学术界之所以在税收优惠的基础上，进一步提出税式支出的概念，主要是为了从政府财政支出的视角来分析税收优惠，进而以财政支出的预算要求来对税收优惠进行预算管理，强调政府税收优惠政策的成本收益分析。由于本书主要研究政府税收优惠政策对企业市场行为的影响，在理论与实证分析过程中并不涉及税收优惠预算管理的研究范畴，而且我国当前也尚未建立税收优惠的预算管理制度，因此本书在研究过程中仍旧使用"税收优惠"的概念。

　　（二）税收优惠与财政补贴的比较分析

　　财政补贴是财政学理论与实践中一个常见的概念，特别是在我国计划经济时期，财政补贴作为政府重要的宏观经济政策工具得到广泛应用，但也因此造成国有企业预算软约束的严重问题。① 当前在我国市场经济条件下，财政补贴政策已经较少使用，并在很多场合被税收优惠政策所替代。实际上，尽管税收优惠与财政补贴作为政府重要的政策工具而具有一定的相同点，但它们之间的差异可能更为明显。下面，通过公式推导来论述税收优惠与财政补贴的异同点：

在享受税收优惠政策或财政补贴政策之前，企业的经营利润可以通过企业经营过程中获得的全部收入减去经营过程中产生的全部成本计算得到，式（1.5）表示在没有政府政策因素影响时企业经营利润的计算公式：

$$经营利润（享受政策前）＝经营收入－经营成本②　　（1.5）$$

第一，考虑企业享受税收优惠政策后的经营利润计算公式。企业在经营过程中缴纳的税款是其重要的成本项目，而税收优惠作为对企业部分或全部纳税义务的免除，它反映的是企业经营成本的降低，因此当企业享受税收优惠政策时，其经营利润可以由式（1.6）表示：

$$经营利润（享受政策后）＝经营收入－（经营成本－税收优惠）$$
$$（1.6）$$

进一步地，将式（1.6）进行变形，可以得到式（1.7）：

$$经营利润（享受政策后）＝（经营收入－经营成本）＋税收优惠$$
$$（1.7）$$

观察式（1.7）可以发现，（经营收入－经营成本）即为式（1.5）所表示的企业享受税收优惠政策前的经营利润，因此将式（1.5）代入到式（1.7）中，最终可以得到式（1.8），它清晰地反映了税收优惠政策对企业经营利润的影响：

$$经营利润（享受政策后）＝经营利润（享受政策前）＋税收优惠$$
$$（1.8）$$

第二，考虑企业享受财政补贴政策后的经营利润计算公式。企业在经

---

① 参见林毅夫、李志赟（2004），林毅夫、刘明兴、章奇（2004），方红生、张军（2009）等文献。

② 为了清晰地论述本书要说明的问题，这里不拘泥于会计核算中的"利润总额"、"主营业务收入"、"其他业务收入"、"主营业务成本"等概念在细节上的区分，而以"经营收入"统称企业经营过程中获得的全部收入，以"经营成本"统称企业经营过程中产生的各项成本，并以它们之间的差额表示企业在一个经营时期内获得的"经营利润"。

营过程中获得的政府财政补贴是其经营收入的一部分，因此当企业享受财政补贴政策时，其经营利润可以由式（1.9）表示：

经营利润（享受政策后）＝（经营收入＋财政补贴）－经营成本

（1.9）

进一步地，将式（1.9）变形，可以得到式（1.10）：

经营利润（享受政策后）＝（经营收入－经营成本）＋财政补贴

（1.10）

同样，式（1.10）中（经营收入－经营成本）即为式（1.5）所表示的企业享受财政补贴政策前的经营利润，因此将式（1.5）代入到式（1.10）中，最终可以得到式（1.11），它清晰地反映了财政补贴政策对企业经营利润的影响：

经营利润（享受政策后）＝经营利润（享受政策前）＋财政补贴

（1.11）

式（1.8）和式（1.11）分别显示了税收优惠政策和财政补贴政策对企业经营利润的影响，从公式本身及其推导过程中，可以发现税收优惠与财政补贴存在如下的异同点：

税收优惠与财政补贴的相同点在于：（1）它们都使企业的经营利润增加。从式（1.8）和式（1.11）中可以看到，企业享受税收优惠政策后的经营利润等于享受政策前的经营利润加上企业获得的税收优惠规模，企业享受财政补贴后的经营利润等于享受政策前的经营利润加上企业获得的财政补贴规模。（2）它们都承载着一定的政府政策目标。无论是税收优惠政策还是财政补贴政策，政府在政策实施过程中都需要付出一定的代价，而政府之所以愿意付出相应的政策实施成本，是因为政府相信通过实施税收优惠或财政补贴政策可以实现一定的政策目标。

税收优惠与财政补贴的不同点在于：（1）税收优惠与财政补贴的表现形式不同。具体来说，尽管它们的最终结果都是增加企业的经营利润，但税收优惠是企业经营成本的减少，财政补贴是企业经营收入的增加，这可以通过式（1.6）和式（1.9）得到反映。（2）税收优惠与财政补贴的偿还性不同。庞凤喜（2010）明确指出，税收具有非直接偿还性的特点，即尽管税收最终用之于民，但政府征税与具体纳税单位和个人受益之间并不存在一一对等的交换关系。与此相反，税收优惠具有直接偿还性的特点，企业获得的税收优惠利益直接来源于该企业本身，即政府提供的税收优惠政策与企业纳税义务存在一一对应的关系，企业产生纳税义务是企业获得税收优惠利益的前提条件，并且这种对应关系可以细化到具体税种。而财政补贴则不同，它具有非直接偿还性的特点，企业获得的财政补贴利益并非直接来源于该企业本身，向政府缴纳税款或国有企业经营利润都不是企业获得财政补贴的前提条件，很大程度上政府是将从其他企业征收的税款转化为财政补贴资金再补贴给另外的企业。（3）企业享受税收优惠和财政补贴的条件不同。并不是所有的企业都能够享受税收优惠政策，但一般来说也不是只有特定的哪家企业可以享受税收优惠政策，而是政府通过为税收优惠政策设定一系列的前提条件，只有符合这些前提条件的企业才能享受相应的税收优惠政策。财政补贴则不同，尽管也不是所有的企业都能够享受财政补贴政策，但一般来说，只有特定的企业才能享受税收优惠政策，政府在制定财政补贴政策时往往直接指定享受该项政策的企业名单，并且一般不会为名单范围内的企业设定前提条件。（4）在市场经济条件下，税收优惠政策用得多，财政补贴政策用得少。该项差异是第3项差异的直接后果，因为只有符合一定条件的企业才能享受税收优惠政策，税收优惠在激励企业市场行为上可以发挥更好的效果，而财政补贴只是人为地改变企业市场行为结果，却难以对企业市场行为产生激励作用。在市场经济条件下，政府更多地希望引导企业的市场行为，而非改变企业的市场行为结果，因此在市场经济条件下，政府更愿意制定并实施税收优惠政策，财政补贴则只在个别特定的场合使用。

第二节　企业市场行为的概念界定

企业市场行为的概念可以从内涵、分类以及面临的约束条件等进行界定，其中企业市场行为的内涵包括定义、市场主体关系、特点等内容；可以根据企业运营流程将企业市场行为分成投资决策、科技创新、市场获利等行为；同时，企业市场行为还面临企业目标、企业能力、社会经济、政策环境等约束条件。

一　企业市场行为的内涵

（一）企业市场行为的定义

企业市场行为指的是，企业为了实现组织目标而采取的适应市场变化要求的各种行为。从这一表述中可以看出，企业市场行为的定义包含两个要素：（1）企业作为经济组织，其市场行为的目的是为了实现自身的组织目标。组织是由人们互相协作而结合成的集体或团体，组织的类型多种多样，如政党组织、军队组织、工会组织、企业组织等，每一个组织都是为了实现特定的目标而建立，如政党组织是为了实现特定群体共同的政治目标而建立，军队组织是为了实现保卫国家不受侵略的军事目标而建立，工会组织是为了维护职工共同利益的经济目标而建立，同理，企业组织是为了实现资本增值的经济目标而建立。尽管不同企业所制定的企业定位、企业愿景、企业使命等在文字表述上差异极大，但从根本上讲，建立企业组织的根本目标都是为了实现资本增值，即企业组织在实际运行过程中追求市场利润的最大化。不过，企业行为的类型多种多样，并不是所有行为的发生都是直接为了实现企业的组织目标，有些行为发生的直接原因，可能仅仅是为了满足社会群体对企业在道义准则上的要求，而不是追求市场利润最大化，此类企业行为就不能称为市场行为。（2）企业发生特定的市场行为，应与市场变化的要求相适应。市场是企业生存的大环境，而市场总是瞬息万变的，企业的市场行为只有与市场变化的要求相适应，才能在市场竞争中立于不败之地。因此，如果企业实施某一行为，是为了适应其他非市场变化的要求，即使这一行为是为了实现企业市场利润的最大化，也不能被视为市场行为。

（二）企业市场行为过程中的市场主体关系

企业在实施市场行为过程中，必然与其他市场主体发生紧密的联系，而正确认识并处理它们之间的关系，对于企业通过市场行为来实现企业目标而言意义重大。

首先，是企业与员工之间的关系。员工是企业市场行为的执行主体，员工的工作过程就是企业市场行为发生的过程，在这个过程中员工为企业创造价值，而企业也必须为员工提供合理的经济报酬。因此，企业应该树立员工在经营过程中的主人翁意识，加强员工职业技能培训，为其提供舒适的工作环境与优越的薪酬体系，并努力帮助员工实现其人生价值。对员工来说，则应做好自己的本职工作，将企业作为实现自我价值的平台。在企业与员工之间的良性互动中，通过企业市场行为的外在表现形式，促成企业组织目标的实现。

其次，是企业与社会公众之间的关系。一方面，企业通过加强自身的产品研发与生产质量控制，为社会公众提供高品质的产品和服务，并树立良好的企业形象。另一方面，社会公众对企业的要求却不只是限于产品本身，而往往会为企业附加额外的道义上的要求，而这类要求与企业本身的市场利润最大化目标并不一致，进而造成社会要求与企业目标间的矛盾与冲突，如社会公众所关注的企业慈善捐赠排行榜、抗击自然灾害中企业的捐款数量、国有企业的社会责任等。企业需要通过与社会公众发生联系，进而获得市场利润，因此企业实施市场行为必须处理好与社会公众之间的关系。

最后，是企业与政府之间的关系。企业的市场行为需要接受政府的监管，个别企业为了追求市场利润最大化，往往会利用自身在产品信息上的优势，恶意生产假冒伪劣、质量低下的产品，通过侵害消费者的权益来获得短期利益。政府的主要职责是为社会公众提供公共产品服务，政府有责任加强对企业的监督管理职能，对部分企业的不法市场行为进行惩罚，维护社会公众利益。同时，政府为了实现社会经济发展与经济结构调整，需要通过出台具有导向性的政策，对企业的市场行为进行引导。企业在实施市场行为过程中面临着多方面的市场主体关系，本书研究政府的税收优惠政策对企业市场行为的影响，属于企业与政府之间关系的范畴。

（三）企业市场行为的特点

企业市场行为具有计划性、组织性、竞争性和利润导向性四个方面的特点：

计划性是指企业市场行为的发生往往需要事先进行计划。实际上，计划是管理的首要职能，它是对企业未来实施某一行为的方案说明，包括行为目标、行为实施的途径与方法、行为实施时间、行为实施主体等，贯穿于企业管理工作的整个过程。企业实施市场行为的目的是为了实现组织目标，这要求企业在做出市场行为决策时必须制订周密的计划，考虑企业市场行为所面临的市场主体关系，对相应市场行为的收益与成本进行分析。因此，企业实施市场行为必然同步伴随着企业管理活动，这也是企业市场行为具有计划性的原因所在。

组织性是指企业市场行为的发生需要对生产要素进行分配和组合。组织职能也是管理的重要职能，其主要任务在于通过发挥集体力量，合理配置企业人力、物力和财力资源，提高企业劳动生产效率，进而控制企业市场行为的实施成本。企业任何市场行为的实施都需要成本，企业在制订各项计划方案后，通过对企业的各个生产要素进行合理分配和恰当组合，促成企业以最低的成本有效地实现市场行为计划。

竞争性是指企业市场行为的发生面临着其他企业的竞争。市场经济体制是市场在资源配置中起基础性作用的经济体制，各个经济主体自由平等地进行竞争是市场经济体制的本质特征。在市场经济条件下，一家企业所实施的任何一项市场行为，都面临着与其他同类企业间的利益冲突。企业自由竞争的结果是，一部分生产效率低、产品功能与市场需求不匹配的企业被市场所淘汰，从而实现社会经济资源的有效配置，促进社会生产力水平的提高，在总体上实现厂商供给与消费者需求的匹配。因此，市场经济体制中的企业市场行为具有竞争性的特点。

利润导向性是指企业市场行为的发生都是以获取市场利润为导向。如前文所述，企业组织的建立是为了实现资本增值，企业市场行为的发生都是最终以实现市场利润最大化为目标。企业实现利润最大化的条件是边际收益等于边际成本，即企业通过对其实施某一市场行为的边际收益与边际成本的对比，来判断自身是否应该实施这一行为。

二　基于运营流程的企业市场行为分类

根据本书对企业市场行为的定义，凡是企业为实现组织目标而采取的适应市场变化要求的各种行为都可称为市场行为，因此企业市场行为的具体形式实际上是多种多样的。基于研究需要，本书根据企业运营流程对企业市场行为进行分类，并在此基础上进一步讨论政府税收优惠政策对企业市场行为的影响。图1－2显示了企业运营流程与市场行为间的对应关系。

从图1－2中可以看出，根据资本形态转变的视角进行分析，一家典型的生产型企业可以将运营流程分成"投资→生产→销售"这样三个环节。首先是投资资本用于购置固定资产，即将资本从货币形态转化成生产资料；其次是组织企业员工进行产品生产，将生产资料转化为商品；最后是将商品在市场上进行销售，将商品转化为货币。与企业运营流程相对应，可以将企业市场行为分解成投资决策行为、科技创新行为和市场获利行为。

（一）企业投资决策行为

企业投资决策行为是指企业对自身资本的投资规模、投资方向、投资结构等做出决策的行为，从图1－2中可以看到，它与企业运营流程中的

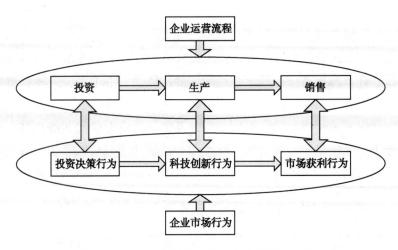

图 1 - 2　企业运营流程与市场行为间的对应关系

"投资"环节相对应。不过，可以从更广义的视角来对企业投资决策行为进行分析，它实际上可以包括内部投资和外部投资两个方面。内部投资就是企业运营流程中的购置企业自身生产所需的固定资产、无形资产和其他长期资产的投资行为；外部投资则是当企业所拥有的资金规模超出自身内部投资所需，产生一定的资本剩余时，企业基于分散经营风险、扩大业务范围、获得投资收益等目的，通过购买股票、债券、借款等形式，将自身多余的资金向其他企业进行投资。因此，对一家企业而言，其投资决策行为可以包括如下内容：（1）企业在内部投资和外部投资上的投资规模问题，企业需要综合考虑资本成本、运营风险、发展战略等因素进行决策；（2）内部投资资金的分配比例问题，即企业如何将内部投资资金在购置固定资产和其他资产上进行分配，这与企业所属的行业、企业所处的发展阶段等客观因素相关；（3）企业固定资产投资方向的问题，对一家企业而言，扩大企业的规模往往有横向一体化、纵向一体化等多种战略可以选择；（4）企业外部投资结构的问题，即企业在购买股票、债券、借款等外部投资中的资金分配问题，不同的外部投资形式在风险、收益上有着较大差异。企业的投资决策行为，受到自身主观因素和社会客观条件的双重约束，其中，政府经济政策对企业投资决策行为有着重要的影响。企业投资决策行为的意义在于：它一方面可以实现企业本身的可持续经营，扩大企业规模，获得尽可能多的市场利润；另一方面可以增加社会整体投资率，为社会经济的蓬勃发展奠定坚实的微观基础。

（二）企业科技创新行为

企业科技创新行为是指企业进行新产品、新技术、新工艺等项目的研究开发行为。其中，新产品是指在结构、材质、工艺等方面比老产品有明显改进，显著提高了产品的性能或扩大了产品的使用功能以及采用新技术原理设计构思的新产品；新技术是指在一定领域、时域和行业内有所创新并具有竞争能力的技术；新工艺是指在工艺要求加工方法等流程路线某一方面或几个方面与老工艺有明显改进，具有独创性、先进性、实用性，并在一定范围内首次应用的工艺。[①] 从图 1-2 中可以看到，本书所定义的企业科技创新行为与企业运营流程中的"生产"环节相对应，原因在于：尽管企业科技创新行为并不是直接地从事产品生产，但科技创新可以提高企业生产效率，改进产品生产工艺，促使企业有能力生产出更加符合消费者需求的产品，实际上是一道间接的产品生产环节。不过，在 1912 年之前，学术界主要研究劳动和资本作为生产要素对企业产出的影响，并未将"创新"纳入生产函数中，而熊彼特在 1912 年出版的《经济发展理论》一书首次将"创新"作为生产要素引入生产函数中。熊彼特定义的"创新"所涵盖的内容要广于本书所定义的科技创新，他认为创新主要包括如下 5 种类型：①引进新产品；②引用新技术，采用一种新的生产方法；③开辟新的市场；④控制原材料新的来源；⑤实现任何一种新的工业组织。可以看出，本书所定义的科技创新属于熊彼特指出的 5 种创新类型中的前两种。企业的科技创新活动是经济增长与社会进步的源泉，从人类社会发展的历史进程来看，每一次生产力水平的提高和社会形态的演进，都与科技创新密切相关。

（三）企业市场获利行为

企业市场获利行为是指企业通过开展业务经营和资本运作，从市场上获得利润的行为，从图 1-2 中可以看到，它与企业运营流程中的"销售"环节相对应。企业经过投资、生产环节以后，将资本从现金的形态转变为产品库存形态，此时需要再经过销售环节，将产品在市场上出售，从消费者手中获得销售收入，而获得市场利润。不过，尽管"销售"环节是企业获得利润的主要途径，但绝大部分企业获得利润的途径并不仅限于

[①] 参见《国家税务总局关于印发企业技术开发费税前扣除管理办法的通知》（国税发〔1999〕49 号）。

此。从企业财务会计的角度来看，企业收入主要包括主营业务收入、其他业务收入和营业外收入，其中前两者属于"销售"环节的范畴，而营业外收入则是指与企业生产经营活动没有直接关系的各种收入，主要包括非流动资产处置利得、非货币性资产交换利得、债务重组利得、政府补助、盘盈利得、捐赠利得等，它们并不属于"销售"环节的范畴，但也会提高企业的会计利润，因此企业获得营业外收入的行为也应该属于市场获利行为。尽管如此，对绝大多数企业来说，从"销售"环节获得的收入才是企业市场利润的主要来源。企业市场获利能力与企业产品所处的生命周期有着直接联系，市场营销学将产品的生命周期分成 5 个阶段：开发期→引入期→发展期→成熟期→衰落期，每个阶段所对应的销售规模、利润水平都有较大差异。其中，开发期的产品尚未投入市场，还处于研发阶段，没有销售量，此时产品利润为负；引入期的产品刚刚引入市场，消费者对其了解有限，销售量处于缓慢爬升阶段，但企业需要支付大量的推广成本，此时产品利润仍旧为负；随着产品进入发展期以后，消费者逐渐接纳了该产品，销售量迅速提高，产品利润逐渐由负变为正；此后成熟期则是企业利润大丰收的阶段；衰落期则是产品逐渐退出消费市场的阶段，此时销售量和利润都在逐渐下降。因此，企业需要根据不同的产品生命周期制定差异化的企业运营战略，从而在很大程度上获得市场利润。

三　企业市场行为的约束条件

尽管市场经济崇尚自由竞争，但企业在市场经济条件下，其市场行为仍然还是面临着各种主观与客观因素的制约。

（一）企业市场行为受到企业目标的约束

企业的根本目标是为了实现市场利润最大化，但在实际运营过程中，为了顺利实现这一总目标，企业还会对其进行分解，进而演化出许多分目标。大体上可以将企业总目标分解成盈利目标、市场目标、创新目标和社会目标，其中盈利目标是最根本的分目标，而其他三个分目标都是为盈利目标服务的。无论企业是做出投资决策行为、科技创新行为还是市场获利行为，都必须充分考虑这些行为对企业目标存在的影响，即它们是促进了还是阻碍了企业目标的实现。以企业在资本市场上购买其他上市公司的股票为例，企业在做出这一外部投资决策行为时，必须考虑到自身的现金流是否充裕，是否有更好的内部投资途径，经营风险是否可以得到分散，是否可以实现企业既定的盈利目标等各种问题。如果企业的股票购买行为有利于实现其既定目标，则企业可以进一步实施该投资决策行为，否则必须寻找更好的替代方案。企业目标约束的指导意义在于，企业所实施的市场行为都必须有利于企业总目标或者某一项分目标的实现。

（二）企业市场行为受到企业能力的约束

企业目标是企业自身主观方面的约束，而企业能力则是企业自身客观方面的约束。从管理学角度来看，企业的生产经营过程就是将企业所拥有的人力资源、物力资源、财力资源进行合理配置，进而实现资源高效运行的过程，因此，企业能力可以通过企业拥有人、物、财等资源的丰富程度得到体现。企业拥有的人力资源，可以从员工规模、业务水平、年龄结构、专业结构、学历结构等多方面进行考察，它们都在一定程度上对企业市场行为产生约束作用。比如，企业计划研发一款新产品，需要涉及一种新型复合材料的应用与改造，这就要求企业的科研队伍中有相应专业背景的研究人员，否则该项研发工作就可能难以顺利实施。企业的物力资源主要包括原材料供应渠道、固定资产折旧与更新等有形物力资源和品牌持有状况等无形物力资源，它们直接决定了企业可以实施市场行为的广度与深度。比如，加多宝集团由于租借了广药集团的"王老吉"品牌进行凉茶生产与销售，即使前者掌握了凉茶从原材料到生产工艺再到销售渠道的所有物力资源，但由于没能掌握"王老吉"品牌的无形物力资源，最终只能在凉茶市场上推倒重来，以"加多宝"的品牌重新创业。企业的财力资源则包括企业资产规模、资产结构、现金流充裕程度等内容，任何一项市场行为的实施都需要以一定的运营成本为代价，也就必然受到企业财力资源的制约。如企业的科技创新行为需要投入大量的资金用于研发工作，就必须考虑企业的现金流是否充裕等问题。企业能力约束的指导意义在于，企业所实施的市场行为必须是企业当前的人力、物力、财力资源都有能力支持的行为。

（三）企业市场行为受到社会经济的约束

企业作为个体参与到社会经济活动中，只有生产出满足消费者需求的产品，才能在市场竞争中立稳脚跟，而社会经济条件决定了消费者需求的特点，因此企业市场行为受到社会经济各方面因素的制约。大体上，可以将社会经济条件分成经济发展阶段、宗教风俗习惯、气候地理特征等多个方面，企业只能适应客观的社会经济条件而无法将其改变。经济发展阶段是根据社会经济的发展程度来区分不同的阶段，如世界银行按照人均国民收入对世界各国经济发展水平进行分组，通常分成低收入国家、中等偏下收入国家、中等偏上收入国家和高收入国家四个组别。显然，处于不同经济发展阶段的国家，其居民消费需求的特点有很大差别，如低收入国家的居民需求可能更多地集中于食品、衣服等日常型消费品，而高收入国家的居民需求可能更多地集中于数码电子、娱乐、旅游等更高层次的享受型消费品，因此企业市场行为也必须与该企业所处的经济发展阶段相适应。此外，每个地区的宗教风俗习惯、气候地理环境等各种社会经济条件也都差别极大，猪肉在穆斯林聚居地注定没有市场，口罩在沙尘暴横行的北方地区必定深受欢迎，企业必须仔细分析自身所处的社会经济条件，只有与市场需求特点相适应的企业市场行为，才会被市场需求所接纳。

（四）企业市场行为受到政策环境的约束

实际上，政策环境也是企业面临的社会经济约束之一，但与经济发展阶段等其他因素相比，企业的政策环境约束会随着政府主观意志的转移而改变，但企业所面临的其他社会经济约束则不随任何主观意志的转移而变化。有时候，企业所面临的政策环境是急剧变化着的，对企业而言，其市场行为也必须迅速发生改变，以适应政府政策环境的改变，否则企业将会在市场竞争中逐渐趋于劣势。政策环境主要包括政府的经济发展战略、区域发展战略、产业升级战略等内容，其中经济发展战略的改变将对企业市场行为带来革命性的影响。比如，我国政府在20世纪80年代开始实施计划经济体制向市场经济体制转型，在这个过程中，企业面临的政策环境发生了天翻地覆般的变化，如果企业的经营思维还是停留在计划经济时代，则必将被市场经济的浪潮所淘汰。区域发展战略、产业升级战略等也是企业在实施市场行为过程中所必须考虑的政策环境约束，如果企业的市场行为与政府的区域发展战略、产业升级战略等相违背，则企业经营效率往往事倍功半。本书研究税收优惠对企业市场行为的影响，而税收优惠政策正是属于企业面临的政策环境约束，政府出台的税收优惠政策往往都与经济发展战略、区域发展战略、产业升级战略等相联系，它是企业市场行为的重要约束条件。

第三节　税收优惠与企业市场行为的衡量

前文对税收优惠与企业市场行为的概念进行全面界定，而本书的研究目的是从理论和实证的视角来分析税收优惠对企业市场行为存在的影响，在研究过程中需要对税收优惠和企业各项市场行为进行衡量，因此本节的任务是构建企业税收优惠水平、投资决策行为、科技创新行为和市场获利行为的衡量指标，并介绍本书在描述企业税收优惠与市场行为具体特征时，使用的期望与条件期望、泰尔指数及其分解、核密度图等衡量方法的原理。

一 税收优惠与企业市场行为的衡量指标

（一）税收优惠的衡量指标

本书导论部分对学术界当前使用的税收优惠衡量指标进行综述，分析了现有文献在企业税收优惠衡量指标上存在的不足，因此，本书尝试构建一套更加科学、合理的企业税收优惠衡量指标体系。需要特别指出的是，衡量企业税收优惠水平最直接也最恰当的指标是使用企业实际享受到的税收优惠规模。在税收实践中，该数据可能在两个过程中产生：首先，可以通过企业所得税纳税申报表得到反映，如北京市地方税务局公布的《企业所得税纳税申报表》的附表五就是一张税收优惠明细表，可以反映一家企业享受到的所得税税收优惠的总规模，该表要求企业详细填写免税收入、减计收入、加计扣除额合计、减免所得额合计、减免税合计、抵免所得税额合计等项目；其次，可以通过国家税务总局开展的减免税统计调查工作中使用的《企业减免税调查表》得到反映，它要求企业详细填写所属行业类型、所有制类型以及享受的减免税类型等信息，可以反映一家企业享受的各种税收优惠的总规模。但是，无论是纳税申报表还是减免税调查表，作为企业向税务机关提交的涉税信息，税务机关都有责任为企业保密，并且这两张表格都不包含企业其他方面的信息数据，即使税务机关违规披露相关企业的涉税信息，我们也无法用它来对我国税收优惠政策对企业市场行为的影响进行评估。因此，为了使构建的税收优惠水平衡量指标更具实际应用价值，本书以上市公司公开报告的年度财务报表作为数据来源，构建企业的税收优惠水平衡量指标。

上市公司股票在证券交易所上市交易，需要每年向社会公布企业的财务报表，主要包括资产负债表、利润表、现金流量表、所有者权益变动表和财务报表附注等内容。根据企业财务报表科目所限定的数据可得性，本书构建了名义税收优惠、实际税收优惠和税费返还率三个指标，它们的计算公式为：

$$名义税收优惠 = 法定税率 - 名义税率 \qquad (1.12)$$

$$实际税收优惠 = 法定税率 - 实际税率 \qquad (1.13)$$

$$税费返还率 = 收到的税费返还 \div 支付的各项税费$$

$$(1.14)$$

在上述三个公式中，式（1.12）中名义税收优惠和式（1.13）中实际税收优惠都是针对企业所得税而言的。名义税收优惠指的是企业在名义上享受到的所得税优惠水平，它由当年度企业所得税的法定税率减去名义税率计算得到，其数值越大则表明企业当年度在名义上享受到的税收优惠水平越高。名义税率可以通过查询上市公司会计报表的附注信息获得。实际税收优惠指的是企业在实际上享受到的企业所得税优惠水平，它由当年度企业所得税的法定税率减去实际税率计算得到，其数值越大则表明企业当年度在实际上享受到的税收优惠水平越高。计算实际税率所需要的所得税费用和利润总额可以通过查询利润表获得。显然，对同年度的同一家企业而言，其享受的名义税收优惠水平和实际税收优惠水平并不一致，因为企业的所得税名义税率与实际税率往往并不一致。式（1.14）中税费返还率衡量的是企业通过税费返还的形式获得的税收优惠水平。其中，收到的税费返还和支付的各项税费可以从企业现金流量表中获得，前者反映企业收到的由政府部门返还的各项税费总额，后者反映企业本期发生并支付的、本期支付以前各期发生的以及预交的各项税费总额。显然，税费返还率除包括企业所得税的税费返还外，还包括增值税、营业税、消费税等其他各个税种在内的全部税费的返还水平。

本书构建的企业税收优惠衡量指标的优点主要有：（1）名义税收优惠、实际税收优惠和税费返还率都是企业获得税收优惠水平的直接反映，这三个指标数值越高的企业，所享受的税收优惠水平也越高。（2）可以使用上市公司公开的财务报表数据进行指标测算，数据获取成本较低，样本数量庞大，且上市公司财务报表经过证券监管部门层层把关，数据的可靠性相对较高。（3）可以根据上市公司报表中的其他会计科目数据，构建企业市场行为的衡量指标，对政府税收优惠政策的实施效果进行评估。

（二）企业投资决策行为的衡量指标

如本章第二节所述，企业投资决策行为包括企业在内部投资和外部投资上的决策行为，具体包含多个方面的内容，但是根据数据的可得性，本书主要构建如下指标对企业的投资决策行为进行衡量。

首先，企业内部投资规模的衡量。企业内部投资的绝对规模，可以通过现金流量表中的"购建固定资产、无形资产和其他长期资产支付的现金"这一科目得到反映，它指的是企业购买和建造固定资产、无形资产和其他长期资产所支付的现金，但不包括为购建固定资产而发生的借款利息资本化的部分，以及融资租入固定资产支付的租赁费。它在企业会计核算时可以通过"固定资产、无形资产和其他长期资产账户的本期购建转入明细账发生额 + 在建工程账户增加净额 − 与在建工程有关的应付工资、应付福利费、应交税金 − 应交固定资产投资方向调节税、长期借款（应计利息）的净增加额"的公式计算得到，企业现金流量表直接报告了此数值。该科目全面反映了企业内部投资的绝对规模，但是，由于不同资产规模的企业在绝对投资规模上存在差异，以绝对投资规模来描述企业的内部投资决策行为显然会存在偏差。因此，本书进一步构建企业内部投资的相对规模指标，它由企业内部投资绝对规模除以企业当年度资产负债表中报告的资产总额计算得到。

其次，企业外部投资规模的衡量。企业外部投资的绝对规模主要有两种衡量方法：第一种方法是以现金流量表中的"投资支付的现金"科目所报告的数据来衡量，它是企业进行权益性投资和债权性投资支付的现金，包括企业取得的除现金等价物以外的交易性金融资产、持有至到期投资、可供出售金融资产而支付的现金，以及支付的佣金、手续费等附加费用。但是，用这个指标衡量企业外部投资规模存在一定的问题，因为企业可以根据资本市场的行情反复买入和卖出某一项金融资产，此时尽管企业用于外部投资的资金数额是一定的，但由于反复买入和卖出，将会产生规模很大的现金流出和流入，因此"投资支付的现金"科目所报告的数据有可能会夸大企业的外部投资规模。第二种方法是以资产负债表中报告的交易性金融资产、可供出售金融资产净额、持有至到期投资净额和长期股权投资净额的加总来衡量企业外部投资的绝对规模。[①] 该方法计算出来的是企业在当年度期末的时点上持有外部投资的绝对规模，并且不存在重复计算问题，与第一种方法相比更为科学。企业外部投资与内部投资相比更容易变现，一定程度上可以将其视为企业的"准现金"，企业根据自身资

---

① 参见潘越、戴亦一、吴超鹏等（2009）。

金需求、外部投资机遇等因素对外部投资规模进行动态调整。基于相同的理由，本书进一步以外部投资绝对规模除以企业资产总额计算得到其相对规模，作为企业外部投资规模的衡量指标。

（三）企业科技创新行为的衡量指标

企业现金流量表给出了企业"支付其他与经营活动有关的现金"科目的数据，该科目报告的是，除在现金流量表中已经报告过的各项目外，企业支付的其他与经营活动有关的现金支出，如捐赠、业务招待费等共12项支出。并且，企业会计准则明确规定，在上述12项支出中，对于价值较大的项目，应在附注中单独列示。因此，尽管企业现金流量表中"支付其他与经营活动有关的现金"科目并不能提供准确的企业科技创新支出数据，但部分企业由于每年投入的科技创新资金规模比较大，会在财务报表附注中报告研发支出的详细数据。比如，个别企业在会计报表附注中以"研发支出"科目报告当年度研发支出的期初数、本期增加数、本期减少数和期末数等数据。研发支出是指在研究与开发过程中所使用资产的折旧、消耗的原材料、直接参与研发人员的工资及福利费、研发过程中发生的租金以及借款费用等，其中研发支出的本期增加数是指企业当年度从事科技创新活动而产生的研发支出总额，可以用它来衡量企业当年度科技创新的绝对规模。进一步地，由于企业用于科技创新的资金主要来源于企业经营收入，因此，将企业当年度研发支出的本期增加数除以营业总收入，就可以得到企业科技创新行为的相对规模指标。

企业的资产负债表给出了企业"开发支出"的数据，该科目报告的是本期和前期发生的未结转至无形资产的研发支出科目下的资本化支出。即"研发支出"科目包含"费用化支出"和"资本化支出"两个明细科目，在企业会计报表的附注中报告的是企业研发支出的数据，但企业资产负债表中报告的是研发支出下面资本化支出明细科目中的期末数据。因此，通过"开发支出"可以获得企业在年末时点上积累的满足资本化条件的研发支出规模，尽管它并不是企业在当年度进行科技创新的支出规模，但也在一定程度上反映了企业在这一时点上的科技创新行为状态。因此，将开发支出除以企业当年度的营业总收入，就可以获得衡量企业科技创新行为的又一个指标。

遗憾的是，尽管现金流量表中研发支出科目同时报告了本期减少数，但本期减少数实际上包含了两部分的数据，一部分是企业研发成功后，将满足资本化条件并已达到预定用途形成无形资产的资本化支出进行结转；另一部分是企业研发失败后，将不满足资本化条件的费用化支出进行结转，即研发支出的本期减少数报告的是企业当年度因研发成功和失败而转出的资金，这样企业科技创新的效率无法通过会计数据进行衡量。同时，如前文对企业科技创新行为的定义所述，它包含了新产品、新技术、新工艺等项目的研究开发行为，但企业会计报表中只是报告企业对它们在总体上的研发规模，这样就无从获得企业研发支出结构的数据。限于数据的可得性，本书主要就税收优惠对企业科技创新行为的总体影响进行实证研究，而关于企业科技创新行为的成功率、支出结构等更为细节的内容则有待进一步研究。

（四）企业市场获利行为的衡量指标

企业实施市场行为的根本目标是为了实现市场利润最大化，因此在会计核算制度中，对于利润的核算是最为重要的内容。而且，由于侧重点不同，企业会计报表会报告几个不同层次的利润科目，它们较为全面地反映了企业的市场获利状况，不过在实际应用时还需要了解它们之间的具体差异。

企业利润表中首先报告的是"营业利润"科目，它指的是与企业经营业务有关的利润，由"营业收入－营业成本－营业税金及附加－销售费用－管理费用－财务费用－资产减值损失＋公允价值变动净收益＋投资净收益"的公式计算得到。如果与企业的三种收入类型即主营业务收入、其他业务收入和营业外收入相对应的话，营业利润相当于企业来源于主营业务收入和其他业务收入的利润。其次利润表中还报告了"利润总额"科目，它指的是企业当年度实现的利润总额，由"营业利润＋营业外收入－营业外支出"的公式计算得到，即利润总额是在企业营业利润的基础上，增加了企业来源于营业外收入的利润，因此它实际上囊括了企业所有业务的利润所得。最后利润表中报告了"净利润"科目，它是指企业当年度实现的净利润，由"利润总额－所得税费用"的公式计算得到。此外，企业利润表中还进一步报告了"归属于母公司所有者的净利润"科目，它指的是企业合并净利润中，归属于母公司所有者的那部分净利润。本书认为，净利润可以全面地衡量企业当年度的经营业绩，因此以净利润分别除以当年度的资产总额和营业总收入，得到总资产利润率和总收入利润率两个指标，来衡量企业的市场获利行为。

二 税收优惠与企业市场行为的衡量方法

(一) 期望与条件期望

数学期望(以下简称期望)和条件数学期望(以下简称条件期望)是刻画随机变量特征的重要方法,它们反映了随机变量的平均值以及在某一特定条件下的平均值。由于本书使用的税收优惠和企业市场行为指标都是离散型随机变量(与之相对的是连续型随机变量),因此这里给出离散型随机变量的期望和条件期望的计算原理。

若离散型随机变量 X 的取值为 x_i($i = 1$,2,$\cdots$,n),其分布律为 $p_i = P$($X = x_i$),则 X 的期望为:

$$E(X) = \sum_{i=1}^{\infty} x_i p_i \qquad (1.15)$$

若离散型随机变量 X 的取值为 x_i($i = 1$,2,$\cdots$,n),Y 的取值为 y_j($j = 1$,2,$\cdots$,n),随机变量 X 在"$Y = y_j$"条件下的条件分布律为 $p_{i \mid j} = P$($X = x_i \mid Y = y_j$),则 X 在"$Y = y_j$"条件下的条件期望为:

$$E(X \mid Y = y_j) = \sum_{i=1}^{\infty} x_i p_{i \mid j} \qquad (1.16)$$

可以通过式(1.15)所表示的期望计算方法,衡量我国企业税收优惠和市场行为的历年平均水平;通过式(1.16)所表示的条件期望计算方法,衡量我国分行业和分区域的企业税收优惠和市场行为的历年平均水平。

(二) 泰尔指数及其分解

泰尔指数是由 Theil(1967)根据信息理论中"熵"的概念提出的计算收入不平等的指标,目前该指数除了应用于收入不平等的研究外,还广泛地用于衡量其他方面的差距(不平等)程度[1],其最大的优点在于,可以衡量组内差距和组间差距对总差距的贡献。实际上,泰尔指数是广义熵指数的一个特例,可以将广义熵指数 GE(α)定义为:

---

[1] 比如胡志远、欧向军(2007)使用泰尔指数对区域金融增长差异进行研究,冯海波、陈旭佳(2009)使用泰尔指数对公共医疗卫生支出财政均等化进行研究,赵宏斌(2009)使用泰尔指数对高等教育规模省级区域分布的差异性进行研究。

$$GE(\alpha) = \frac{1}{\alpha(\alpha - 1)} \left[\frac{1}{n} \sum_{i=1}^{n} \left(\frac{y_i}{\bar{y}} \right)^{\alpha} - 1 \right] \qquad (1.17)[1]$$

其中，n 为样本的个体数量，y_i 表示个体 i 的收入[2]，（$i = 1, 2, \cdots, n$），$\bar{y}$ 表示收入的算术平均值。α 是一个常数，它代表了对不平等的厌恶程度，其数值越小表明对不平等的厌恶程度越高（万广华，2008）。一般来说，α 通常可以取 0 和 1 两个数值，经过简化可以得到如下指标：

$$GE(0) = \frac{1}{n} \sum_{i=1}^{n} \log \frac{\bar{y}}{y_i} \qquad (1.18)$$

$$GE(1) = \frac{1}{n} \sum_{i=1}^{n} \frac{y_i}{\bar{y}} \log \frac{y_i}{\bar{y}} \qquad (1.19)$$

其中，式（1.18）表示的 $GE(0)$ 被称为第二泰尔指数，在实际研究中应用得相对较少；而式（1.19）表示的 $GE(1)$ 被称为第一泰尔指数，在实际研究中得到了广泛应用，也就是通常所说的泰尔指数。进一步地，Shorrocks（1980）证明，如果将样本分成 K 个互不重叠的组别，那么 $GE(\alpha)$ 可以分解成组内不平等和组间不平等的指数和。假设 $GE(1)_{\text{within}}$ 为泰尔指数的组内不平等指数，$GE(1)_{\text{between}}$ 为泰尔指数的组间不平等指数，则有：

$$GE(1) = GE(1)_{\text{within}} + GE(1)_{\text{between}} \qquad (1.20)$$

通过如下公式，可以计算组内不平等和组间不平等对总体不平等的贡献率：

$$\text{组内不平等的贡献率} = GE(1)_{\text{within}} \div GE(1) \qquad (1.21)$$

$$\text{组间不平等的贡献率} = GE(1)_{\text{between}} \div GE(1) \qquad (1.22)$$

因此，可以通过式（1.19）来计算全部企业在总体上的税收优惠指标和企业市场行为指标的泰尔指数，以此来衡量企业在享受税收优惠政策上的不平等程度，以及企业在具体市场行为上的差异程度；可以通过式（1.21）和式（1.22）分别将税收优惠指标和企业市场行为指标的泰尔指数按照地区和行业进行分解，以分析地区间差距和地区内差距、行业间差距和行业内差距对总体差距的贡献程度。

---

[1]　Julie A. Litchfield, *Inequality：Methods and Tools*, http：//www. worldbank. org/poverty/inequal/index. htm, 1999.

[2]　由于提出该指标的初始目的是为了衡量收入不平等，所以这里以收入为例进行说明。

（三）核密度图

核密度图是核密度估计所报告的结果，核密度估计（Kernel Density Estimation）是一种非参数估计方法，其优点是不假设总体分布的具体形式。[1] 实际上我们熟悉的"直方图"就是一种最原始的非参数估计方法，其原理是将数据进行排序后按照取值范围分成几个不重叠的区间，计算数据落入每一区间的频率，并以此画出直方图，作为对密度函数的估计，但其缺点是由此得到的直方图并不连续。[2] 核密度估计的原理与直方图相类似，但不同点在于它允许区间重叠，可以将重叠的区间称为"窗"（Window），它沿着数据序列移动，计算出窗中心点的密度，并且核密度估计并不是简单地统计窗内样本的数量，而是根据样本与窗中心的距离位置给予 0 到 1 之间的权重，该权重函数被称为"核"（Kernel）。具体而言，核密度估计量如下：

$$\widehat{f}(x_0) = \frac{1}{nh} \sum_{i=1}^{n} K\left(\frac{x_i - _0}{h}\right) \tag{1.23}$$

其中，x_0 表示 X 序列需要计算密度的窗中心所在的点，x_i 表示窗所在区间内的样本点，n 表示 X 序列的样本数。这里最关键的两个参数则是带宽（bandwidth）h 和核密度函数 $K(\cdot)$，它们直接决定了核密度估计的结果，并且一般来说带宽的选择比核密度函数的选择更为重要。

带宽 h 实际上是窗的半径，$2h$ 被称为窗宽（Window Width），它表示窗的长度，因此，h 越大表明窗的长度区间也就越大，则估计得到的密度函数也就越光滑。h 可以由研究者自己给定，但实际上也存在最优带宽[3]，因此，Stata 软件默认的带宽通过如下公式计算得到：

$$m = \min\left(\sqrt{variance_x}, \frac{interquartile\ range_x}{1.349}\right) \tag{1.24}$$

$$h = \frac{0.9m}{n^{1/5}} \tag{1.25}$$

在式（1.24）中，$variance_x$ 表示 X 序列的方差，$interquartile\ range_x$ 表示 X 序列的四分位数，在式（1.25）中 n 表示 X 序列的样本数，通过将

① Rosenblatt M., Remarks on Some Nonparametric Estimates of a Density Function, *The Annals of Mathematical Statistics*, 1956, 27（3）.

② 陈强：《高级计量经济学及 Stata 应用》，高等教育出版社 2010 年版，第 352 页。

③ Silverman B. W., *Density Estimation for Statistics and Data Analysis*, Chapman & Hall, 1986.

式（1.24）代入到式（1.25），就可以得到核密度估计中使用的带宽 h。

核密度函数 $K(\cdot)$ 实际上是一个权重函数，它有 8 种不同的函数形式可供选择，而 Epanechnikov 核密度函数在最小化平均积分平方误差（mean integrated squared error）上最有效率[①]，其函数形式为：

$$K(z) = \begin{cases} \dfrac{3}{4}\left(1 - \dfrac{1}{5}z^2\right)/\sqrt{5} \; if \mid z \mid < \sqrt{5} \\ 0 \; otherwise \end{cases} \quad (1.26)$$

因此，通过式（1.23）可以对企业税收优惠指标和市场行为指标进行核密度估计，而其估计结果则通过核密度图表示，通过观察核密度图可以了解企业享受的税收优惠水平和企业市场行为水平的具体分布特征，从而对企业税收优惠与市场行为的现状有更直观的了解。

① Stata Corp，*Stata Base Reference Manual*：*Release* 12，Published by Stata Press，2011，pp. 884 – 894.

第二章

税收优惠对企业市场
行为的作用机理

从理论上厘清税收优惠对企业市场行为的作用机理，是对税收优惠和企业市场行为进行实证分析的基础。税收优惠对企业市场行为的作用机理，包括税收优惠对企业市场行为的作用原理、税收优惠对企业市场行为作用效果的影响因素、税收优惠作用于企业市场行为的特点等多方面内容。

第一节　税收优惠对企业市场行为的作用原理

从总体上看，税收优惠对企业市场行为在理论上一般具有促进作用，因为本书所研究的企业投资决策行为、科技创新行为和市场获利行为，无论是对企业发展还是社会进步来说都具有积极意义，政府出台税收优惠政策的直接或间接目标都是为了激励企业实施相关市场行为。因此，税收优惠政策的理论效应必然是激励上述企业市场行为的发生。不过，由于政策工具、企业自身条件、经济社会环境等各种宏观、中观和微观因素的限制，税收优惠对企业市场行为的实际激励效果可能与理论预期并不一致。

一　税收优惠对企业投资决策行为的作用原理

企业投资决策行为是企业对自身拥有的资本在投资规模、投资方向、投资结构等内容的决策行为，其根本目标是为了最大限度地追求投资利润，以实现资本增值。企业的投资决策行为主要由投资意愿和投资能力两个方面决定，而税收优惠正是通过对这两个方面的影响，来激励企业的投资决策行为。

（一）企业投资决策行为的影响因素

投资意愿和投资能力是决定企业投资决策行为的两大因素，其中，投资意愿是企业产生投资决策行为的主观基础，而投资能力则是企业产生投资决策行为的客观基础。投资意愿指的是企业愿意进行投资的主观愿望，这种愿望来自企业在主观上对投资决策行为的预期边际收益和预期边际成本的对比，企业只有在预期的边际收益大于边际成本时，才会做出相应的投资决策行为。投资能力指的是企业能够进行投资的实力，这种实力受企业在客观上所拥有的自有资本金规模、借债能力、资本金积累等因素影响，企业的投资能力越强，则企业对投资方向、投资规模、投资期限等方面的选择空间也越大。企业的投资能力是客观存在的，每一家处于正常经营状态甚至亏损状态的企业，都或多或少具有一定的投资能力，但具有投资能力的企业却并不必然产生投资决策行为，因为相比较而言，企业投资意愿对投资决策行为的影响更为关键。

（二）税收优惠对企业投资意愿的作用原理

政府实施税收优惠政策，改变了企业对投资的边际收益和边际成本的预期，从而形成了特定水平的企业投资意愿[①]，并由此决定企业的投资决策行为。图 2－1 显示的是，投资的边际收益和边际成本如何决定企业投资决策行为。[②]

从图 2－1 中可以看到：企业投资的初始边际收益曲线为 MR，它表示随着企业投资规模的增加，每单位投资所能带来的边际收益递减；企业投资的初始边际成本曲线为 MC，它表示随着企业投资规模的增加，每单位投资所需要的边际成本递增。此时，MR 和 MC 的交点所对应的 OA 即为企业的初始投资规模。

税收优惠通过增加企业投资的边际收益和降低企业投资的边际成本两个方面，来促进企业的投资意愿，进而提高企业的投资规模。其中，税收优惠对企业投资边际收益的影响主要通过所得税优惠实现，具体包括优惠税率、税收减免、起征点、税收扣除、延期纳税等多种优惠形式。如相关

---

① 刘蓉（2010）从税收优惠对企业投资的平均收益和平均成本的角度，分析它们在客观上对企业投资报酬率的影响，本书则从边际投资收益和边际投资成本的角度，分析它们在主观上对企业投资意愿进而对企业投资规模的影响。

② 本书关于税收优惠对企业投资决策行为作用原理的分析，同时适用于企业的内部投资行为和外部投资行为。

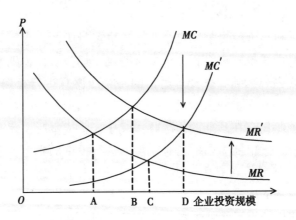

图 2 - 1　企业投资规模的决定

政策规定：集成电路线宽小于 0.25 微米或投资额超过 80 亿元的集成电路生产企业，经认定后，减按 15% 的税率征收企业所得税，其中经营期在 15 年以上的，在 2017 年 12 月 31 日前自获利年度起计算优惠期，第一年至第五年免征企业所得税，第六年至第十年按照 25% 的法定税率减半征收企业所得税，并享受至期满为止。① 如此大的税收优惠力度增加了企业对集成电路生产的预期边际收益，并且由于政策所规定的"投资额超过 80 亿元"的条件限制，极大地提高了企业的投资规模。如图 2 - 1 所示，由于相应税收优惠政策的出台，企业投资的边际收益曲线由 MR 向上移动到 MR′，假设企业投资的边际成本曲线不变，则此时 MR′ 与 MC 的交点所对应的企业投资规模为 OB，它比未享受税收优惠政策时的企业投资规模 OA 多出了 AB 所示的规模。

　　税收优惠对企业投资边际成本的影响则更多的是通过流转税优惠实现的，与此相关的税种主要有增值税、营业税、消费税、关税等流转税种，具体包括税收减免、税收抵免、税收扣除等多种优惠形式。如相关政策规定：以无形资产、不动产投资入股，参与接受投资方利润分配，共同承担投资风险的行为，不征收营业税；对股权转让不征收营业税。② 通过为企业的外部投资行为提供相应的税收优惠政策，可以降低企业投资行为的边

---

① 参见《财政部国家税务总局关于进一步鼓励软件产业和集成电路产业发展企业所得税政策的通知》（财税〔2012〕27 号）。

② 参见《财政部国家税务总局关于股权转让有关营业税问题的通知》（财税〔2002〕191 号）。

际成本，促进企业的投资意愿，进而提高企业的投资规模。如图 2 - 1 所示，由于相应税收优惠政策的出台，企业投资的边际成本曲线由 MC 向下移动到 MC'，假设企业投资的边际收益曲线不变，则此时 MC' 与 MR 的交点所对应的企业投资规模为 OC，它比未享受税收优惠政策时的企业投资规模 OA 多出了 AC 所示的规模。

进一步地，如果企业同时享受增加投资边际收益和降低投资边际成本的税收优惠政策，此时企业的边际收益曲线由 MR 移动到 MR'，边际成本曲线由 MC 移动到 MC'，则 MR' 与 MC' 的交点所对应的企业投资规模为 OD，它比未享受税收优惠政策时的企业投资规模 OA 多出了 AD 所示的规模。

下面通过数学公式的推导，来分析税收优惠政策对企业投资规模所产生的影响。由于边际收益曲线 MR' 由 MR 向上平移得到，因此 MR' 与 MR 的斜率相等，它们之间的差异体现在截距上；同理，MC' 与 MC 的差异也体现在截距上。需要说明的是，尽管图 2 - 1 中所画的边际收益线和边际成本线都是曲线，在本书论述过程中也都称它们为"曲线"，但为了简化模型的需要，这里假设它们都为直线：

企业投资的边际成本（优惠前）：$MC = aQ + b$ （2.1）

企业投资的边际收益（优惠前）：$MR = -cQ + d$ （2.2）

企业投资的边际成本（优惠后）：$MC' = aQ + b - e$ （2.3）

企业投资的边际收益（优惠后）：$MR' = -cQ + d + f$

（2.4）

其中，a、b、c、d、e、f 都大于 0；同时，为了保证 MC 与 MR 相交，要求 $d > b$。

令式（2.1）等于式（2.2），可以得到未享受相关税收优惠政策时，企业投资的均衡规模：

$$Q = \frac{d - b}{a + c}$$ （2.5）

令式（2.1）等于式（2.4），可以得到企业享受提高投资边际收益的税收优惠政策时，企业投资的均衡规模：

$$Q'_1 = \frac{d - b + f}{a + c}$$ （2.6）

令式（2.2）等于式（2.3），可以得到企业享受降低投资边际成本的税收优惠政策时，企业投资的均衡规模：

$$Q'_2 = \frac{d-b+e}{a+c} \qquad (2.7)$$

令式（2.3）等于式（2.4），可以得到企业同时享受提高投资边际收益和降低投资边际成本的税收优惠政策时，企业投资的均衡规模：

$$Q'_3 = \frac{d-b+e+f}{a+c} \qquad (2.8)$$

通过对比可以发现，企业投资的均衡规模存在如下关系：$Q'_3 > Q'_2 > Q$，且 $Q'_3 > Q'_1 > Q$。即企业享受税收优惠时的投资均衡规模要大于未享受税收优惠时的投资均衡规模，且均衡规模的差异与企业享受的税收优惠水平直接相关。

（三）税收优惠对企业投资能力的作用原理

对于具有投资意愿的企业来说，要想真正产生投资决策行为，还需要以一定的投资能力作为客观基础。企业用于投资的资金主要来源于自有资本金、企业负债资金和企业利润积累资金三个部分，政府税收优惠政策通过它们来影响企业的投资能力。

自有资本金由企业所有者在企业初始设立阶段投入的注册资金，以及企业运营阶段增加投入的所有者权益资金两部分组成。实际上，企业所得税的税率优惠政策就是典型的促进企业所有者向企业增加自有资本金的税收优惠政策，更低的企业所得税税率意味着企业所有者从利润总额中获得更多的净利润份额，有更大的动力将自身拥有的资金投入到企业生产运营中，扩大企业生产规模。此外，还有相关政策规定，创业投资企业采取股权投资方式投资于未上市的中小高新技术企业 24 个月以上，凡符合条件者可以按照其对中小高新技术企业投资额的 70%，在股权持有满 2 年的当年抵扣该创业投资企业的应纳税所得额；当年不足抵扣的，可以在以后纳税年度结转抵扣。[①] 该项政策可以极大地激励创业投资企业将更多的资金投资于中小高新技术企业，提高中小高新技术企业的自有资本金规模。企业所拥有的自有资本金规模对于企业自身的投资能力而言极为关键，自有资本金越雄厚的企业，其开展内部投资和外部投资的能力越强。

企业负债资金是指企业在设立以后，通过资本市场向其他经济主体借债而获得的由企业支配的资金。借债是企业融资的重要手段，在企业日常

_____

① 参见《国家税务总局关于实施创业投资企业所得税优惠问题的通知》（国税发〔2009〕87 号）。

经营过程中较为频繁，但一般来说直接激励企业进行借债融资的税收优惠政策非常少。但是，银行等金融机构往往更愿意贷款给大中型企业，而中小企业获得借债融资的难度非常大，因此政府往往有针对性地出台帮助中小企业获得贷款的税收优惠政策。如相关政策规定，对纳入全国试点范围的非营利性中小企业信用担保、再担保机构，可由地方政府确定，对其从事担保业务收入，3 年内免征营业税[①]，从而鼓励信用担保和再担保机构为中小企业的借债融资提供担保。理论上讲，企业负债资金本来只应该成为企业投资资金的辅助来源，但在企业投资决策的实际过程中，企业的借债能力却对其投资能力有着较大的影响。

企业利润积累资金是指企业在运营过程中获得利润积累而成的资金，与会计科目中的"盈余公积"相对应。企业税后净利润除了一部分用于利润分配和提取法定公积金外，有相当一部分主要用于企业扩大再生产，因此企业利润积累资金的规模越大，则其投资能力越强。企业利润积累资金实际上是存量概念，而政府税收优惠政策主要通过对其流量，即企业利润的形成与分配来对企业利润积累资金产生影响。如企业所得税中的加速折旧、税率优惠等政策，都通过增加税后利润的方式提高企业的利润积累资金。

二 税收优惠对企业科技创新行为的作用原理

本书虽然将科技创新行为与企业的生产流程相对应，不过它实际上也可以理解成是企业的一项投资决策行为，税收优惠对企业科技创新行为和投资决策行为的影响原理在一定程度上是相通的。但是，科技创新行为和普通的投资决策行为又有很大差异，其突出特点是具有正外部性，由此导致企业科技创新规模不足，并且科技创新行为的高风险性也减弱了企业从事科技创新活动的动力。因此，政府有必要通过提供税收优惠政策，分别从成本、收益和风险等方面纠正企业科技创新所存在的问题。

（一）企业科技创新行为的正外部性及其后果

企业科技创新行为具有正外部性的原因是，科技创新行为的企业边际收益小于社会边际收益。企业科技创新活动的最终成果是形成新产品、新

---

① 参见《国务院办公厅转发国家经贸委关于鼓励和促进中小企业发展若干政策意见的通知》（国办发〔2000〕59 号）。

技术、新工艺等企业无形资产，尽管存在知识产权保护制度，但始终无法实现企业科技创新收益的完全内部化，特别是在知识产权保护制度不完善的情况下，企业科技创新行为的企业边际收益更是远远小于社会边际收益。图 2 - 2 解释了企业科技创新行为正外部性的产生原理。

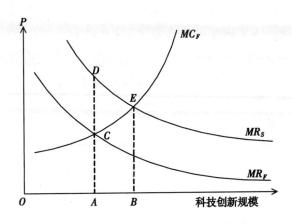

图 2 - 2   企业科技创新行为的正外部性

在图 2 - 2 中，横轴表示企业科技创新的规模，纵轴表示企业科技创新的边际收益或边际成本，MR_F 是企业科技创新行为的企业边际收益曲线，MR_S 是企业科技创新行为的社会边际收益曲线，MC_F 则是企业科技创新行为的企业边际成本曲线。MR_S 位于 MR_F 上方，表明在任何科技创新规模下，企业科技创新行为的社会边际收益都要高于企业边际收益。在完全竞争条件下受到利润最大化动机的驱使，企业的科技创新决策遵循边际收益等于边际成本的原则，即在企业的科技创新规模比较小的时候，由于此时科技创新的边际收益比较高，而边际成本相对较低，所以企业会不断增加科技创新的规模，直到其边际收益等于边际成本，企业的科技创新资金投入达到均衡状态。因此，在图 2 - 2 中，企业科技创新行为的均衡点位于 MR_F 和 MC_F 的交点 C，此时企业科技创新行为的企业边际收益等于企业边际成本，与此对应的企业科技创新规模为 OA，企业边际收益为 AC。我们进一步将 AC 延长，使之与 MR_S 曲线相交于 D 点，即当企业科技创新规模为 OA 时，社会边际收益为 AD，其中的 CD 部分为企业科技创新行为的正外部性规模，由此可以发现，MR_S 与 MR_F 的垂直距离越远则企业科技创新行为的正外部性规模越大。

企业科技创新行为具有正外部性的直接后果是，导致企业科技创新规模小于社会均衡状态所要求的规模。对于社会所要求的科技创新规模而言，也同样遵循边际收益等于边际成本的原则，此时社会科技创新行为的均衡点位于 MR_S 和 MC_F 的交点 E，社会均衡状态要求的企业科技创新规模为 OB，而 AB 正是企业科技创新实际规模与社会均衡状态下要求的科技创新规模之间的差额，即企业科技创新不足的规模。对于企业科技创新正外部性所导致的问题，政府税收优惠政策可以通过多个途径予以纠正。

下面通过数学公式的推导，来论述科技创新行为的正外部性对企业科技创新均衡规模的影响。假设企业边际收益曲线 MR_F 与社会边际收益曲线 MR_S 的斜率相等，它们之间的差异体现在截距上，可以通过 MR_F 上移而得到 MR_S。与前文相同，为了简化模型的需要，此处仍然假设边际收益线和边际成本线都为直线：

科技创新的企业边际成本（优惠前）：$MC_F = aQ + b$

$$(2.9)$$

科技创新的企业边际收益（优惠前）：$MR_F = -cQ + d$

$$(2.10)$$

科技创新的社会边际收益（优惠前）：$MR_S = -cQ + e$

$$(2.11)$$

其中，a、b、c、d、e 都大于 0；由于 MR_S 高于 MR_F，因此 $e > d$，而 MR_S 高出 MR_F 的部分 $e - d$ 即为企业科技创新行为正外部性的程度；同时，为了确保 MC_F 线能够与 MR_F 和 MR_S 相交，要求 $d > b$ 且 $e > b$。

令式（2.9）等于式（2.10），得到企业边际成本等于企业边际收益时，科技创新的企业均衡规模：

$$Q_F = \frac{d - b}{a + c} \qquad (2.12)$$

令式（2.9）等于式（2.11），得到企业边际成本等于社会边际收益时，科技创新的社会均衡规模：

$$Q_S = \frac{e - b}{a + c} \qquad (2.13)$$

由于 $e > d$，因此 $Q_S > Q_F$，即由于企业科技创新行为存在的正外部性，导致科技创新的企业均衡规模要小于社会均衡规模。因此，从社会福利最大化的角度来讲，存在企业科技创新行为不足的问题。进一步地，可以得到：

$$Q_S - Q_F = \frac{e-b}{a+c} - \frac{d-b}{a+c} = \frac{e-d}{a+c} \qquad (2.14)$$

可以发现，由于 $e-d$ 表示的是企业科技创新行为的正外部性程度，因此式（2.14）表明：企业科技创新行为的正外部性程度越高，则科技创新的企业均衡规模与社会均衡规模的差距越大。

（二）税收优惠纠正企业科技创新行为不足的途径

1. 税收优惠降低企业科技创新行为的成本

政府税收优惠政策可以通过降低企业科技创新行为的成本来提高企业科技创新规模，从而使其与社会均衡状态所要求的规模相一致。如相关政策规定：科学研究和技术开发机构，在合理数量范围内进口国内不能生产或者不能满足需要的科技开发用品，免征进口关税和进口环节增值税、消费税[1]，它通过对企业的科技开发用品免征进口环节相关流转税，使企业以不含税的价格进口科技创新所需的原材料，降低了企业从事科技创新活动的成本开支。图 2-3 显示了税收优惠降低科技创新成本对企业科技创新规模的影响。

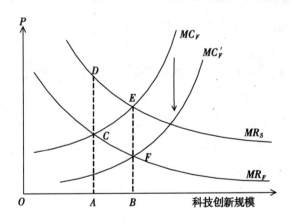

图 2-3　税收优惠降低企业科技创新行为的成本

从图 2-3 中可以看到，税收优惠政策使企业科技创新行为的企业边际成本曲线 MC_F 下移，当 MC_F 曲线下降到 MC'_F 的位置时，MC'_F 与 MR_F 相交于 F 点，根据企业科技创新行为的边际收益等于边际成本的原则，此时

---

[1]　参见《关于修改〈科技开发用品免征进口税收暂行规定〉和〈科学研究和教学用品免征进口税收规定〉的决定》（财政部、海关总署、国家税务总局令第 63 号）。

企业的科技创新规模为 OB，正好与社会均衡状态下所要求的科技创新规模相一致。不过对图 2-3 的进一步分析可以发现，尽管税收优惠政策通过降低科技创新成本，纠正了企业科技创新规模不足的问题，但企业科技创新行为的正外部性始终存在，即如图 2-3 中显示的，BF 是在科技创新规模为 OB 时的企业边际收益，BE 则是与此对应的社会边际收益，显然此时社会边际收益比企业边际收益要高出 EF 的水平。

如图 2-3 所示，MR_S 与 MR_F 的垂直距离等于 MC_F 与 MC'_F 的垂直距离，即由于政府对企业科技创新行为提供税收优惠政策，使 MC_F 曲线下降了 $e-d$ 个单位，此时：

科技创新的企业边际成本（优惠后）：$MC'_F = aQ + b + d - e$

$$(2.15)$$

令式（2.15）等于式（2.10），这将得到享受税收优惠政策后，企业边际成本等于企业边际收益时，科技创新的企业均衡规模：

$$Q'_F = \frac{e - b}{a + c} \qquad (2.16)$$

可以发现，式（2.16）与式（2.13）相等，即由于政府出台降低企业边际成本的税收优惠政策，企业享受税收优惠后的科技创新均衡规模等于社会均衡规模，即 $Q'_F = Q_S$，从而有效地纠正了企业科技创新不足的问题。

2. 税收优惠提高企业科技创新行为的收益

税收优惠政策纠正企业科技创新不足的另一个途径是提高企业科技创新行为的收益，以此激励企业加大科技创新投入，与之相关的税种主要以企业所得税优惠为主。如相关政策规定：国家需要重点扶持的，拥有核心自主知识产权，并同时符合五项具体条件的高新技术企业减按 15% 的税率征收企业所得税，比法定税率降低 10 个百分点。并且，所得税优惠政策涵盖了企业科技创新日常活动的多个方面，如规定一个年度内，居民企业技术转让所得不超过 500 万元的部分免征企业所得税，超过 500 万元的部分减半征收企业所得税。① 这些税收优惠政策都可以降低或免除企业从事科技创新活动获得利润时所需要缴纳的企业所得税，提高企业科技创新行为的收益水平。图 2-4 显示了税收优惠提高企业科技创新行为收益对

---

① 参见《中华人民共和国企业所得税法实施条例》（国务院令第 512 号）。

企业科技创新规模的影响。

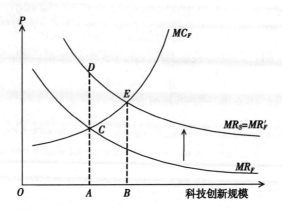

图 2 - 4 税收优惠提高企业科技创新行为的收益

从图 2 - 4 可以看到，税收优惠政策使企业科技创新行为的企业边际收益曲线 MR_F 上移到 MR'_F，当政府提供的税收优惠力度足够大时，MR'_F 与 MR_S 重合，此时 MR'_F、MR_S 与 MC_F 相交于 E 点，即企业根据边际收益等于边际成本的原则，做出科技创新规模为 OB 的决策，它正好与社会均衡状态所要求的科技创新规模相一致。同时，对图 2 - 4 进一步分析发现，税收优惠政策不仅纠正了企业科技创新不足的问题，而且企业科技创新行为的正外部性在名义上为零。当然，企业科技创新行为的正外部性始终存在，并没有因此消失，而之所以在名义上为零，是因为税收优惠政策实现了企业科技创新收益外溢的资金在名义上内部化，但收益外溢内部化的资金并不来源于从本企业科技创新活动中受益的其他企业或个人，而是来源于政府部门的税收优惠。

如图 2 - 4 所示，由于政府实施税收优惠政策，使科技创新行为的企业边际收益曲线 MR_F 上升了 $e - d$ 个单位而达到 MR'_F。此时，企业边际收益曲线与社会边际收益曲线重合，即 $MR'_F = MR_S$。因此，根据 $MR'_F = MR_S = MC_F$ 可得：

$$Q'_F = Q_S = \frac{e - b}{a + c} \qquad (2.17)$$

式（2.17）表明，政府实施提高企业科技创新收益的税收优惠政策，可以有效地纠正由于科技创新正外部性所导致的企业科技创新不足问题。

3. 税收优惠分担企业科技创新行为的风险

除正外部性外，企业科技创新行为还具有高风险性的突出特点，即企业从事科技创新活动的收益高、投入大、不确定性强。科技创新活动的高收益早已经被各类企业的经营实践所证实，企业通过科技创新活动可以开发出更加适应市场需求的新产品，以更低的生产成本提高产品生产效率，以更精益的生产工艺提升产品质量，从而使企业在市场竞争中获得更多的优势。同时，企业科技创新活动的成本投入非常高，需要大量的人力、物力和财力投入，在许多重视科技创新的企业，其研发成本占到企业当年度净利润非常高的比重。此外，科技创新活动的不确定性强，即一个项目是否能够成功，获得成功的概率有多少，都非常不确定。对企业来说，如果一项科技创新项目能够获得成功，则它将获得很高的收益，前期投入的科技创新成本可以获得补偿，但该项目一旦失败，则前期投入的科技创新成本都将成为沉没成本，这将严重侵蚀企业当年度的营业利润，甚至影响企业的正常经营活动。

政府的税收优惠政策具有分担企业科技创新风险的作用，这可以从税收对企业科技创新影响的两面性进行说明。企业从事科技创新活动可能获得高收益，形成企业的营业利润，而企业所得税正是对这部分资金征税；同时，企业科技创新活动所需要投入的人力、物力、财力成本，都可能面临个人所得税、流转税、利息扣除政策等因素的影响，从而提高企业从事科技创新活动的成本。因此，税收本身具有分享企业科技创新收益，提高企业科技创新成本，进而加大企业科技创新风险的理论效应。如果说税收是政府从企业那里获得收入，那么税收优惠就是政府将自己的收入重新让渡给企业，因此税收优惠对企业科技创新风险的影响正好与税收相反，它通过放弃或降低对企业科技创新收益的分成来提高企业预期收益，通过允许科技创新的成本进行税收抵免或加计扣除等优惠措施，使政府与企业共担科技创新所天然具有的高风险性。

三　税收优惠对企业市场获利行为的作用原理

企业市场获利行为与企业运营流程中的"销售"环节相对应，指的是企业通过开展业务经营和资本运作从市场上获得利润的行为。从表面上看，市场获利是通过产品销售来实现的，但实际上"销售"只是企业市场获利的外在表现，对企业内部来说，严格控制并降低产品的生产成本也是获取市场利润的重要途径。政府为企业提供流转税优惠和所得税优惠，是企业享受到的两种主要税收优惠类型，它们分别通过降低企业产品生产成本、提高企业经营收益两个方面对企业市场获利行为产生影响。

（一）税收优惠对企业市场获利行为的作用结果

企业市场获利行为可以通过如下公式进行描述：

$$\pi = R(q) - C(q) \qquad (2.18)$$

其中，π 表示企业在一个会计年度内获得的利润总额，q 表示企业产品产量，并假设企业的产品库存为零，当年度生产的产品都可以在当年度销售完毕。对企业来说，当年度获得的利润总额等于当年度产品销售收入减去生产成本，即式（2.18）中 $R(q)$ 表示企业当年度的产品销售收入，$C(q)$ 表示企业当年度的产品生产成本，并且 $R(q)$ 和 $C(q)$ 都是产量 q 的增函数。

现在模型中进一步引入税收变量，以考察其对企业市场获利行为的影响：

$$\pi = (1 - t)[R(q) - C(q) - iR(q)] \qquad (2.19)$$

在式（2.19）中，t 表示企业所得税税率，因此 $1 - t$ 表示一个会计年度内，企业利润的留存比例。一般而言，t 满足 $0 \leqslant t < 1$ 的条件，并且在税收实践中，几乎很少有哪个国家的企业所得税税率会超过 50%。在一国税收制度中，通常会针对所有企业制定一个普遍适用的所得税法定税率，而个别享受税收优惠政策的企业，其所得税税率 t 要小于法定税率，因此 t 与企业享受的所得税优惠程度成反比，$1 - t$ 则与企业享受的所得税优惠程度成正比。除了企业所得税外，企业面临的另一重要的税类是流转税，如增值税、营业税、消费税等税种，假设企业缴纳的流转税数额与其当年度的销售收入成正比，即 i 表示企业当年度流转税与销售收入的比值，$iR(q)$ 即表示企业当年度缴纳的流转税规模。因此，式（2.19）中显示的是企业缴纳所得税和流转税后的年度净利润。

接着，将式（2.19）分别对 t 和 i 求导数，可以得到如下结果：

$$d\pi/dt = -[R(q) - C(q) - iR(q)] \qquad (2.20)$$

式（2.20）显示的是 π 对 t 的导数，对企业而言，只有当利润大于零，即 $\pi = (1 - t)[R(q) - C(q) - iR(q)] > 0$ 时才需要缴纳企业所得税，由于 $0 \leqslant t < 1$，因此 $1 - t > 0$，此时只有当 $R(q) - C(q) - iR(q) > 0$ 时才满足企业缴纳所得税的条件。因此 $d\pi/dt = -[R(q) - C(q) - iR(q)] < 0$，由此可以看出当企业享受所得税优惠政策，所得税税率降低时，企业的净利润将会随之增长。

$$d\pi/di = -(1-t)R(q) \qquad (2.21)$$

式（2.21）显示的是 π 对 i 的导数，对企业来说，$1-t>0$，$R(q)>0$，因此 $d\pi/di = -(1-t)R(q) < 0$，即当企业享受流转税优惠政策的强度越大，企业当年度流转税与销售收入的比例 i 越小，企业的净利润随之增大。

式（2.20）和式（2.21）显示的是，企业分别享受所得税优惠和流转税优惠时，政府的税收优惠政策对企业市场获利水平的影响结果，但并不能说明政府的税收优惠政策对企业市场获利行为的内在作用机理。根据市场结构从竞争到垄断的过渡，将市场划分为完全竞争市场、垄断竞争市场、寡头垄断市场和完全垄断市场，其中完全竞争市场和完全垄断市场都非常少见，而垄断竞争市场是最为常见、最为普遍的市场形态。因此，本书在垄断竞争的市场形态假设下，进一步就税收优惠对企业市场获利行为的作用原理展开理论分析。

（二）短期均衡条件下税收优惠对企业市场获利行为的作用原理

1. 流转税优惠对企业市场获利行为的作用原理

图2-5显示了垄断竞争市场中的代表性企业，在短期均衡条件下，流转税优惠对企业利润的作用原理。

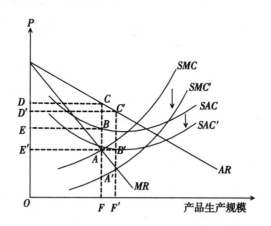

图2-5　短期均衡条件下流转税优惠对企业利润的影响

当企业未享受任何税优惠政策时，企业的短期平均成本为 SAC 曲线，短期边际成本为 SMC 曲线，AR 是企业的平均收益曲线，MR 则是企业的边际收益曲线。根据边际收益等于边际成本的决策原则，企业选择 MR 曲线与 SMC 曲线的交点 A 作为企业短期生产决策的均衡点，此时企业的产

量为 OF，所对应的短期平均成本为 BF，平均收益为 CF，企业单位产量可以获得 CB 的利润，因此垄断竞争厂商在短期均衡条件下，可以获得的利润为 $BCDE$ 区域所显示的面积。现在，假设该代表性企业获得了政府的流转税优惠政策，对企业来说，营业税、消费税等都是作为企业的生产成本进行核算，为企业提供营业税、消费税等优惠政策，可以在企业会计核算时直接降低产品生产成本。此外，尽管增值税在核算会计利润时并不计入成本，但它实际上也是企业产品生产成本的重要组成部分，企业享受增值税优惠政策也同样会降低产品的生产成本。因此，当代表性企业享受流转税优惠时，企业的短期平均成本由 SAC 曲线下降到 SAC' 曲线，企业的短期边际成本由 SMC 曲线下降到 SMC' 曲线。此时，企业短期生产决策的均衡点为 MR 曲线与 SMC' 曲线的交点 A'，所对应的均衡产量为 OF'，短期平均成本为 $B'F'$，平均收益为 $C'F'$，企业单位产量可以获得 $C'B'$ 的利润，因此该厂商获得的利润为 $B'C'D'E'$ 区域所显示的面积。通过比较可以发现，$B'C'D'E'$ 的面积要大于 $BCDE$ 的面积，超过部分即为由于企业享受流转税优惠政策而增加的利润规模。

下面通过数学公式的推导，来论述政府税收优惠政策对企业利润的影响。如图 2-5 所示，企业的边际收益曲线和平均收益曲线的截距相同，且边际收益曲线斜率的绝对值是平均收益曲线绝对值的 2 倍，因此有：

$$企业平均收益（优惠前）：AR = -aQ + b \qquad (2.22)$$

$$企业边际收益（优惠前）：MR = -2aQ + b \qquad (2.23)$$

假设企业的生产成本曲线是一个二次函数，并且二次项的系数为正，一次项的系数为负，从而保证了企业总成本与产量呈 U 形曲线关系，因此有：

$$企业总成本（优惠前）：STC = cQ^2 - dQ + e \qquad (2.24)$$

$$企业平均成本（优惠前）：SAC = cQ - d + \frac{e}{Q} \qquad (2.25)$$

$$企业边际成本（优惠前）：SMC = 2cQ - d \qquad (2.26)$$

其中，a、b、c、d、e 都大于 0。当企业未享受税收优惠政策时，其均衡产量通过 $MR = SMC$ 计算得到：

$$Q = \frac{b + d}{2(a + c)} \qquad (2.27)$$

此时，企业获得的利润为：

企业利润 $= Q \times (AR - SAC) = -(a + c) Q^2 + (b + d) Q - e$

$$\tag{2.28}$$

将式（2.27）代入到式（2.28）中，得到企业在未享受税收优惠政策后的利润：

$$企业利润 = \frac{(b + d)^2}{4(a + c)} - e \tag{2.29}$$

当企业享受流转税优惠政策时，流转税优惠降低了企业的产品生产成本，假设生产成本降低的规模与产量成正比，那么在企业享受流转税优惠政策后，企业的相关成本函数：

企业总成本（优惠后）：

$$STC' = (STC - fQ) = c Q^2 - (d + f) Q + e \tag{2.30}$$

企业平均成本（优惠后）：

$$SAC' = cQ - (d + f) + \frac{e}{Q} \tag{2.31}$$

企业边际成本（优惠后）：

$$SMC' = 2cQ - (d + f) \tag{2.32}$$

其中，f 大于 0，其经济含义是流转税优惠政策的企业成本削减系数。当企业享受流转税优惠政策时，其均衡产量通过 $MR = SMC'$ 计算得到：

$$Q = \frac{b + d + f}{2(a + c)} \tag{2.33}$$

此时，企业获得的利润为：

企业利润 $= Q \times (AR - SAC') = -(a + c) Q^2 + (b + d + f) Q - e$

$$\tag{2.34}$$

将式（2.33）代入到式（2.34）中，得到企业享受流转税优惠政策后的利润：

$$企业利润 = \frac{(b + d + f)^2}{4(a + c)} - e \tag{2.35}$$

通过对比式（2.35）和式（2.29）可以发现，企业享受流转税优惠政策后的利润总额要大于未享受优惠政策时的利润总额，并且流转税优惠政策的成本削减系数 f 的数值越大，则流转税优惠政策所带来的企业利润增长效应越大。

2. 所得税优惠对企业市场获利行为的作用原理

图 2-6 显示了垄断竞争市场中的代表性企业，在短期均衡条件下，

所得税优惠对企业利润的作用原理。

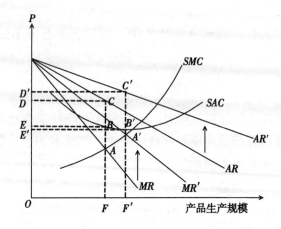

图 2 - 6　短期均衡条件下所得税优惠对企业利润的影响

与图 2 - 5 相同，MR 曲线与 SMC 曲线的交点 A 是企业生产决策的短期均衡点，此时企业单位产量的利润为 CB，该垄断竞争厂商在短期均衡条件下可以获得的利润为 $BCDE$ 所显示的区域面积。现在假设该代表性企业获得了政府的企业所得税优惠政策，如果企业享受的是税收加计扣除、加速折旧等优惠政策，则可以增加企业的税前利润总额，如果企业享受的是税率优惠、税收减免等优惠政策，则可以增加企业的税后净利润，因此企业所得税优惠政策可以提高企业的边际收益曲线和平均收益曲线，即如图 2 - 6 所示，企业享受所得税优惠政策使企业的 MR 曲线上升为 MR' 曲线，AR 曲线上升为 AR' 曲线。此时，企业短期生产决策的均衡点为 MR' 曲线与 SMC 曲线的交点 A'，所对应的均衡产量为 OF'，短期平均成本为 $B'F'$，平均收益为 $C'F'$，因此企业单位产量可以获得 $C'B'$ 的利润，该厂商获得的利润为 $B'C'D'E'$ 区域所显示的面积。与图 2 - 5 所显示的结果一样，$B'C'D'E'$ 的面积也大于 $BCDE$ 的面积，超过部分即为由于企业享受所得税优惠政策而导致企业增加的利润规模。

下面通过数学公式的推导，来论述政府的所得税优惠政策对企业利润的影响。由图 2 - 6 可知，由于企业享受所得税优惠政策，使企业平均收益和边际收益的斜率绝对值变小，因此企业的平均收益和边际收益的表达式由式（2.32）和式（2.33）变成：

企业平均收益（优惠后）：$AR' = - (a - g)Q + b$　　　（2.36）

企业边际收益（优惠后）：$MR' = -2(a-g)Q + b$

$$(2.37)$$

其中，g 大于 0，其经济含义是所得税优惠政策的收益增长系数。当企业享受所得税优惠政策时，其均衡产量通过 $MR' = SMC$ 计算得到：

$$Q = \frac{b+d}{2(a+c-g)} \qquad (2.38)$$

此时，企业获得的利润为：

企业利润 $= Q \times (AR' - SAC) = -(a+c-g)Q^2 + (b+d)Q - e$

$$(2.39)$$

将式（2.38）代入式（2.39）中，可以得到企业享受所得税优惠政策后的利润：

$$企业利润 = \frac{(b+d)^2}{4(a+c-g)} - e \qquad (2.40)$$

通过对比式（2.40）和式（2.29）可以发现，企业享受所得税优惠政策后的利润总额要大于未享受优惠政策时的利润总额，并且所得税优惠政策的收益增长系数 g 的数值越大，则所得税优惠政策所带来的企业利润增长效应也越大。

（三）长期均衡条件下税收优惠对企业市场获利行为的作用原理

对于企业来说，其短期均衡条件下的产量与长期均衡条件下的产量可能并不一致，因为企业在短期只能调整可变成本，而在长期可以同时调整可变成本与不变成本，因此在垄断竞争市场中，企业会根据市场需求对自身的生产规模进行调整，其最终结果是企业的市场利润为零。图 2-7 显示的是垄断竞争市场中，长期均衡条件下代表性企业的市场获利情况。[①]

从图 2-7 中可以看出，企业的 MR 曲线、SMC 曲线和 LMC 曲线相交于 A 点，对应的单位产量平均收益为 DB，平均成本为 DB，即企业的平均收益等于平均成本，此时企业的利润为零。尽管长期均衡条件下企业的利润水平与短期均衡条件下有着较大的差异，但政府税收优惠政策对企业市场获利行为的影响结果与影响机理却都是一致的，即在长期均衡条件下，政府为个别企业提供的流转税优惠将会降低这些企业的成本曲线，为个别企业提供的所得税优惠将会提高这些企业的收益曲线，此时企业获得的市

① 高鸿业：《西方经济学（微观部分）》第五版，中国人民大学出版社 2011 年版，第189 页。

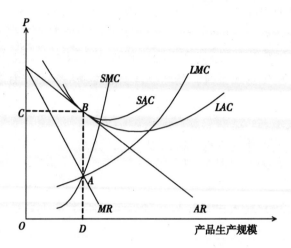

图 2-7   长期均衡条件下企业的利润为零

场利润由零增加为正。因此，本书不再详细分析长期均衡条件下税收优惠对企业市场利润的影响。

第二节　税收优惠对企业市场行为作用效果的影响因素

如上所述，从理论上讲，政府税收优惠政策对企业的投资决策行为、科技创新行为和市场获利行为都有着深刻的影响，但是税收优惠对企业市场行为所存在的理论效应却总是受到各种现实条件的约束，从而导致实际作用效果与理论效应存在一定的偏差。可以分别从宏观、中观和微观的视角，就影响税收优惠对企业市场行为作用效果的因素进行论述。

一　税收优惠对企业市场行为作用效果的宏观影响因素

（一）国民经济发展阶段

国民经济是指一个国家所有社会经济部门所构成的相互联系的总体，从历史的角度来考察，每一个现代国家都是经过一系列连续的发展阶段，而演变成当前的社会经济制度，达到当前的经济发展水平。不同学者由于研究重点的差异，会根据不同的标准将国民经济划分为不同发展阶段。亚当·斯密在《国富论》一书中，将人类社会经济发展阶段分为狩猎时期、放牧时期、农业时期和商业时期。马克思则根据人类历史发展过程中生产关系的变化，将人类历史发展阶段分成原始社会、奴隶社会、封建社会、资本主义社会和共产主义社会，并由此引申出不同的人类历史阶段所对应的国民经济发展阶段。以上对国民经济发展阶段的划分方法所包含的时间跨度非常长，甚至在某些时期本书所研究的"税收优惠"和"企业"都尚未出现，因此本书进一步将时间范围缩小，以新中国成立后，我国大体上经历的计划经济时期和市场经济时期两个国民经济发展阶段，来分析在不同的经济发展条件下，税收优惠对企业市场行为的作用效果的差异。

在计划经济时期，企业的生产经营活动都由国家通过计划指令进行统一安排，尽管税收作为政府筹集财政收入的工具在形式上依然存在，但其作为政府宏观经济调控工具的职能已经完全丧失，因为在计划经济条件下，企业作为经济主体却完全没有自主决策的空间，只能被动地适应政府税收政策的改变，难以根据税收政策来调整自身生产经营活动。因此，在计划经济时期，政府的税收优惠政策被财政补贴政策所替代，即使在形式上存在税收优惠政策，也不会对企业的市场行为产生本书理论效应分析中所存在的影响。在市场经济时期则不同，企业的生产经营活动都由企业根据市场条件的变化自主决策，税收政策在市场经济条件下也不断得到完善，它不仅是筹集政府财政收入的重要手段，也是政府进行宏观调控的重要工具，政府可以通过改变税收政策来对市场经济中的企业产生影响。企业面对政府制定的各项税收优惠政策，会通过调整自身的具体市场行为，使自己的某些指标达到享受政府税收优惠政策的特定条件来获得税收优惠利益。因此，税收优惠作为政府税收政策的重要组成部分，在市场经济条件下，可以充分发挥其对企业市场行为的影响。

可见，在不同的国民经济发展阶段，税收优惠对企业市场行为的影响存在很大差异，但绝大部分企业却难以选择自身所处的具体社会经济发展阶段，只能根据自身所处的具体宏观经济环境，依据政府的税收优惠政策做出最有利于自身发展的生产经营决策。

（二）法律制度的完善水平

法律制度是一国所有法律原则和规则的总称，一个国家法律制度的完善水平直接决定了该国的法治化水平，而这正是构成企业生存与发展环境的重要组成部分。企业所处的法律制度环境越完善，则越容易预期自身市场行为的结果，于是政府政策实施的效果越好。可以知识产权保护制度为例，来分析一国法律制度完善水平这一宏观因素对该国政府税收优惠政策对企业市场行为作用效果的影响。科技创新行为是企业市场行为的重要内容，企业通过科技创新实现以更新的技术、更低的成本生产出更加符合消费者需求的产品，而这同时也在整体上推动国家科技软实力的发展，因此，激励企业从事科技创新活动是政府税收优惠政策的重要内容。但是，如果一个国家的知识产权保护制度非常不完善，企业通过投入大量的人力、物力、财力资源进行科技创新活动，而本国的知识产权保护制度却不能保护企业在法律规定的时间内独享科技创新成果，那么企业从事科技创新活动所带来的收益必将严重外溢，从事科技创新活动的企业需要承担科技创新活动的成本，不从事科技创新活动的企业却可以"搭便车"享受科技创新的成果。对于从事科技创新活动的企业而言，其科技创新活动的成本与收益难以对称，此时即使政府出台非常有力的税收优惠政策，也可能由于优惠力度低于由于知识产权制度不完善给企业带来的损失，对企业而言最优决策依然是不从事或少从事科技创新活动，此时税收优惠政策对企业市场行为的作用效果将会非常有限。相反，如果一个国家的知识产权保护制度非常严格，那么该国企业从事科技创新活动所获得的知识产权将会受到严格保护，从而使该企业在法律限定的时间内独享创新成果，在此条件下政府为企业提供激励企业技术创新活动的税收优惠政策，则企业将会有更大的积极性投入到科技创新活动中，此时，税收优惠政策对企业市场行为的作用效果将会非常明显。

二　税收优惠对企业市场行为作用效果的中观影响因素

（一）地区经济发展水平

一个国家地区间的经济发展水平总是不平衡的，特别是国土面积越大的国家，地区间经济发展水平的差距可能也越明显，而各地区的经济发展水平差距也会影响税收优惠对企业市场行为的作用效果。比如，一个国家的经济发展水平比较落后，各地区都比较贫困，那么政府出台均衡性税收优惠政策的实施效果可能并不理想，因为在短期内一个国家的经济发展动力非常有限，在各地区全面贫困的现实条件下，想要通过均衡性的税收优惠政策来促进国民经济的整体发展显然是不现实的，税收优惠政策对企业市场行为的作用效果必将大打折扣。当然，如果此时政府出台的是倾斜性的税收优惠政策，鼓励基础条件比较好的部分地区优先发展，那么就有可能在短期内通过集中全国的人、财、物资源使部分地区率先发展，此时税收优惠政策对企业市场行为的作用效果可以得到较好的发挥。但是，随着部分地区经济水平的率先发展，国内各地区间的经济发展水平差距将会越来越大，如果政府仍旧继续推行倾斜性的税收优惠政策，则地区间的差距将会被进一步扩大，税收优惠政策对企业市场行为的作用效果将会受限于日益恶化的社会经济环境。此时对政府来说，正是出台均衡性税收优惠政策的好时机，通过均衡性税收优惠政策来促进落后地区的经济发展水平，实现国民经济的协调发展，从而不断改善企业赖以生存与发展的社会经济环境，政府税收优惠政策对企业市场行为的作用效果也可以得到更好的发挥。

（二）产业经济发展水平

一个国家的产业经济发展水平，也是影响税收优惠对企业市场行为作用效果的重要因素。在国民经济刚刚起步的国家，产业层次相对比较落后，第一产业在国民经济总产值中的比重比较高，此时对整个国民经济体系来说，最重要的任务是实现工业化，提高第二产业产值的比重，这是政府出台激励第二产业发展的税收优惠政策的恰当时机，在这样的经济背景下，税收优惠政策对企业市场行为的作用效果可以得到有效发挥。相反，如果政府在此时出台的是激励第三产业发展的税收优惠政策，由于该国工业化水平不够高，第三产业没有可持续发展的基础条件，此时税收优惠政策对企业市场行为的作用效果将会大打折扣。随着一个国家工业化水平的不断提高，其产业结构间的矛盾也日益突出，因为在农业社会向工业社会转型过程中，第二产业中高污染、高能耗企业的数量也在不断增加，此时环境污染、能源短缺等一系列问题将会困扰企业、社会与政府，如果政府此时还是继续推行激励第二产业发展的税收优惠政策，其政策效果可能并不理想。实际上，对政府来说有必要结合产业经济发展水平，有针对性地出台激励高新技术产业以及第三产业发展的税收优惠政策，因为高新技术产业和第三产业都可以在一定程度上突破产业经济结构发展的"瓶颈"，在这样的经济背景下，政府相应的税收优惠政策将会对企业市场行为发挥应有的作用效果。

三　税收优惠对企业市场行为作用效果的微观影响因素

（一）税收优惠政策本身的因素

税收优惠对企业市场行为的作用效果还受到税收优惠政策本身的影

响，大体上可以包括税收优惠政策的合意性和可信性两个方面。税收优惠政策的合意性指的是政府提供的税收优惠政策符合企业需要的程度。政府针对企业出台的税收优惠政策，并非全部都能满足企业的实际需要。企业只会选择符合自身需要的税收优惠政策，并将之运用到生产经营中，从而使自身达到享受税收优惠政策的具体条件。因此，只有合意的税收优惠政策，才能有效作用于企业的市场行为。如企业所得税法规定，企业为开发新技术、新产品、新工艺发生的研究开发费用，未形成无形资产计入当期损益的，在按照规定据实扣除的基础上，按照研究开发费用的 50% 加计扣除；形成无形资产的，按照无形资产成本的 150% 摊销。显然，该项税收优惠政策对于科技创新型企业具有很强的吸引力，将会引导这部分企业把更多资源投入到科技创新活动中，对这部分企业而言，这是一项具有合意性的税收优惠政策。然而，对于许多没有科技创新意愿和能力的企业，如批发零售类企业来说，企业很少有进行科技创新活动的必要，即使政府出台相应的税收优惠政策，这些企业的市场行为也不会因此发生改变，对这部分企业而言，这是一项不具有合意性的税收优惠政策。相比较而言，可信性比合意性更进一步，它不仅要求税收优惠政策具有合意性，还要求该项优惠政策所限定的条件是企业通过适当努力可以达到的。如果企业希望享受政府的某项税收优惠政策，但是该项政策的限定条件非常苛刻，对绝大部分企业而言都难以通过自身行为的改变达到政策限定的要求，那么该项政策就不具有可信性。实际上，政府针对个别企业专门出台的税收优惠政策就不具有可信性，因为它严格限定了享受该项优惠政策的企业主体，而将其他同类企业排除在外，其他企业希望享受相同的税收优惠政策却无法实现，此时税收优惠对这些企业的市场行为也就不产生影响。

（二）享受税收优惠政策企业的因素

企业本身也是影响税收优惠对企业市场行为作用效果的重要微观因素，政府出台的税收优惠政策只是提供一种利益诱导机制，并不具有强制约束力，其政策意图的实现需要企业的积极配合，企业本身的人员构成、财务状况、纳税遵从度等都会影响税收优惠政策的实施效果。企业的人员构成包括企业员工的年龄结构、学历结构等。不同年龄或学历的员工，其工作行为特征有着很大差异，以年轻人为主的企业进取心比较强，因为年轻人可以从事更多具有挑战性的工作；高学历人才比例高的企业进行科技创新的能力比较强，因为高学历人才具有较高的业务素质。因此，如果政

府出台了一项激励企业科技创新的税收优惠政策，那么它对以年轻人为
主、高学历人才比重大的企业的作用效果会比较明显。企业财务状况包括
盈利状况、资金营运状况、风险承受状况、现金流状况、短期负债状况、
长期负债状况等多方面的内容，企业任何一项市场行为的实施都是人、
财、物的结合，因此税收优惠对企业市场行为的作用效果也受到企业财务
状况的约束。如我国企业所得税法规定，企业发生的公益性捐赠支出，在
年度利润总额 12% 以内的部分，准予在计算应纳税所得额时扣除，以激
励企业更多地开展公益事业。对于现金流充裕且社会责任感较强的企业来
说，政府上述税收优惠政策将会极大地激发它们从事公益活动的热情，但
是如果企业本身的现金流并不充裕，那么即使政府激励企业从事公益性捐
赠的税收优惠力度非常大，对企业来说也几乎不大可能进行公益性捐赠。
纳税遵从度指的是企业遵照并依从税法纳税的程度，纳税遵从度高的企业
会严格按照政府制定的税收法律法规缴纳税款，对于政府制定的税收优惠
政策，企业也会结合自身的实际情况进行选择；纳税遵从度低的企业依法
纳税的意识非常薄弱，政府出台的税收优惠政策，也往往会成为企业钻税
法漏洞的突破口，此时政府税收优惠政策的政策意图难以有效实现。

第三节　税收优惠作用于企业市场行为的特点分析

　　税收优惠是政府调控宏观经济运行的重要政策工具，税收优惠在作用
于企业市场行为过程中，将表现出政府主导性、目标短期性、边界有限性
和成本损耗性的特点，本节对上述特点的形成、表现、后果等内容进行详
细论述，以求更深入地分析税收优惠对企业市场行为的作用机理。

一　税收优惠作用于企业市场行为的政府主导性

（一）税收优惠制度的供给与需求

　　税收优惠作用于企业市场行为过程中表现出的政府主导性，来源于政
府对税收优惠制度供给和企业对税收优惠制度需求的特点，以及它们相互
作用的过程。

　　税收优惠制度供给指的是政府在给定的财政收支状况、企业主观偏
好、市场利益结构、市场经济主体理性水平、制度环境、技术条件等现实
约束条件下，通过符合法律法规规范的程序和渠道，为企业提供税收优惠

待遇的正式规则。一般来说，政府会依据企业需求、经济运行状况等现实约束条件来制定相应的税收优惠政策，但政府对现实约束条件的主观判断总会存在偏差，并且政策决策者也容易受到各种因素的干扰，这将直接导致政府税收优惠制度供给的过度或不足。税收优惠制度的供给过度主要有两种情况：一种情况是政府针对个别企业出台专门的税收优惠政策，在政策实践中更多的是国有企业或与政府联系密切的企业获得此类优惠政策，但与它们情况类似且相竞争的同类企业却未能享受同样的优惠政策，这相当于政府从全体纳税人处获得财政资金，为享受优惠政策的企业提供财政补贴；另一种情况是政府针对部分企业出台不必要的税收优惠政策，在政策实践中这类企业往往具有很强大的行业协会组织，或者企业本身对社会经济有重要影响，于是这些企业通过游说，向政府要求额外且从社会公共利益来讲并不必要的优惠政策。同样，税收优惠制度的供给不足也主要有两种情况：一种情况是税收优惠制度不完善，政府出台的相关优惠政策自相矛盾，或者有很大的政策漏洞，致使纳税人可以通过一定的策略达到满足享受税收优惠政策的条件，但政府制定相关优惠政策的目标却没有实现；另一种情况是政府出台的税收优惠制度覆盖不够全面，许多从社会公共利益来讲本该获得政府支持的企业行为，却没能获得税收优惠政策支持。可以看出，无论是税收优惠制度供给过度还是不足，都将带来严重的后果，将对社会经济运行以及市场资源配置效率产生不利影响。

税收优惠制度需求指的是，企业在给定的行业特点、资本结构、市场行为、市场经济主体理性水平、制度环境、技术条件等现实约束条件下，通过特定的程序或途径，产生希望政府提供税收优惠制度的意愿表达。实际上，企业对税收优惠制度的需求在主观上是无限的，但客观上却是有限的。企业对税收优惠制度需求主观上的无限性，原因在于税收优惠政策可以使企业获得在原有税收制度下得不到的利益，而作为追求利润最大化的经济组织，通过政府对税收制度的微调而获得相应利益对企业来说总是充满诱惑力，因此企业总是希望政府的税收优惠政策范围更广、力度更强。但是，企业对税收优惠制度的需求在客观上却是有限的，税收优惠政策作为政府宏观调控的重要工具，在实现政府调控意图的同时，也会对市场资源的优化配置产生不利影响，这在客观上限制了企业对税收优惠制度的实际需求。

（二）政府主导性：单向合约及其后果

企业对税收优惠制度的需求只是企业单方面的需求，它是影响政府税收优惠制度供给的重要因素，但绝不是决定性因素。税收制度本身具有强制性的特点，它是指国家以社会管理者的身份，凭借政治权力，通过颁布法律法规来强制要求符合条件的纳税人支付法定标准的税款，而税收优惠制度实际上是政府对原有税收制度的修改和补充。因此，无论纳税人对税收优惠制度的需求多么强烈，都不可能决定政府对税收优惠制度的供给。实际上，就如只有政府可以制定税收政策一样，也只有政府才可以制定税收优惠政策，企业只能被动接受政府提供的税收优惠制度。因此，如果将税收优惠制度看成是政府与企业就纳税人享受税收优惠待遇而形成的合约，那么从税收优惠制度形成的制度供给和制度需求的分析中可以发现，它是建立在政府作为市场经济监管者，企业作为市场经济参与者的不对等地位基础上的，是一项典型的单向合约，与建立在对等市场地位基础上的企业间建立的双向合约有着明显的区别。政府作为税收优惠制度合约的供给者，它单方面负责制定合约的内容，并有义务在企业符合合约条件的情况下履行该项合约；企业作为税收优惠制度合约的接受者，它只能被动地接受既定的合约内容，并在自身符合合约既定条件的情况下有权利要求政府履行该项合约。

税收优惠制度的政府主导性，在税收优惠政策的实施过程中既会导致负面后果，也会带来正面结果。负面后果主要表现有：（1）政府设租、企业寻租严重。对政府工作人员来说，他们掌握着制定税收优惠政策的公权力，而许多发展中国家的法律制度不够完善，这为政府工作人员利用公权力设租提供了便利。对企业来说，由于税收优惠政策能够带来实实在在的经济利益，而企业作为追求利润最大化的经济主体，只要寻租获得的收益大于其成本，它总是愿意付出寻租的努力。然而，"租"本身并不创造价值，设租、寻租的最终后果是导致社会资源配置扭曲，税收优惠对企业市场行为的理论效果也就难以实现。（2）税收优惠制度供给与需求不对应。如上文所分析的，政府对税收优惠制度可能存在过度供给或不足供给，企业对税收优惠制度的需求则是无限性与有限性的统一，在政府主导税收优惠制度的制定与实施过程中，政府提供的税收优惠制度很多时候与企业的实际需求并不对应，这将严重影响税收优惠政策目标的实现程度，降低税收优惠对企业市场行为的作用效果。正面的结果则是，税收优惠制度的单向合约以及政府主导性可以为企业行为提供可靠且稳定的预期。因为对企业来说，单向合约意味着只要企业满足税收优惠政策既定的条件，企业就有权利要求获得单向合约中规定的税收优惠利益，政府则有义务按照既定的政策规定向企业提供税收优惠利益。

二　税收优惠作用于企业市场行为的目标短期性

（一）经济周期与政府经济政策目标

政府经济政策目标可以按照经济政策对社会经济产生作用的预期时间分成长期目标和短期目标，不同经济政策所承载的政策目标类型也各不相同，这一方面与政策出台时所处的经济周期有关，但更重要的是由政策本身的特点所决定的。

经济周期指的是，在经济运行过程中周期性出现经济扩张与经济萎缩的交替循环。从人类社会发展历程来考察，一个国家或地区的经济水平从长期来看都在不断增长，然而经济增长却不总是呈直线上升，更多的是呈现螺旋式的上升过程。一般一个经济周期会经历"繁荣→衰退→萧条→复苏"四个阶段，这就要求政府的经济政策一方面在长期上促进经济增长，另一方面在短期上抚平经济波动。从长期目标来看，税收制度本身具有自动稳定器的功能，它可以减少各种内在干扰因素对国民经济运行产生的冲击，在经济繁荣时自动抑制通货膨胀，在经济衰退时自动缓解经济萎缩，而不需要政府采取任何额外的措施。比如，当一国经济处于繁荣阶段时，该国就业率上升，物价水平上涨，国内生产总值和居民收入都持续增加，此时政府征税的税基也将同步增长，从而政府获得的税收收入相应增加。特别是在税收收入结构以个人所得税为主的发达国家，由于个人所得税一般实行超额累进税率，税基增长意味着适用所得税税率提高，此时政府获得个人所得税收入的增长率将会超过居民收入的增长率，这意味着居民可支配收入相应减少，从而社会总需求也将随之减少，经济的盲目扩张自然得到抑制。相反，当一国经济处于衰退阶段时，该国失业率上升，通货紧缩严重，国内生产总值和居民收入增长将会停滞甚至倒退，此时政府征税的税基也将同步萎缩，政府获得的税收收入也随之有较大幅度的减少。个人所得税的超额累进税率意味着政府获得的个人所得税收入将会减少，居民的可支配收入相应增加，社会总需求也将随之增加，经济的衰退自动得到缓解。可见，税收政策本身就具有调控国民经济运行的自动稳定器功能，它是政府的一项重要政策工具，通过对税收制度的进一步优化，可以有效促进政府经济政策长期目标的实现。

（二）目标短期性：基于税收优惠政策的灵活性

尽管税收制度本身具有自动稳定器的功能，可以作为实现政府经济政策长期目标的重要政策工具。但是，作为对税收制度进行完善和补充的税收优惠政策，却是实现经济政策短期目标的重要工具，这是由税收优惠政策本身所具有的灵活性决定的。基本税收制度一般都是由国家立法机关，或者由国家立法机关授权国务院制定的法律法规所确立，对基本税收制度的修改涉及较为繁杂的立法程序，耗费的时间比较长。如果以基本税收制度来实现政府调控经济的短期目标，则有可能出现税收制度的修改进程跟不上社会经济环境的变化速度，这也就决定了税收制度本身只能承载政府的长期目标。相反，税收优惠政策是对基本税收制度的一种偏离，这种偏离除了相当少的一部分是对基本税收制度本身的修改外，绝大部分都是对基本税收制度的补充和完善，它一般是由国家财政部门或税务机关在执行税收法律过程中，通过对税收法律的实施细则以及条文解释等进行调整来实现，这种调整在程序上比较简单，消耗的时间不需要太长，而且具有较强的伸缩性。税收优惠政策的这种灵活性，决定了它作为承载政府短期经济目标的重要政策工具。因此，税收优惠作用于企业市场行为过程中表现出目标短期性，政府会根据经济运行与企业的现实状况对税收优惠政策进行动态调整，在不同的经济发展阶段，税收优惠政策所体现的政府政策目标是不相同的。目标短期性导致的后果是，企业必须密切关注政府的政策意图，紧跟政府税收优惠政策的变化趋势，否则将难以获得相应的税收优惠待遇。需要注意的是，尽管政府对税收优惠政策的修改比较简单，但企业市场行为的改变却需要一定的周期，因为从政策制定，到企业了解政策，再到企业改变市场行为，都需要一定的反应时间与沟通成本。

三 税收优惠作用于企业市场行为的边界有限性

（一）税收优惠作用于企业市场行为具有边界有限性的原因

对企业来说，市场行为的类型多种多样，但并不是所有的企业市场行为都应该得到税收优惠政策支持，即政府出台税收优惠政策作用于企业市场行为的边界是有限的。图2-8显示了税收优惠政策的边界有限性。

图2-8的横轴线显示的是政府对企业市场行为的支持力度，从左到右表示政府的支持力度在逐渐提高，其中A点和B点是享受税收优惠政策的两个临界点。A点以左的横轴线表示这部分企业市场行为不享受政府

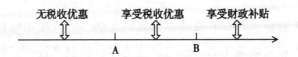

图 2 - 8　税收优惠政策的边界有限性

的税收优惠政策支持，B 点以右的横轴线表示这部分企业市场行为享受政府的财政补贴政策支持，A 点和 B 点之间的横轴线表示这部分企业市场行为享受政府的税收优惠政策支持。财政补贴的支持力度之所以大于税收优惠，原因在于企业必须满足特定的条件才能享受税收优惠政策，而财政补贴政策却没有相应的条件要求。

税收优惠作用于企业市场行为边界有限性的主要原因在于，政府的财政能力是有限的，在保持一国税收制度稳定的前提下，政府每年获得的财政收入主要受到国民经济发展水平的制约，而正如本书第一章所分析的，税收优惠与税式支出在本质上相同，政府财政收入规模的有限性也就决定了政府税收优惠政策边界的有限性。对于税收优惠政策的左边界点来说，由于财政能力的有限性，政府必须针对最需要获得政府政策支持的企业市场行为制定税收优惠政策，这就意味着相当一部分企业的市场行为难以获得税收优惠政策的支持，否则将形成对全部企业实施全面优惠的局面。对于税收优惠政策的右边界点来说，由于财政能力的有限性，政府必须只为一部分企业市场行为制定税收优惠政策，这一方面可以限制实施相关政策对政府财政收入的冲击，另一方面可以促进政府政策目标的实现，否则将会造成对全部企业实施全面补贴的局面。

（二）税收优惠政策左右边界的确定

尽管政府的财政能力是造成税收优惠政策边界有限性的根本原因，但政府税收优惠作用于企业市场行为具体边界的确定却受到多方面因素制约。影响税收优惠政策左边界位置的因素主要包括：（1）社会经济形势。如前所述，税收优惠作用于企业市场行为具有目标短期性的特点，政府总是会根据社会经济形势的需要对税收优惠政策进行动态调整，随着社会经济形势的变化，税收优惠政策的左边界既有可能向左延伸，也有可能向右收缩。（2）政府的经济政策目标。即政府对税收优惠政策所期望实现的目标，如果政府希望税收优惠政策工具承载更多的经济政策目标，那么税收优惠政策左边界的位置将会向左延伸，覆盖更广泛的企业市场行为类型。（3）企业对税收优惠制度需求的表达。从税收优惠制度的制度供给与制度需求的分析中可以看出，企业对税收优惠制度需求的表达也是影响政府税收优惠制度供给的重要因素。企业对税收优惠制度需求愿望的表达越强烈，越容易引起政府部门的重视，从而提供越多的税收优惠政策支持。对于影响税收优惠政策右边界位置的因素，除了上述 3 种因素之外，还包括如下两个因素：（1）国民经济的市场化程度。当前，在高度市场化的发达国家，政府对企业的财政补贴已经越来越少，主要原因在于财政补贴将会造成企业经营预算软约束，不利于生产效率水平的提高，并且，与税收优惠政策相比，财政补贴政策的实施效果要差很多。（2）企业本身的性质。一般而言，具有公益性的企业，在承担社会责任而导致企业亏损时，政府有必要为其提供适当的财政补贴政策。

税收优惠作用于企业市场行为具有边界有限性的特点，给企业带来的启示是，企业应该利用好现有的税收优惠政策，将自己的市场行为纳入享受税收优惠政策的边界以内，但也不能完全依赖于税收优惠政策。给政府带来的启示是，政府应该把握好税收优惠的边界，不能滥用税收优惠政策而导致所有企业普遍享受税收优惠的局面。

四　税收优惠作用于企业市场行为的成本损耗性

政府虽然可以运用税收优惠政策激励企业改变市场行为，实现既定的政府经济政策目标，但也总会消耗大量的成本，根据成本来源，它可以分成政府成本、企业成本和第三方成本。

（一）政府成本

政府成本指的是实施税收优惠政策给政府本身带来的成本损耗，主要包括：（1）税收优惠政策的调研与制定成本。尽管税收优惠政策比基本税收制度的制定程序要简单很多，但基于谨慎性的要求，政府在制定税收优惠政策前必须展开细致的调研工作，识别真正需要政府扶持的企业类型和具体企业市场行为，判断政府需要提供的税收优惠支持力度，在调研的基础上形成专门的政策法规，并下发给下级部门参照执行，这一系列活动都需要消耗相应的人力、物力、财力成本。（2）税收优惠政策的执行成本。税收优惠政策具体由基层税务机关开展实施，在政策实施过程中产生的成本包括基层税务人员的政策学习成本、税务人员与纳税人就税收优惠政策的交流与沟通成本、税务人员对纳税人享受税收优惠政策条件的审核与监督成本、税务人员的执法风险成本等。（3）税收优惠政策的效果评估成本。政府出台税收优惠政策的目的在于实现一定的政策目标，那么在一个财政年度终了以后，政府就有必要对政策实施效果进行评估，以考察它是否实现了政府预期目标，并据此决定是否有必要继续实施该项税收优惠政策，而对税收优惠政策的评估过程将会消耗大量的成本，并将面临许多技术性难题。（4）税收优惠政策的预算与决算成本。因为税收优惠的另一面就是税式支出，是政府财政支出的重要组成部分，有必要将其纳入政府财政预算与决算，实现税收优惠工作的制度化与透明化，这也必须支付相应的成本。实际上，实施税收优惠政策所产生的上述四类成本的具体规模，与政府本身的行政效率相关，相同的税收优惠政策在行政效率高的国家产生的上述成本将会比较低，而在行政效率低的国家产生的上述成本将会比较高。（5）政府财政收入损失成本。实施税收优惠政策意味着将本来属于政府的税收收入转让给企业，企业的收入增加了，但政府的财政收入却相应减少，这是税收优惠政策实施的直接成本。

（二）企业成本

企业成本指的是实施税收优惠政策给企业带来的成本损耗，主要包括：（1）企业筹划税收优惠的成本。由于政府税收优惠政策的内容非常庞杂，并不是所有企业都能全面了解政府的税收优惠政策，因此企业往往需要聘用专业财税人员进行税收筹划。此外，企业税收优惠筹划方案还需要获得主管税务机关的认可，筹划方案失败还有可能受到税务部门的处罚，这些都是企业筹划税收优惠可能产生的成本。（2）企业对税收优惠政策的遵从成本。执行税收优惠政策意味着政府财政收入的直接减少，因此政府对企业享受税收优惠政策的行政管理程序较为严格，企业除了要满足税收优惠政策所限定的条件外，还需要提交申请表格、证明材料等交由税务机关批准，这无形中增加了企业对税收优惠政策的遵从成本。实际上，政府对税收优惠政策的管理有多严格，企业申请享受税收优惠政策的程序有多严格，那么企业对税收优惠政策的遵从成本就有多高。并且，政府对税收优惠管理的严格程度受制于整个国家纳税人依法纳税的氛围，短期内难以有较大改变。（3）企业改变市场行为的机会成本。税收优惠对企业市场行为的引导作用体现在，实施税收优惠政策改变了企业原有市场行为的路径，而市场行为的改变意味着产生机会成本。举例来说，某企业在没有某项税收优惠政策时，企业原计划将某笔资金投入到 A 项目中，由于政府某项税收优惠政策的实施，企业改变了投资计划，将这笔资金投入到 B 项目中，但可能的结果是 B 项目为企业带来的收益少于 A 项目，此时，A 项目的收益即为企业为了享受税收优惠政策而改变企业市场行为所导致的机会成本。（4）企业寻求税收优惠政策的游说或"寻租"成本。如前所述，税收优惠政策的供给具有政府主导性，部分企业为了获得税收优惠政策可能向政府进行游说或者"寻租"，在这个过程中必然产生相应的成本损耗。

（三）第三方成本

第三方成本指的是实施税收优惠政策给政府和受优惠企业以外的第三方带来的成本损耗，主要包括：（1）非税收优惠企业的成本。税收优惠政策是对基本税收制度的偏离，就某一具体的优惠政策而言，能够享受该项政策的企业毕竟是少数，其直接后果是造成税收优惠企业与非税收优惠企业间的税收负担差异，对非税收优惠企业而言，必将在激烈的市场竞争中处于不利地位，并由此承受税收优惠待遇差异带来的成本。（2）社会经济运行效率的成本。实施税收优惠政策也同时意味着人为改变了社会经济资源的配置结果，造成资源配置扭曲，这会在一定程度上降低社会经济的运行效率。

以上分析可以看出，税收优惠政策的实施将会带来诸多成本，政府不仅应该看到实施税收优惠政策所带来的收益，也必须同时关注实施税收优惠政策所导致的各方面成本。

第三章

我国税收优惠与企业
市场行为的现状

本章将在第一章构建税收优惠与企业市场行为衡量指标的基础上，收集我国沪深A股上市公司公开的财务报表数据，计算我国企业所享受的税收优惠水平，以及表现出的企业市场行为水平，运用统计学方法描述我国上市公司税收优惠和企业市场行为的总体现状、分行业现状和分区域现状，从而对我国上市公司的税收优惠与企业市场行为现状有一个全面的认识，并为后文的进一步实证研究奠定数据基础。

第一节 我国税收优惠与企业市场行为的总体现状

一 我国企业税收优惠水平的总体现状

（一）我国企业税收优惠水平的测算

使用本书第一章第三节提出的企业税收优惠水平衡量指标的计算公式，结合我国具体的税收法律制度，本书测算了2008—2012年我国企业税收优惠水平的变化情况。我国在2008年实施内外资企业所得税法合并，企业所得税名义税率由原先的33%降低到25%，即2008—2012年我国的企业所得税法定税率为25%。因此，本书用以计算我国企业税收优惠水平的公式如下：

$$名义税收优惠 = 25\% - 名义税率 \qquad (3.1)$$
$$实际税收优惠 = 25\% - 实际税率 \qquad (3.2)$$
$$税费返还率 = 收到的税费返还 \div 支付的各项税费 \qquad (3.3)$$

式（3.1）中企业的名义税率，可以通过查询上市公司财务报表附注中的"所得税名义税率项"获得，但是上市公司作为大型的集团公司，财务报表往往是包含子公司财务数据的合并报表，导致财务报表附注中报告的所得税名义税率不止一个。以代码为 600822 的上市公司为例，它在 2011 年的所得税名义税率有 25%、24%、17% 和 10% 四个，对于这种情况，本书取全部名义税率的算术平均值作为该企业名义税率的实际值。式（3.2）中企业的实际税率，本书由"所得税费用÷利润总额"公式计算得到。式（3.3）中收到的税费返还、支付的各项税费则可以直接从上市公司的现金流量表中获得。为了最大限度地保持样本的完整性，在进行统计分析时采取如下步骤对样本进行筛选：（1）删除利润小于 0、所得税费用小于 0 或者资不抵债的企业样本。（2）分析企业的名义税收优惠时，保留名义税收优惠水平大于等于 0 且小于等于 25% 的企业样本。因为如果企业的名义税收优惠水平小于 0，则表明其名义税率大于法定税率 25%；如果企业的名义税收优惠水平大于 25%，则表明其名义税率小于 0。分析企业的实际税收优惠时，保留实际税收优惠水平大于等于 0 且小于等于 25% 的企业为样本。[①] 分析企业的税费返还率时，保留税费返还率大于等于 0 且小于 100% 的企业为样本。（3）为了剔除异常值对统计结果的不利影响，对名义税收优惠和税费返还率两个变量进行了临界值为 0.01 的 Winsor 缩尾处理。[②] 在对这三个指标进行统计分析时，其样本数量存在着一定的差异，具体样本数见表 3 - 1。

表 3 - 1　　　　　　　　　税收优惠水平分析的样本数　　　　　　单位：个

变量	2008 年	2009 年	2010 年	2011 年	2012 年	总计
名义税收优惠	1212	1385	1799	2082	2167	8645
实际税收优惠	880	1049	1458	1610	1623	6620
税费返还率	1097	1293	1665	1860	2029	7944

从表 3 - 1 中可以看出，随着我国上市公司数量的增加，本书使用的

---

① 此处将实际税收优惠水平的下限阈值设定为 0 的原因是，对上市公司来说，企业会计报表是包含下属子公司经营业绩在内的合并报表，不同的子公司可能由于盈亏互抵，导致企业的利润总额比较少，但缴纳的所得税却不能因此减少，所以许多企业会出现实际所得税率远高于名义税率的情况，但是这种情况并非税收优惠政策本身造成，如果将实际税率高于名义税率的企业统计进来，将会影响实际税收优惠水平统计数据的可靠性。

② Winsor 缩尾方法的具体原理可以参见 Stata 软件中 winsor 命令的 help 文件，以及 Tukey（1962）、Barnett 和 Lewis（1994）等文献。

样本数也随之逐年增加，而且名义税收优惠的样本数要多于实际税收优惠，原因在于许多企业经营不善，用以计算实际税收优惠水平的所得税费用或利润总额小于零，或实际所得税税率超过 25%，这些企业都被排除在样本之外，而名义税收优惠的计算不存在此问题。

（二）我国企业税收优惠水平的平均情况

表 3 - 2 报告了 2008—2012 年我国企业税收优惠水平的平均情况。可以发现，我国企业的名义税收优惠水平在 2008—2010 年处于连续下降的趋势，而 2010—2012 年则有了较大幅度的提高。2008—2012 年实际税收优惠水平尽管大体上处于下降的趋势，但始终还是保持在 10% 以上，而且不管哪个年份，实际税收优惠水平都要远远高于名义税收优惠水平，原因在于名义税收优惠只是反映企业享受的企业所得税名义税率上的优惠，而实际税收优惠反映了企业所得税包括名义税率、税收减免、税收扣除在内的各种形式的优惠。税费返还率则从 2008 年的 10.54% 持续上升到 2012 年的 11.15%，表明我国企业从政府那里获得税费返还形式的税收优惠水平处于上升的趋势。

表 3 - 2　　　　2008—2012 年我国企业税收优惠水平的平均值

变量	2008 年	2009 年	2010 年	2011 年	2012 年	平均
名义税收优惠（%）	4.42	4.21	4.01	6.06	6.16	5.13
实际税收优惠（%）	11.03	10.55	10.58	10.17	10.26	10.46
税费返还率（%）	10.54	10.55	10.89	11.35	11.15	10.96

（三）我国企业税收优惠水平的差距及其分解

表 3 - 3 进一步报告了 2008—2012 年我国企业税收优惠水平的泰尔指数及其分解结果。

表 3 - 3　　　2008—2012 年我国企业税收优惠水平的泰尔指数及其分解

变量	项目	类型	2008 年	2009 年	2010 年	2011 年	2012 年
名义税收优惠	泰尔指数	指数值	0.0666	0.0997	0.0961	0.1102	0.0283
	按行业分解	组内贡献（%）	88.27	87.35	83.65	67.34	83.96
		组间贡献（%）	11.73	12.65	16.35	32.66	16.04
	按区域分解	组内贡献（%）	99.95	97.71	99.18	98.33	99.47
		组间贡献（%）	0.06	2.29	0.82	1.68	0.53

续表

变量	项目	类型	2008 年	2009 年	2010 年	2011 年	2012 年
实际税收优惠	泰尔指数	指数值	0.2053	0.2003	0.1809	0.1673	0.1745
	按行业分解	组内贡献（%）	90.50	89.93	89.31	90.76	90.65
		组间贡献（%）	9.50	10.07	10.69	9.24	9.35
	按区域分解	组内贡献（%）	99.05	99.22	98.82	99.68	99.46
		组间贡献（%）	0.95	0.78	1.18	0.32	0.54
税费返还率	泰尔指数	指数值	0.7347	0.6987	0.7127	0.6998	0.6792
	按行业分解	组内贡献（%）	92.21	94.09	94.42	96.07	94.60
		组间贡献（%）	7.79	5.91	5.58	3.93	5.40
	按区域分解	组内贡献（%）	99.52	98.70	98.84	97.65	98.69
		组间贡献（%）	0.48	1.30	1.16	2.35	1.31

从表 3－3 中可以看到，2008—2011 年我国企业名义税收优惠的泰尔指数总体上呈上升趋势，表明这 4 年里我国企业享受名义税收优惠的差距在逐渐加大，但是名义税收优惠的泰尔指数从 2011 年的 0.1102 急剧降低到 2012 年的 0.0283，表明我国政府在所得税名义税率优惠政策上的调整比较大，我国企业享受名义税收优惠的差距有了较大幅度的减少。为了分析差距的来源，本书进一步按照行业和区域对泰尔指数进行分解，可以发现：按照行业进行名义税收优惠泰尔指数的分解，其行业内差距对总差距的贡献从 2008 年的 88.27% 逐年降低到 2011 年的 67.34%，但在 2012 年又上升到 83.96%，行业间差距对总差距的贡献则从 2008 年的 11.73% 逐年上升到 2011 年的 32.66%，并在 2012 年又降低到 16.04%。这表明尽管行业内差距是我国企业名义税收优惠水平差距的主要来源，但这种差距在 2008—2011 年里逐年降低，而行业间差距则在逐年提高，其原因可能是我国税收优惠政策的行业导向正不断加强，但在 2012 年时我国税收优惠政策的行业导向又有所弱化。按照区域进行名义税收优惠泰尔指数的分解，其区域内差距对总差距的贡献在 2008—2012 年一直保持在 97% 以上，最高的 2008 年达到了 99.95%，而区域间差距对总差距的贡献在 2008—2012 年保持在 2.5% 以下，最低的 2008 年仅为 0.06%，进而表明从区域的角度来分析，名义税收优惠水平的总差距主要来源于区域内差距，区域间差距非常小。

我国企业实际税收优惠的泰尔指数从 2008 年的 0.2053 逐年下降到

2011 年的 0.1673，此后 2012 年又上升到 0.1745，表明我国企业享受实际税收优惠的差距在 2008—2011 年变小，2012 年又有所上升，这与名义税收优惠泰尔指数的变化趋势正好相反。同时，我国实际税收优惠的泰尔指数远高于名义税收优惠，表明我国企业享受的实际税收优惠水平差距要远大于名义税收优惠水平。按照行业对实际税收优惠泰尔指数进行分解，发现在 2008—2012 年，行业内差距对总差距的贡献保持在 90% 左右，行业间差距对总差距的贡献保持在 10% 左右，因此，从行业分解的角度来讲，行业内差距是我国实际税收优惠水平差距的主要来源。按照区域对实际税收优惠的泰尔指数进行分解，发现在 2008—2012 年，区域内差距对总差距的贡献保持在 99% 左右，区域间差距对总差距的贡献则保持在 1% 左右。

　　我国企业税费返还率的泰尔指数在 2008—2012 年里有所波动，变化趋势不明显，基本保持在 0.7 左右的水平，远高于名义税收优惠和实际税收优惠的泰尔指数，表明我国企业获得税费返还率优惠的差距非常大，个别企业享受着非常高的税费返还优惠，但大部分企业享受的税费返还优惠非常少。从对泰尔指数的行业分解来看，行业内差距对总差距的贡献从 2008 年的 92.21% 上升到 2012 年的 94.60%，行业间差距对总差距的贡献从 2008 年的 7.79% 下降到 2012 年的 5.40%，表明我国企业享受的税费返还优惠在行业间的差距大体上在缩小。从对泰尔指数的区域分解来看，区域间差距对总差距的贡献实际上还是非常微弱的，且波动较为明显。

　　(四) 我国企业税收优惠水平的分布特征

　　为了分析我国企业享受税收优惠水平的分布特征，图 3 - 1、图 3 - 2 和图 3 - 3 进一步报告了 2008—2012 年我国企业名义税收优惠、实际税收优惠和税费返还率的核密度图。

　　从图 3 - 1 中可以看到，2008—2010 年我国企业名义税收优惠的核密度图在形态上非常接近，它们出现了两个波峰，其对应的名义税收优惠水平分别是 0% 和 5%，这表明在 2008—2010 年我国企业享受的名义税收优惠水平主要集中在 0% 和 5% 两档，根据名义税收优惠的计算公式，可以推算出 2008—2010 年我国上市公司的所得税名义税率主要集中在 25% 和 20% 两档，其中 25% 是所得税法定税率，而 20% 则可能是 25% 和 15% 的算术平均，因为一家上市公司下属不同子公司的所得税税率并不一致。

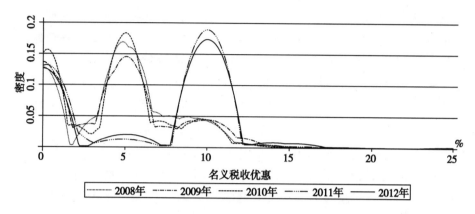

图 3 - 1　2008—2012 年我国企业名义税收优惠的核密度

2011—2012 年名义税收优惠的核密度图在形态上与 2008—2010 年有着很大差异，也出现了两个波峰，但对应的名义税收优惠水平分别是 0% 和 10%，这表明在 2011—2012 年我国企业享受的名义税收优惠水平主要集中在 0% 和 10% 两档，这可能也是表 3 - 2 中我国企业名义税收优惠水平的平均值在 2011—2012 年有较大幅度提高的主要原因。根据名义税收优惠的计算公式，可以推算出 2011—2012 年我国上市公司的所得税名义税率主要集中在 25% 和 15% 两档。同时，还可以发现，在 2008—2012 年的 5 年里，名义税收优惠超过 12.5% 的密度非常低，表明我国绝大部分企业享受的所得税名义税收优惠水平都低于 12.5%。

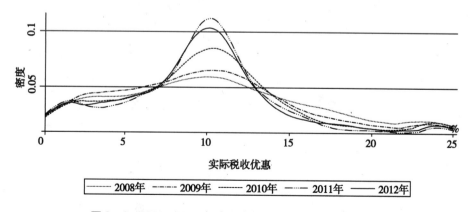

图 3 - 2　2008—2012 年我国企业实际税收优惠的核密度

图 3 - 2 显示，2008—2012 年实际税收优惠的核密度图在形态上比较接近，从总体上看，实际税收优惠的核密度图比较平滑，企业享受的实际

税收优惠在0%到25%的各个水平上都有分布，这与名义税收优惠较高的集中度有着很大不同。2008—2012年实际税收优惠核密度图的波峰最高点约位于10%附近，表明这5年时间里我国企业享受的实际税收优惠水平大量地集中在10%左右的水平，此时对应的企业所得税实际税率为15%左右。但是，2008—2012年各年份的实际税收优惠核密度图在波峰的高度上有着较大的差异，具体表现为：随着时间的推移，实际税收优惠波峰的高度也随之增加，2008年的波峰最为平坦，2008—2011年的波峰逐年变得更加陡峭，不过2012年时有所回落。这一现象表明，2008—2011年我国有越来越多的企业享受着10%左右的实际税收优惠水平，企业实际税收优惠水平的集中度在逐年提高，但在2012年时有所降低。

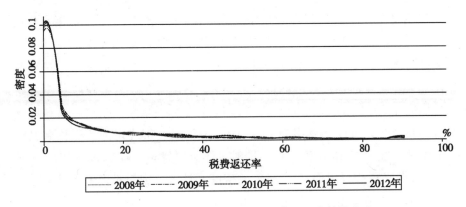

图3-3　2008—2012年我国企业税费返还率的核密度

图3-3的结果显示，2008—2012年我国企业税费返还率的核密度图几乎完全重合在一起，很难区分历年间的差异，表明我国企业享受税费返还优惠水平的分布特征在历年里保持一致。与名义税收优惠和实际税收优惠相比，税费返还率的核密度图形态完全不同，它只在1%左右出现一个高耸的波峰，表明我国企业享受的税费返还率水平大量地集中在1%左右；特别是该波峰的形态非常陡峭，在1%以后迅速下降，直到5%以后才显得相对比较平缓，而直到20%以后才显得非常平缓，可见我国企业享受的税费返还率主要分布在20%以下，且其中相当大的一部分都是分布在5%以下。不过，从税费返还率的核密度图在右侧拖着长长的尾巴可以看出，我国还是有许多企业享受的税费返还率分布在20%到100%的区间中，分布区间较广。我国企业税费返还率急剧变化的核密度图形态，也正是表3-3中税费返还率的泰尔指数值较高的原因。

二　我国企业投资决策行为的总体现状

（一）我国企业投资决策行为的测算

根据本书第一章第三节论述的企业投资决策行为的衡量指标，本书使用如下公式计算我国企业的投资决策行为指标：

$$内部投资规模 = 企业在内部投资上支付的资金 \div 资产总额$$

$$(3.4)$$

$$外部投资规模 = 企业持有的外部投资资产 \div 资产总额$$

$$(3.5)$$

在式（3.4）中，"企业在内部投资上支付的资金"来自现金流量表中"购建固定资产、无形资产和其他长期资产支付的现金"科目所报告的数据，式（3.5）中的"企业持有的外部投资资产"由企业资产负债表中"交易性金融资产"、"可供出售金融资产净额"、"持有至到期投资净额"和"长期股权投资净额"科目所报告的数据加总得到。本书以2008—2012年我国上市公司为样本，并删除利润小于零、所得税费用小于0、资不抵债以及数据缺失的样本。同时，在分析内部投资规模时，保留内部投资规模大于等于0且小于等于100%的企业为样本，在分析外部投资规模时，保留外部投资规模大于等于0且小于等于100%的企业为样本。同样，为了剔除异常值对统计结果带来的不稳健影响，对内部投资规模和外部投资规模两个变量进行了临界值为0.01的Winsor缩尾处理。

表3-4报告了我国企业投资决策行为分析的样本数，其中第二行显示的是本书分析内部投资规模的企业样本数，第三行显示的是本书分析外部投资规模的企业样本数。可以看出，企业投资决策行为分析的样本数每年都在增加，而且企业内部投资规模的样本数要多于外部投资规模的样本数。

表3-4　　　　　　　企业投资决策行为分析的样本数　　　　单位：个

变量	2008 年	2009 年	2010 年	2011 年	2012 年	总计
内部投资规模样本数	1220	1416	1849	2089	2176	8750
外部投资规模样本数	1128	1315	1748	1934	2172	8297

（二）我国企业投资决策行为的平均情况

表3-5报告的是我国企业投资决策行为的平均情况。可以看出，我

国企业的内部投资规模在 2008—2009 年有所下降，在 2009—2011 年则保持缓慢上升，此后 2011—2012 年又有所下降；相比较而言，外部投资规模在 2008—2009 年有所上升，2009—2011 年保持着下降趋势，此后 2011—2012 年又有所上升。可见，我国企业内部投资规模和外部投资规模的变化趋势正好相反，企业的内部投资和外部投资之间可能存在相互替代的关系。

表 3 - 5　　　　　　　　2008—2012 年我国企业投资决策行为的平均值

变量	2008 年	2009 年	2010 年	2011 年	2012 年	平均
内部投资规模（%）	6.74	5.52	5.89	6.90	6.27	6.29
外部投资规模（%）	5.93	6.08	4.93	4.38	4.63	5.04

（三）我国企业投资决策行为的差距及其分解

表 3 - 6 进一步报告了 2008—2012 年我国内部投资规模和外部投资规模的泰尔指数及其分解结果。

表 3 - 6　　　2008—2012 年我国企业投资决策行为的泰尔指数及其分解

变量	项目	类型	2008 年	2009 年	2010 年	2011 年	2012 年
内部投资规模	泰尔指数	指数值	0.3994	0.4396	0.3996	0.3683	0.3759
	按行业分解	组内贡献（%）	86.73	85.44	87.65	86.21	88.16
		组间贡献（%）	13.27	14.56	12.35	13.79	11.84
	按区域分解	组内贡献（%）	99.69	98.44	99.79	99.49	99.47
		组间贡献（%）	0.31	1.56	0.21	0.51	0.53
外部投资规模	泰尔指数	指数值	0.7031	0.7354	0.8197	0.8452	0.8510
	按行业分解	组内贡献（%）	91.47	90.45	90.96	87.04	87.79
		组间贡献（%）	8.53	9.55	9.04	12.96	12.21
	按区域分解	组内贡献（%）	96.86	96.63	97.14	97.82	98.52
		组间贡献（%）	3.14	3.37	2.86	2.18	1.48

就泰尔指数本身而言，它反映了我国企业在投资规模上的差异程度。可以发现，在 2008—2012 年，外部投资规模的泰尔指数每年都要大于内部投资规模，表明我国企业在内部投资规模上的差距比在外部投资规模上的差距更小。其可能的原因在于，相当一部分内部投资主要用于固定资产更新，这对大部分企业来说是必需的支出，但外部投资作为本企业对其他

企业或机构的投资，一般只有在本企业现金流比较充裕的时候才会实施，但现金流充裕的企业毕竟较少。从变化趋势来看，我国企业内部投资规模的泰尔指数在 2008—2009 年有所上升，2009—2011 年有所下降，2011—2012 年又有所反弹；而外部投资规模的泰尔指数则呈现逐年上升的趋势，从 2008 年的 0.7031 上升到 2012 年的 0.8510，即我国企业在外部投资规模上的差距越来越大。

　　从泰尔指数的分解来看，行业内差距和区域内差距依然是我国企业内部投资规模和外部投资规模总体差距的主要来源，但相对而言，行业间差距对企业内部投资规模和外部投资规模差距的贡献要大于区域间差距，如 2008—2012 年我国企业内部投资规模的行业间差距对总体差距的贡献保持在 13% 左右，而同时期区域间差距对总体差距的贡献保持在 2% 以下。从变化趋势来看，内部投资规模的泰尔指数分解显示，行业内差距和行业间差距对总差距贡献程度并无明显的变化趋势；而外部投资规模的泰尔指数分解显示，外部投资规模的行业内差距对总差距的贡献在降低，行业间差距对总差距的贡献在提高，区域内差距对总差距的贡献在提高，区域间差距对总差距的贡献在降低。

（四）我国企业投资决策行为的分布特征

　　为了分析我国企业投资决策行为的分布特征，图 3-4 和图 3-5 报告了内部投资规模和外部投资规模的核密度图。

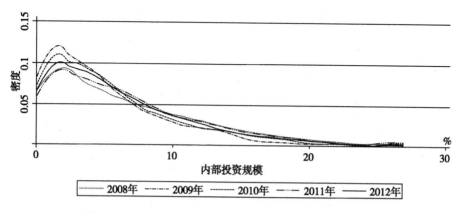

图 3-4　2008—2012 年我国企业内部投资规模的核密度

　　从图 3-4 中可以看到，2008—2012 年我国企业内部投资规模的核密度在形态上较为接近，它们都在 2% 左右的水平上出现一个波峰，波峰的高度由高到低依次为：2009 年、2010 年、2012 年、2008 年、2011 年，这表明我国企业的内部投资规模在 2% 左右的集中程度由高到低依照上述年份排列。图 3 - 4 所反映的我国企业历年内部投资规模分布特征上的差异，正好解释了表 3 - 5 中我国企业内部投资规模平均值的变化情况。

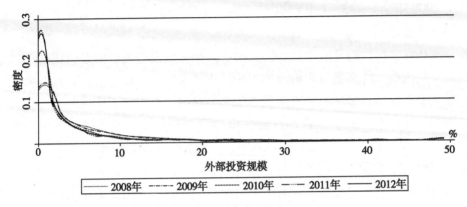

图 3 - 5　2008—2012 年我国企业外部投资规模的核密度

从图 3 - 5 中可以看到，2008—2012 年我国企业外部投资规模主要集中在 5% 以下，同时，我国企业外部投资规模核密度图的波峰都出现在 1% 左右的位置，历年波峰的形态都较为陡峭，且在高度上有着较大差异。其中 2008 年和 2009 年的波峰较为接近，在高度上最低；2010 年的波峰在高度上居中；2011 年和 2012 年的波峰较为接近，在高度上最高。波峰形态表明了我国企业外部投资规模在 1% 左右的集中程度，也正是因为其分布特征的差异，导致了表 3 - 5 中我国企业外部投资规模平均值的历年变化趋势。

三　我国企业科技创新行为的总体现状

（一）我国企业科技创新行为的测算

根据本书第一章第三节论述企业科技创新行为的衡量指标，本书使用如下两个公式计算我国企业的科技创新行为指标：

$$研发支出占比 = 研发支出增加额 ÷ 营业总收入　（3.6）$$

$$开发支出占比 = 开发支出期末数 ÷ 营业总收入　（3.7）$$

在式（3.6）中，"研发支出增加额"来自企业财务报表的附注，它显示的是一个会计年度内企业用于科技研发活动的支出规模，是一个流量指标。在式（3.7）中，"开发支出期末数"来自企业资产负债表"开发支出"科目所报告的数据，它反映的是企业在年末的时点上积累的满足资本化条件的研发支出规模，是一个存量指标。由于许多项目的研发周期比较长，企业当年度的开发支出并不总是来自当年度的研发支出，因此，本书构建的研发支出占比和开发支出占比，可以在不同的层次上反映企业的科技创新行为状况，但由于指标性质的差异，并不适合对它们直接进行比较。本书以2008—2012年我国上市公司为样本，并删除利润小于零、所得税费用小于零、数据缺失的样本。为最大限度地保留样本数量，在分析研发支出时保留研发支出占比大于0且小于100%的企业为样本；在分析开发支出时，保留开发支出占比大于0且小于100%的企业为样本。为了剔除异常值对统计结果带来的不稳健影响，对研发支出占比和开发支出占比两个变量进行了临界值为0.01的Winsor缩尾处理。

　　表3-7报告了我国企业科技创新行为分析的样本数。可以发现企业样本的数量相对比较少，主要原因是产生研发支出或开发支出的企业数量比较少。不过，总计千余个样本对于后文进行的一系列实证分析来说仍然足够。

表3-7　　　　　　　　企业科技创新行为分析的样本数　　　　　　单位：个

变量	2008 年	2009 年	2010 年	2011 年	2012 年	总计
研发支出占比样本数	84	179	278	386	482	1409
开发支出占比样本数	140	180	274	342	375	1311

（二）我国企业科技创新行为的平均情况

　　表3-8报告了我国企业科技创新行为的平均情况。可以发现，我国企业的研发支出占比和开发支出占比在2008—2012年处于持续上升的趋势，表明我国企业的科技创新行为正在不断加强，在科技创新上的资金投入正在不断增加，如研发支出占比从2008年的1.43%逐年增加到2012年的3.30%，开发支出占比从2008年的1.37%逐年增加到2012年的2.42%。

表3-8　　　　　2008—2012年我国企业科技创新行为的平均情况

变量	2008 年	2009 年	2010 年	2011 年	2012 年	平均
研发支出占比水平（%）	1.43	1.75	2.24	2.95	3.30	2.69
开发支出占比水平（%）	1.37	1.61	1.84	2.20	2.42	2.02

（三）我国企业科技创新行为的差距及其分解

表3-9进一步报告了2008—2012年我国企业研发支出占比和开发支出占比的泰尔指数及其分解结果。

表3-9　　2008—2012年我国企业科技创新行为的泰尔指数及其分解

变量	项目	类型	2008年	2009年	2010年	2011年	2012年
研发支出占比	泰尔指数	指数值	0.6860	0.6834	0.6870	0.6026	0.6070
	按行业分解	组内贡献（%）	71.80	75.77	78.76	70.63	77.46
		组间贡献（%）	28.20	24.23	21.24	29.37	22.54
	按区域分解	组内贡献（%）	95.09	99.51	98.50	98.34	98.51
		组间贡献（%）	4.91	0.49	1.50	1.66	1.49
开发支出占比	泰尔指数	指数值	0.8683	0.8665	0.8359	0.8194	0.8298
	按行业分解	组内贡献（%）	73.00	75.28	80.78	79.68	84.24
		组间贡献（%）	27.00	24.72	19.22	20.32	15.76
	按区域分解	组内贡献（%）	94.12	97.21	99.33	99.32	99.68
		组间贡献（%）	5.88	2.79	0.67	0.68	0.32

从表3-9中可以看出，2008—2012年我国企业研发支出占比的泰尔指数尽管有所波动，但总体上呈下降趋势，从2008年的0.6860下降到2012年的0.6070，表明我国企业在研发支出占比上的差距在下降。对研发支出占比的泰尔指数进行行业分解，发现2008—2010年其行业内差距对总差距的贡献从2008年的71.80%上升到78.76%，此后2011年降低到70.63%，2012年又上升到77.46%，经历了从提高、降低、再提高的过程，而其行业间差距对总差距贡献的变化过程则正好相反。此外，研发支出占比的行业间差距对总差距的贡献要远大于区域间差距对总差距的贡献，可见我国不同行业的企业在研发支出占比上的差距较大。

我国企业开发支出占比的泰尔指数在2008—2011年保持总体下降的趋势，2012年则有所上升。对其按行业和区域进行分解的结果基本上与研发支出占比的结果一致，行业内差距和区域内差距是影响开发支出占比总差距的主要因素，但行业间差距也是总差距的重要来源。

（四）我国企业科技创新行为的分布特征

为了分析我国企业科技创新行为的分布特征，图3-6和图3-7报告了我国企业研发支出占比和开发支出占比的核密度图。

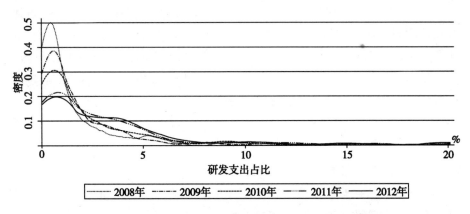

图 3 – 6 2008—2012 年我国企业研发支出占比的核密度

从图 3 – 6 中可以看到，2008—2012 年我国企业研发支出占比核密度图的波峰出现在 1% 左右，并且研发支出占比小于 5% 的企业占了绝大多数。从波峰的高度来看，由高到低依次为 2008 年、2009 年、2010 年、2011 年、2012 年，这表明 2008 年我国企业研发支出占比在 1% 左右的集中程度最高，此后则逐年下降，更多地分布在 1% 以上的水平。对比 2008 年和 2012 年我国企业研发支出占比的核密度图可以发现，2008 年我国企业研发支出占比绝大部分都低于 2%，2% 到 5% 区间内的企业数量相对较少，而在 2012 年我国企业研发支出占比低于 2% 的企业数量仍旧很多，但比 2008 年要少很多，而且与 2008 年相比有更多企业的研发支出占比位于 2% 到 5% 的区间内，这直接导致了表 3 – 8 中显示的我国企业研发支出占比 2012 年要远高于 2008 年的现象。

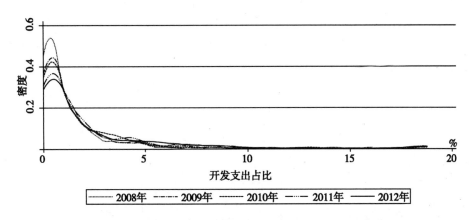

图 3 – 7 2008—2012 年我国企业开发支出占比的核密度

图 3 - 7 显示，2008—2012 年我国企业开发支出占比与研发支出占比的核密度图大体上相似，也在 1% 左右出现一个波峰，且绝大多数企业的开发支出占比都小于 5%；同时，两者在历年波峰的高度上也保持一致，仍旧是从 2008 年到 2012 年依次降低，这也进一步说明了表 3 - 8 中我国企业开发支出占比平均值变化趋势的原因。

四　我国企业市场获利行为的总体现状

（一）我国企业市场获利行为的测算

根据本书第一章第三节论述的企业市场获利行为的衡量指标，本书使用如下公式计算我国企业的市场获利行为指标：

$$总资产利润率 = 净利润 \div 资产总额 \qquad (3.8)$$

$$总收入利润率 = 净利润 \div 营业总收入 \qquad (3.9)$$

企业公布的利润表中涉及利润的科目包括营业利润、其他业务利润、利润总额、净利润、归属于母公司所有者的净利润等，加上企业利润率计算时分母选择的差异，最终所能获得的企业利润率指标种类繁杂。本书认为，净利润科目汇报了企业在一个年度内实现的全部由企业自由支配的利润总额，它全面而且恰当地衡量了企业当年度的市场获利规模。在式（3.8）和式（3.9）中，"净利润"和"营业总收入"来自利润表，"资产总额"来自资产负债表。总资产利润率反映了企业每单位资产获得的净利润水平，总收入利润率反映了企业每单位营业总收入获得的净利润水平。本书以 2008—2012 年我国上市公司为样本，删除净利润小于零、所得税费用小于零、资不抵债以及数据缺失的样本，并在分析总资产利润率时删除该指标大于 100% 的样本企业，在分析总收入利润率时删除该指标大于 100% 的样本企业。为了剔除异常值对统计结果带来的偏差，对总资产利润率和总收入利润率两个变量进行了临界值为 0.01 的 Winsor 缩尾处理。表 3 - 10 报告了我国企业市场获利行为分析的样本数。可以发现每年的样本数都在增加，而总资产利润率的样本数要稍微多于总收入利润率的样本，原因在于前者在数值上大于 100% 的样本数要少于后者。

表 3 - 10　　　　　　　　企业市场获利行为分析的样本数　　　　　　　单位：个

变量	2008 年	2009 年	2010 年	2011 年	2012 年	总计
总资产利润率样本数	1217	1411	1843	2083	2161	8715
总收入利润率样本数	1207	1395	1827	2067	2156	8652

（二）我国企业市场获利行为的平均情况

表 3-11 报告了我国企业市场获利行为的平均情况。可以发现，2008—2012 年我国企业总资产利润率的变化情况并不稳定，而总收入利润率则经历了从上升到下降的变化过程。从总体上看，我国历年的企业总收入利润率保持在总资产利润率的 2 倍左右，其原因在于我国企业的营业总收入在历年里保持在资产总额的 1/2 左右。

表 3-11　　　　　2008—2012 年我国企业市场获利行为的平均值

变量	2008 年	2009 年	2010 年	2011 年	2012 年	平均
总资产利润率水平（%）	5.25	5.14	5.48	5.55	4.99	5.29
总收入利润率水平（%）	10.50	11.32	12.09	11.82	11.28	11.48

（三）我国企业市场获利行为的差距及其分解

表 3-12 进一步报告了 2008—2012 年我国企业总资产利润率和总收入利润率的泰尔指数及其分解结果。

表 3-12　　2008—2012 年我国企业市场获利行为的泰尔指数及其分解

变量	项目	类型	2008 年	2009 年	2010 年	2011 年	2012 年
总资产利润率	泰尔指数	指数值	0.3295	0.3045	0.2468	0.2491	0.2840
	按行业分解	组内贡献（%）	88.89	94.22	95.15	94.75	95.01
		组间贡献（%）	11.11	5.77	4.85	5.25	4.99
	按区域分解	组内贡献（%）	99.58	99.43	99.68	99.74	98.83
		组间贡献（%）	0.42	0.57	0.33	0.26	1.17
总收入利润率	泰尔指数	指数值	0.4428	0.4128	0.3637	0.3519	0.3895
	按行业分解	组内贡献（%）	83.28	84.30	86.20	88.53	88.53
		组间贡献（%）	16.72	15.70	13.80	11.47	11.47
	按区域分解	组内贡献（%）	99.45	99.34	99.23	99.59	99.36
		组间贡献（%）	0.55	0.66	0.77	0.41	0.64

从表 3-12 中可以看到，我国企业总资产利润率和总收入利润率的泰尔指数，在 2008—2011 年总体上呈下降趋势，在 2011—2012 年则有所上升，表明 2008—2011 年我国企业的市场获利水平差距在逐渐缩小，我国企业的利润率水平在整体上有趋同的趋势，但 2011—2012 年我国企业的市场获利水平差距又有所加大。从对泰尔指数的分解来看，与本书分析的

其他指标一致，行业内差距和区域内差距是总资产利润率差距和总收入利润率差距的主要来源，但行业间差距也是总差距的重要来源。不过可以发现，无论是总资产利润率还是总收入利润率，行业间差距对总差距的贡献在逐年变小，这可能正是我国企业市场获利水平总体差距缩小的原因。

（四）我国企业市场获利行为的分布特征

为了分析我国企业市场获利行为的分布特征，图3-8和图3-9分别报告了我国企业总资产利润率和总收入利润率的核密度图。

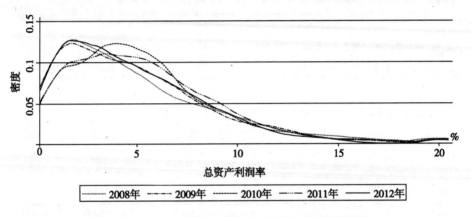

图3-8　2008—2012年我国企业总资产利润率的核密度

从图3-8中可以看到，2008年、2009年和2012年企业总资产利润率的核密度图比较接近，都在2%左右出现一个波峰，而2010年和2011年企业总资产利润率的核密度图比较接近，都在4%左右出现一个波峰，从而表明我国企业的总资产利润率2010—2011年比2008—2009年有明显的提高，并且相比较而言，企业总资产利润率2010—2011年集中在4%左右的企业数量比2008—2009年集中在2%左右的企业数量要更多。不过，2012年我国企业的总资产利润率状况又回到2008—2009年时的状况。此外，无论是哪一个年份，当总资产利润率超过10%时，核密度图基本上都重合在一起，且密度都非常低，表明我国企业的总资产利润率主要分布在10%以下的水平，超过10%的企业数量相对较少。

图3-9显示，2008—2012年我国企业总收入利润率核密度图的波峰都位于4%左右，表明这5年我国企业总收入利润率在4%左右最为集中。并且，当总收入利润率高于20%时密度非常低，表明我国绝大部分企业的总收入利润率都要低于20%的水平。同时，不同年份核密度图波峰的

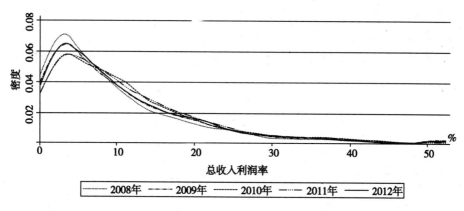

图 3 - 9　2008—2012 年我国企业总收入利润率的核密度

高度有所差异，2008 年的波峰最高也最为陡峭，2009 年和 2012 年的波峰几乎重合在一起，且波峰高度居中，2010 年和 2011 年的波峰也几乎重合在一起，且波峰高度最低。

第二节　我国税收优惠与企业市场行为的分行业现状

一　我国企业税收优惠水平的分行业现状

在分析我国企业税收优惠水平总体现状的基础上，本书进一步对样本企业按照证监会发布的《上市公司行业分类指引》进行分类，共分成了 13 个行业类型，用以比较分析 2008—2012 年我国不同行业税收优惠水平的现状。

（一）名义税收优惠水平

表 3 - 13 报告的是 2008—2012 年我国上市公司分行业的名义税收优惠水平。从表中可以看出，2008 年我国名义税收优惠水平最高的三个行业依次为信息技术业（7.03%）、制造业（5.01%）、社会服务业（3.82%），但到 2012 年已经转变为信息技术业（9.12%）、农林牧渔业（8.63%）、传播与文化产业（8.31%）。2008 年我国名义税收优惠水平最低的三个行业依次为金融保险业（1.55%）、房地产业（2.31%）、批发和零售贸易业（2.39%），到 2012 年则已经转变为金融保险业（0.13%）、房地产业（0.67%）、综合类（1.27%）。从 2008 年和 2012 年的数据对比中可以看出，我国行业间名义税收优惠水平变化与产业政策

转变一致，政府更加重视信息技术业、农林牧渔业、传播与文化产业的发展，促进产业升级的税收优惠力度也在不断提高，而对于金融保险业、房地产业等利润率水平较高且不大需要政策扶持的行业，政府提供的所得税名义税收优惠水平比较低。

表 3 – 13　　　　　2008—2012 年我国企业分行业名义税收优惠水平

行业	2008 年	2009 年	2010 年	2011 年	2012 年
农林牧渔业（%）	2.85	4.66	2.29	5.49	8.63
采掘业（%）	3.79	2.63	2.97	4.57	4.29
制造业（%）	5.01	4.85	4.59	7.35	7.16
电煤水生产供应业（%）	3.77	3.58	3.72	3.41	3.46
建筑业（%）	3.22	3.62	4.25	4.53	4.89
交通运输仓储业（%）	3.08	2.85	2.42	1.60	1.79
信息技术业（%）	7.03	6.11	5.86	8.23	9.12
批发和零售贸易业（%）	2.39	2.09	1.76	1.29	1.45
金融保险业（%）	1.55	1.49	1.54	0.27	0.13
房地产业（%）	2.31	1.78	1.44	0.48	0.67
社会服务业（%）	3.82	3.39	2.52	4.18	3.95
传播与文化产业（%）	2.43	2.50	2.41	4.73	8.31
综合类（%）	3.67	3.04	2.42	1.36	1.27

（二）实际税收优惠水平

表 3 – 14 报告了 2008—2012 年我国上市公司分行业的实际税收优惠水平，可以看出，我国各行业实际税收优惠水平都要明显高于同时期的名义税收优惠水平。2008 年我国实际税收优惠水平最高的三个行业依次为农林牧渔业（17.05%）、传播与文化产业（16.10%）、信息技术业（12.84%），到 2012 年时产业类型并未变化，为农林牧渔业（17.51%）、传播与文化产业（13.67%）、信息技术业（11.84%）。由此可以看出，尽管传播与文化产业的名义税收优惠水平并不高，但它享受的除税率优惠以外的其他类型的税收优惠政策可能比较多，进而导致其实际税收优惠水平远高于名义税收优惠水平。农林牧渔业的实际税收优惠水平与其他行业相比要高出许多，这进一步显示了国家对农林牧渔业的支持力度。此外，传播与文化产业在 2008 年的时候，享受的名义税收优惠水平和实际税收

优惠水平有较大背离，但两者在 2012 年的时候已经趋于一致，这表明我国传播与文化产业享受的税收优惠类型可能从原先的税收减免、税收扣除等转变为税率优惠。

表 3-14　　　2008—2012 年我国企业分行业实际税收优惠水平

行业	2008 年	2009 年	2010 年	2011 年	2012 年
农林牧渔业（%）	17.05	16.26	16.67	17.16	17.51
采掘业（%）	5.88	4.21	7.14	6.89	8.21
制造业（%）	11.75	11.21	10.86	10.36	10.36
电煤水生产供应业（%）	9.93	8.38	9.39	9.07	10.08
建筑业（%）	7.37	7.08	7.46	6.78	6.39
交通运输仓储业（%）	10.15	9.16	8.46	7.24	7.55
信息技术业（%）	12.84	12.84	13.19	11.78	11.84
批发和零售贸易业（%）	7.25	7.43	6.56	6.68	6.26
金融保险业（%）	5.98	5.50	3.80	4.66	3.80
房地产业（%）	7.36	6.26	5.81	7.88	7.48
社会服务业（%）	10.36	10.94	9.33	8.20	9.11
传播与文化产业（%）	16.10	12.96	15.00	14.29	13.67
综合类（%）	8.81	8.63	9.88	10.72	11.26

（三）税费返还率水平

表 3-15 报告了 2008—2012 年我国上市公司分行业的税费返还率水平。可以发现，在 2008—2012 年的 5 年时间里，我国每年获得税费返还率最高的三个行业几乎都是农林牧渔业、信息技术业和制造业，可见这几个行业得到的政府税费返还政策的扶持力度比较大。此外，尽管金融保险业每年的名义税收优惠水平和实际税收优惠水平都很低，但税费返还率却相对比较高，表明金融保险业尽管享受的企业所得税优惠水平比较低，但可能其企业财务制度非常完善，纳税遵从度比较高，因此税收负担相对其他行业来说比较重，为了平衡税负的目的，政府每年给予较高的税费返还率优惠。总体而言，从数据对比的直观感受来看，我国各行业企业在税费返还率上的差异要明显大于名义税收优惠水平和实际税收优惠水平，这也进一步验证了表 3-3 所报告的我国企业税收优

惠水平泰尔指数的情况。

表 3 – 15　　　　2008—2012 年我国企业分行业税费返还率水平

行业	2008 年	2009 年	2010 年	2011 年	2012 年
农林牧渔业（%）	20.13	16.87	17.41	9.13	10.01
采掘业（%）	3.00	3.99	3.18	6.00	5.52
制造业（%）	12.66	12.00	12.24	13.63	13.75
电煤水生产供应业（%）	3.14	1.96	3.48	3.05	1.97
建筑业（%）	4.96	5.32	5.19	4.80	4.18
交通运输仓储业（%）	2.32	2.75	3.16	3.34	2.62
信息技术业（%）	17.75	16.35	18.14	16.38	16.94
批发和零售贸易业（%）	8.89	9.73	6.01	4.82	3.80
金融保险业（%）	11.65	19.37	8.80	7.32	0.52
房地产业（%）	2.29	2.46	3.67	2.04	2.37
社会服务业（%）	1.00	6.37	2.61	1.41	2.64
传播与文化产业（%）	3.28	6.08	10.28	7.29	8.67
综合类（%）	8.54	10.86	10.07	7.59	6.74

二　我国企业投资决策行为的分行业现状

（一）内部投资规模

表 3 – 16 报告的是 2008—2012 年我国上市公司分行业的内部投资规模水平。从表中可以看出，2008 年我国内部投资规模最高的三个行业分别是采掘业（11.94%）、交通运输仓储业（9.20%）、电煤水生产供应业（8.69%），到 2012 年时内部投资规模最高的三个行业仍然为采掘业（9.40%）、电煤水生产供应业（7.39%）、交通运输仓储业（7.14%）。可能一个行业的内部投资规模与其行业特性密切相关，如采掘业、电煤水生产供应业、交通运输仓储业等各行业的设备更新比较快，每年需要投入大量资金进行固定资产更新，因此这些行业的内部投资规模也就比较高。相反，2008—2012 年内部投资规模最低的两个行业都是金融保险业和房地产业，如 2012 年金融保险业为 0.38%、房地产业为 0.62%，行业特性决定了这两个行业的内部投资规模都远低于其他行业。

表 3 - 16　　2008—2012 年我国企业分行业内部投资规模水平

行业	2008 年	2009 年	2010 年	2011 年	2012 年
农林牧渔业（%）	7.33	5.81	6.12	7.88	7.14
采掘业（%）	11.94	12.30	10.39	10.51	9.40
制造业（%）	7.34	5.79	6.40	7.81	6.97
电煤水生产供应业（%）	8.69	8.88	8.56	8.37	7.39
建筑业（%）	4.64	5.35	4.25	4.19	4.02
交通运输仓储业（%）	9.20	7.61	7.95	7.51	7.14
信息技术业（%）	4.79	3.95	4.23	4.55	5.12
批发和零售贸易业（%）	5.69	4.42	4.72	4.82	4.24
金融保险业（%）	0.37	0.27	0.28	0.37	0.38
房地产业（%）	1.30	1.01	0.92	0.86	0.62
社会服务业（%）	6.81	5.48	5.35	7.55	6.74
传播与文化产业（%）	6.35	3.97	4.01	5.46	3.94
综合类（%）	4.06	3.09	3.72	3.93	3.44

（二）外部投资规模

表 3 - 17 报告的是 2008—2012 年我国上市公司分行业的外部投资规模水平。从表中可以看出，2008 年我国外部投资规模最高的三个行业分别是金融保险业（17.31%）、综合类（10.90%）、电煤水生产供应业（9.70%），而到 2012 年时外部投资规模最高的三个行业依次为金融保险业（23.80%）、综合类（11.19%）、交通运输仓储业（9.86%），总体水平都有不同幅度的提高。需要特别指出的是，金融保险业是所有行业中内部投资规模最低的行业，但也是所有行业中外部投资规模最高的行业。实际上，对金融保险业而言，对外部企业的投资收益是它们主要的经营收入来源。电煤水生产供应业的内部投资规模和外部投资规模都比较高，可能的原因在于电煤水生产供应业属于自然垄断行业，多为国有企业且利润率水平高，除了拥有大量的资金用于固定资产投资外，企业还将充裕的现金流用于外部投资。此外，2008—2012 年外部投资规模最低的行业为采掘业，而它也是内部投资规模最高的行业之一，这也进一步反映了内部投资与外部投资可能存在的相互替代关系。

续表

行业	2008 年	2009 年	2010 年	2011 年	2012 年
信息技术业（%）	3.34	3.37	3.99	4.67	4.45
批发和零售贸易业（%）	0.02	0.06	0.12	0.11	0.12
金融保险业（%）	NA	1.24	1.27	0.73	NA
房地产业（%）	0.24	0.22	0.12	0.22	NA
社会服务业（%）	0.73	0.29	0.62	0.71	1.08
传播与文化产业（%）	0.26	1.90	0.90	1.67	2.51
综合类（%）	1.08	1.19	0.69	0.63	0.47

四 我国企业市场获利行为的分行业现状

（一）总资产利润率

表 3-20 报告的是 2008—2012 年我国上市公司分行业的总资产利润率水平。可以看出，在这 5 年时间里，我国总资产利润率水平最高的三个行业非常稳定，如 2012 年总资产利润率最高的三个行业分别为传播与文化产业（7.04%）、采掘业（6.36%）、信息技术业（6.34%），其他年份也都基本是这三个行业。2012 年总资产利润率最低的三个行业分别为金融保险业（2.08%）、电煤水生产供应业（3.33%）、房地产业（3.39%），并且这三个行业在其他年份的总资产利润率水平也都较低。以上数据表明，尽管企业历年的总资产利润率水平都在波动，但由于行业特性等原因，不同行业在历年的总资产利润率排名是相对稳定的。这里特别需要指出的是，2012 年总资产利润率最低的是金融保险业，这与我们日常认识中金融保险业的高利润率正好相反，可能的原因是，总资产利润率计算公式中的分母是"资产总额"，而金融保险类企业的一个共同特点就是资产规模庞大，其高利润也就被庞大的资产规模所稀释，因此总资产利润率指标只能从一个侧面反映企业的市场获利行为，有必要结合总收入利润率指标进行进一步分析。

表 3-20　　　2008—2012 年我国企业分行业总资产利润率水平

行业	2008 年	2009 年	2010 年	2011 年	2012 年
农林牧渔业（%）	3.50	3.64	4.51	5.70	4.20
采掘业（%）	11.49	7.41	8.15	7.94	6.36

续表

行业	2008 年	2009 年	2010 年	2011 年	2012 年
制造业（%）	5.32	5.43	5.71	5.73	5.09
电煤水生产供应业（%）	3.19	3.20	3.65	3.42	3.33
建筑业（%）	2.08	3.03	3.79	3.58	3.46
交通运输仓储业（%）	6.57	5.15	5.65	5.29	5.07
信息技术业（%）	6.94	6.62	6.35	6.44	6.34
批发和零售贸易业（%）	5.37	4.67	4.82	5.05	4.11
金融保险业（%）	1.84	2.30	2.65	2.77	2.08
房地产业（%）	3.76	3.96	3.73	3.56	3.39
社会服务业（%）	4.35	5.03	4.96	5.83	5.49
传播与文化产业（%）	4.87	6.17	6.19	7.53	7.04
综合类（%）	4.03	4.22	5.21	4.28	3.91

（二）总收入利润率

表 3 - 21 报告的是 2008—2012 年我国上市公司分行业的总收入利润率水平。可以看出，在这 5 年时间里，我国总收入利润率水平最高的两个行业非常稳定，如 2012 年总收入利润率最高的两个行业分别为金融保险业（35.21%）、交通运输仓储业（18.02%），其他年份也依然为这两个行业。2012 年总收入利润率最低的三个行业分别为批发和零售贸易业（5.77%）、建筑业（6.96%）、制造业（10.16%），这三个行业在其他年份的总收入利润率也很低。以上数据显示，不同行业总收入利润率非常稳定，这也与表 3 - 20 显示的结果一致，从而进一步印证了行业因素对企业市场获利行为的影响。此外，在表 3 - 20 中金融保险业的总资产利润率在所有行业中最低，但表 3 - 21 的结果显示其总收入利润率在所有行业中却是最高的，从而验证了金融保险业属于高利润行业的日常观念。

表 3 - 21　　　　2008—2012 年我国企业分行业总收入利润率水平

行业	2008 年	2009 年	2010 年	2011 年	2012 年
农林牧渔业（%）	9.05	7.17	9.88	11.93	10.36
采掘业（%）	16.97	11.69	12.81	13.93	11.96
制造业（%）	8.71	9.62	10.55	10.59	10.16
电煤水生产供应业（%）	11.49	10.77	11.81	11.62	10.44

续表

行业	2008 年	2009 年	2010 年	2011 年	2012 年
建筑业（％）	3.57	4.65	6.31	6.37	6.96
交通运输仓储业（％）	21.93	20.81	21.96	19.53	18.02
信息技术业（％）	12.52	15.05	16.01	15.54	14.27
批发和零售贸易业（％）	6.89	7.85	8.17	6.65	5.77
金融保险业（％）	32.77	36.46	36.66	32.31	35.21
房地产业（％）	15.96	17.09	15.44	14.03	14.03
社会服务业（％）	12.67	13.13	13.24	13.99	13.50
传播与文化产业（％）	11.63	15.04	15.75	17.34	16.66
综合类（％）	11.08	13.53	15.17	13.68	13.19

第三节　我国税收优惠与企业市场行为的分区域现状

一　我国企业税收优惠水平的分区域现状

我国企业税收优惠水平不仅在行业间存在较大差异，在地区间的差异也比较明显，本书将样本企业按照企业注册地分成东部、东北部、中部和西部四个子样本①，用以比较分析 2008—2012 年我国不同区域税收优惠水平的现状。

（一）名义税收优惠水平

表 3-22 报告了 2008—2012 年我国各区域上市公司名义税收优惠水平的变化情况。2008—2010 年各区域名义税收优惠水平保持相对稳定，如东部地区保持在平均 4.29% 左右，东北部地区保持在平均 2.66% 左右，中部地区保持在平均 3.78% 左右，西部地区则保持在平均 4.98% 左右。而 2011—2012 年各区域名义税收优惠水平都有一定幅度的上升，如东部

---

①　国家统计局根据《中共中央、国务院关于促进中部地区崛起的若干意见》、《国务院发布关于西部大开发若干政策措施的实施意见》以及党的十六大报告的精神，将我国的经济区域划分为东部、中部、西部和东北四大地区。东部包括：北京、天津、河北、上海、江苏、浙江、福建、山东、广东和海南；中部包括：山西、安徽、江西、河南、湖北和湖南；西部包括：内蒙古、广西、重庆、四川、贵州、云南、西藏、陕西、甘肃、青海、宁夏和新疆；东北部包括：辽宁、吉林和黑龙江。

地区上升到平均 6.20% 左右，东北部地区上升到平均 3.77% 左右，中部地区上升到平均 6.10% 左右，西部地区上升到平均 6.67% 左右。可能的原因在于，我国 2008 年开始实施新企业所得税法，政府清理了许多不符合政府政策导向的税收优惠政策，从而导致 2008—2010 年各区域企业的名义税收优惠水平保持在低位，而 2011 年开始政府的税收优惠政策又逐渐增加，直接表现为企业名义税收优惠水平的提高。从区域间差别来看，西部地区的名义税收优惠水平在所有年份都是最高的，因为西部大开发战略是我国政府当前协调区域经济发展最为重要的战略举措；相比较而言，东北部地区企业享受的名义税收优惠水平是四个区域中最低的。

表 3-22   **2008—2012 年我国企业分区域名义税收优惠水平**

区域	2008 年	2009 年	2010 年	2011 年	2012 年
东部（%）	4.59	4.17	4.11	6.12	6.27
东北部（%）	2.82	2.50	2.66	3.69	3.84
中部（%）	4.01	3.78	3.54	6.03	6.16
西部（%）	4.88	5.42	4.63	6.73	6.60

（二）实际税收优惠水平

表 3-23 报告了 2008—2012 年我国各区域企业实际税收优惠水平的变化情况。从总体上看，各区域的实际税收优惠水平要远高于名义税收优惠水平，且两者间的变化趋势也有很大的差异。2008—2012 年我国各区域实际税收优惠水平基本上呈现略微下降的趋势，即使是 2011—2012 年我国各区域名义税收优惠水平有较大幅度上升的情况下，实际税收优惠水平仍然还是有一定幅度的下降，或者只是略微地上升。可能的原因是，尽管 2011—2012 年我国企业享受的所得税税率优惠力度有所上升，但来自其他类型的所得税优惠力度却下降了，导致企业总体上享受的实际税收优惠水平在下降；同时，政府税收征管力度的加强，企业税收遵从度的提高，也都可能是重要原因。从区域间的差别来看，尽管东北部地区在 2008—2012 年的名义税收优惠水平都很低，但实际税收优惠水平却是最高的，可能的原因是东北部地区作为我国的老工业基地，国有企业数量比较多，它们无法享受针对高新技术企业出台的所得税税率优惠，但享受着较多的如先征后返、税收减免等类型的税收优惠政策。此外，尽管 2008—2012 年西部地区的名义税收优惠水平最高，但实际税收优惠水平却并非如此，

这可能与其经济发展水平较低，地方政府财政收支压力较大有关。

表3-23 2008—2012年我国企业分区域实际税收优惠水平

区域	2008 年	2009 年	2010 年	2011 年	2012 年
东部（%）	10.57	10.24	10.16	10.07	9.95
东北部（%）	12.60	12.92	12.94	11.53	11.14
中部（%）	10.92	10.55	10.70	10.42	10.74
西部（%）	12.06	10.96	11.44	9.96	10.95

（三）税费返还率水平

表3-24报告了2008—2012年我国企业各区域税费返还率水平的变化情况。其中东部地区的税费返还率在2008—2011年保持着上升趋势，从2008年的12.01%上升到2011年的13.72%，尽管2012年时略微下降到13.01%，但始终远高于其他地区。而东北部地区、中部地区和西部地区的税费返还率不仅在数值上低于东部地区，而且绝大多数年份都处于下降趋势。可能的原因是，我国东部地区出口规模比较大，企业获得增值税出口退税等优惠项目比较多，而且东部地区经济比较发达，地方政府财政实力比其他内陆地区更为雄厚，有能力为企业提供更多的税费返还优惠。此外，2008—2012年的绝大部分年份里，我国西部地区企业获得的税费返还率水平是最低的，可见在我国实施西部大开发战略过程中，许多优惠政策在细节上还有待进一步完善。

表3-24 2008—2012年我国企业分区域税费返还率水平

区域	2008 年	2009 年	2010 年	2011 年	2012 年
东部（%）	12.01	12.49	12.86	13.72	13.01
东北部（%）	10.06	8.51	8.68	7.27	8.27
中部（%）	8.53	7.21	8.51	7.83	8.53
西部（%）	7.99	8.08	6.66	6.38	6.93

二 我国企业投资决策行为的分区域现状

（一）内部投资规模

表3-25报告了2008—2012年我国上市公司分区域的内部投资规模水平。从表中可以看出，中部和西部地区企业的内部投资规模要普遍高于

东部和东北部地区，而且东北部地区在全部年份中有 4 个年份的内部投资规模都是最低的，这与东北部地区给我们的初始印象正好相反。东北部地区作为我国的老工业基地，工业企业数量比较多，企业需要进行固定资产更新的规模也比较庞大，所以东北部地区企业最低的内部投资规模显得有点反常。在 2012 年，我国中部地区企业的内部投资规模为 6.74%，西部地区为 6.43%，高于同年度的东部和东北部地区，可能我国西部大开发、中部崛起等区域经济发展战略在其中发挥了一定的作用。

表 3-25　　　2008—2012 年我国企业分区域内部投资规模水平

区域	2008 年	2009 年	2010 年	2011 年	2012 年
东部（%）	6.56	5.04	5.83	6.80	6.26
东北部（%）	6.11	5.45	5.17	5.81	4.87
中部（%）	7.19	6.07	6.24	7.75	6.74
西部（%）	7.18	6.71	6.09	6.94	6.43

（二）外部投资规模

表 3-26 报告了 2008—2012 年我国上市公司分区域的外部投资规模水平。从表中可以看出，东北部地区是所有区域中企业外部投资规模水平最高的，这与表 3-25 的结果正好相反，从而反映出企业内部投资规模与外部投资规模可能存在相互替代的关系，这也一部分解释了东北部地区企业内部投资规模比较低的原因。同样，在表 3-25 中内部投资规模最高的中部和西部地区，在表 3-26 中显示它们的外部投资规模是最低的，也进一步表明了企业内部投资规模与外部投资规模间的替代关系。此外，对于东部地区而言，尽管在 2008—2012 年企业的内部投资规模比较稳定，但外部投资规模则基本上呈下降趋势。

表 3-26　　　2008—2012 年我国企业分区域外部投资规模水平

区域	2008 年	2009 年	2010 年	2011 年	2012 年
东部（%）	6.53	6.67	5.38	4.54	4.75
东北部（%）	7.75	7.87	5.86	5.82	5.54
中部（%）	3.76	3.55	2.92	2.76	3.11
西部（%）	5.09	5.61	4.74	4.75	5.23

三 我国企业科技创新行为的分区域现状

（一）研发支出占比

表 3 - 27 报告了 2008—2012 年我国各区域上市公司研发支出水平的变化情况。从表中可以看出，2008—2012 年我国各区域的企业研发支出占比基本上保持着上升的趋势，如东部地区从 2008 年的 1.34% 持续上升到 2012 年的 3.56%，尽管东北部、中部和西部地区企业研发支出占比在个别年份有所波动，但总体上还是呈上升趋势。在 2008—2009 年，研发支出占比最高的是中部地区，而在 2010—2012 年，研发支出占比最高的是东部地区。

表 3 - 27　　2008—2012 年我国企业分区域研发支出占比水平

区域	2008 年	2009 年	2010 年	2011 年	2012 年
东部（%）	1.34	1.77	2.41	3.20	3.56
东北部（%）	1.20	1.42	1.19	1.78	2.62
中部（%）	2.44	2.00	2.16	2.66	3.30
西部（%）	1.16	1.62	1.96	2.48	2.43

（二）开发支出占比

表 3 - 28 报告了 2008—2012 年我国各区域上市公司开发支出水平的变化情况。2008—2012 年我国东部地区企业的开发支出占比保持着上升的趋势，从 2008 年的 1.04% 上升到 2012 年的 2.54%；东北部、中部和西部地区的开发支出占比则有所波动，其中东北部和西部地区 2012 年的开发支出占比高于 2008 年，但中部地区则相反。此外，中部地区在 2008—2010 年的开发支出占比最高，西部地区在 2011 年的开发支出占比最高，东部地区在 2012 年的开发支出占比最高。

表 3 - 28　　2008—2012 年我国企业分区域开发支出占比水平

区域	2008 年	2009 年	2010 年	2011 年	2012 年
东部（%）	1.04	1.41	1.77	2.28	2.54
东北部（%）	1.78	1.93	1.44	1.36	2.00
中部（%）	2.27	2.35	2.24	2.02	2.20
西部（%）	1.56	1.38	1.90	2.29	2.22

四 我国企业市场获利行为的分区域现状

(一) 总资产利润率

表 3 - 29 报告了 2008—2012 年我国上市公司在各区域的总资产利润率变化情况。从表中可以看出，2008—2010 年我国各区域企业的总资产利润率经历了先降低再上升的过程，而 2010—2012 年则大体上都有一定程度的降低。此外，2008—2012 年我国总资产利润率最高的地区都为东部，显示出东部地区企业在市场获利水平上的优势。

表 3 - 29　2008—2012 年我国企业分区域总资产利润率水平

区域	2008 年	2009 年	2010 年	2011 年	2012 年
东部（%）	5.42	5.36	5.65	5.66	5.25
东北部（%）	5.21	5.01	5.17	5.04	4.09
中部（%）	5.30	5.07	5.28	5.57	4.85
西部（%）	4.67	4.55	5.14	5.21	4.31

(二) 总收入利润率

表 3 - 30 报告了 2008—2012 年我国上市企业在各区域的总收入利润率变化情况。从表中可以看出，我国东部、中部和西部地区企业的总收入利润率在 2008—2010 年保持着上升趋势，而东部、东北部和西部地区在 2010—2012 年则都有不同程度的降低。2008—2012 年，总收入利润率最高的是东部地区，这也与表 3 - 29 中显示的总资产利润率最高的区域相一致。此外，尽管中部地区的总资产利润率在历年里并不是最低的，但总收入利润率在历年里却是最低的。

表 3 - 30　2008—2012 年我国企业分区域总收入利润率水平

区域	2008 年	2009 年	2010 年	2011 年	2012 年
东部（%）	10.93	11.78	12.53	12.10	11.75
东北部（%）	11.10	10.42	11.74	11.95	11.13
中部（%）	8.99	9.56	10.07	10.33	9.53
西部（%）	10.16	11.61	12.47	12.03	10.92

第四章

税收优惠与企业投资决策行为的
实证分析

投资一直以来被认为是拉动经济增长的"三驾马车"之一，在促进国民经济增长中有着非常重要的地位。[①] 从投资主体的角度来讲，投资可以分为政府投资和企业投资，其中政府投资在宏观经济遇到困难时往往成为宏观调控政策的主要载体，因此也就更容易受到学术界的关注[②]，相比较而言，企业投资受到的关注相对较少。但是，在我国当前完善社会主义市场经济体制的大背景下，企业投资已经越来越成为社会总投资的主体，政府则有必要转变自身定位，为促进企业投资的增长创造良好的政策与市场环境。政府投资可以直接通过财政拨款实现，企业投资则不同，作为独立的微观经济主体，绝大多数企业都不可能直接获得政府的财政拨款，因此政府要促进企业投资，需要使用一系列宏观经济政策对企业行为进行引导和激励，其中税收优惠就是一项重要的政策工具。本章在前文就税收优惠对企业投资决策行为进行理论分析的基础上，以上市公司为样本就税收优惠政策对我国企业投资行为的影响进行实证研究，进一步分析我国政府税收优惠政策在促进企业投资上的有效性。

第一节　税收优惠与企业投资决策行为的分析框架

一　税收优惠与企业投资决策行为的研究假设

从资金流向的角度看，企业投资可以分为内部投资和外部投资，前者

---

① 参见潘孝珍（2009），刘瑞翔、安同良（2011）等文献。

② 参见贾俊雪、郭庆旺、刘晓路（2006），张卫国、任燕燕、花小安（2011）等文献。

主要是企业构建自身生产经营所需的固定资产或无形资产等投资行为，如购买机器设备等；后者主要是企业购买各类金融资产等投资行为，如持有其他公司股份等。根据我国当前出台的具体税收优惠政策内容，以及本书构建的 3 个不同税收优惠指标具体经济含义的差别，可以具体分析它们在实际经济运行中，对我国企业的内部投资规模和外部投资规模所具有的影响。

名义税收优惠既是国家实施税收优惠政策的微观表现，是政府为企业提供的企业所得税名义税率方面的优惠，也是企业享受的税收优惠水平在名义上的体现。政府为企业提供所得税名义税率优惠的主要目的是为了扶持特定产业或区域的发展，如我国 2008 年开始实施的《中华人民共和国企业所得税法》规定企业所得税税率为 25%，但在第五十七条中明确规定，特定地区内新设立的国家需要重点扶持的高新技术企业、国家已确定的其他鼓励类企业等都可以按照国务院规定享受减免税优惠。对于企业而言，如果能享受所得税名义税率优惠，那么无论企业是进行内部投资还是外部投资，其投资获得的收益总是可以按照更低的名义税率缴纳企业所得税，这在无形中提高了企业投资的税后利润率，因此无论是内部投资还是外部投资，对企业来说都更具有吸引力。同时，名义税率优惠提高企业税后利润率的直接后果是，企业可用于投资的现金流增加，进行内部投资和外部投资的能力更强。名义税收优惠水平同时提高了企业进行内部投资和外部投资的投资意愿和投资能力，因此本章提出假设 1：我国企业享受的名义税收优惠水平与企业的内部投资规模和外部投资规模都成正比。

实际税收优惠是国家实施税收优惠政策的微观结果，它体现的是由于实施企业所得税优惠政策，使企业最终在实际上享受到的所得税优惠水平。除了所得税名义税率优惠外，我国企业还享受多种类型的税收优惠政策。如我国企业所得税法实施细则规定，企业购置并实际使用《环境保护专用设备企业所得税优惠目录》、《节能节水专用设备企业所得税优惠目录》和《安全生产专用设备企业所得税优惠目录》规定的环境保护、节能节水、安全生产等专用设备，该专用设备投资额的 10% 可以从企业当年的应纳税额中抵免；当年不足抵免的，可以在以后 5 个纳税年度结转中抵免。同样，由于政府实施所得税优惠政策，使企业的所得税纳税额减少，这相当于政府为企业提供无偿的资金援助，企业税后利润增加、现金流充裕，为企业扩大投资规模提供了有利条件。企业享受的实际税收优惠有利于促进企业投资决策行为，因此，本章提出假设 2：我国企业享受的实际税收优惠水平与企业的内部投资规模和外部投资规模都成正比。

税费返还率是企业当年度缴纳的全部税费中获得返还的比例，一般来说，出口退税是企业获得税费返还的主要来源，但是我国地方政府为了吸引投资，也通过各种形式为企业提供税费返还政策。2010 年审计署公布的《17 个省区市财政管理情况审计调查结果》揭露，从 2008 年 1 月到 2009 年 6 月，有 7 个省级和 59 个省以下地方政府及开发区为了吸引投资，违规出台税收减免和先征后返政策。如广西壮族自治区下属某县规定，外来客商到本地投资置业，从获利之年起，按规定上缴企业所得税后政府采用先征后拨款扶持的办法，即前三年拨款扶持县属部分的 100%，第四年、第五年拨款扶持县属部分的 50%。因此，尽管我国企业获得税费返还的主要来源是出口退税政策，但也有相当一部分来源于地方政府提供的投资激励政策，企业享受的税费返还率可能对企业的投资规模，特别是内部投资规模有着重要的影响。相应地，本章提出假设 3：我国企业享受的税费返还率与企业的内部投资规模和外部投资规模都成正比。

表 4 – 1 总结了本章关于我国税收优惠政策对企业投资决策行为影响提出的研究假设。

表 4 – 1　　　　　税收优惠水平与企业投资决策行为的研究假设

研究假设	内部投资规模	外部投资规模
假设 1：名义税收优惠	正比	正比
假设 2：实际税收优惠	正比	正比
假设 3：税费返还率	正比	正比

二　税收优惠与企业投资决策行为的计量模型设定

为了验证本章提出的研究假设，本书构建如下计量模型：

$$ininvest = c + \beta\ taxpre + \gamma\ control + \varepsilon \qquad (4.1)$$

$$outinvest = c + \beta\ taxpre + \gamma\ control + \varepsilon \qquad (4.2)$$

其中，$ininvest$ 表示企业的内部投资规模，$outinvest$ 表示企业的外部投资规模，它们的计算方法参见本书第三章第一节。本书关注的核心解释变量是税收优惠水平 $taxpre$，它包括名义税收优惠 $ntaxpre$、实际税收优惠 $rtaxpre$ 和税费返还率 $backtaxpre$ 三个指标，它们的计算方法参见本书第三章第一节。

为了对模型进行有效估计，本书还引入了一系列与企业投资决策相关的控制变量，在模型中以 *control* 表示。主要包括：（1）企业规模（*size*），它用企业的年末资产总额表示，为了使数据更平滑，在实证分析中对其进行取对数处理。一般来说，企业的资产规模越大，则表明其经济实力越雄厚，企业的投资能力也就越强，因此预期 *size* 与 *ininvest* 和 *outinvest* 成正比。为了进一步考察企业规模与企业投资规模之间是否存在非线性关系，本书在模型中引入 *size* 的二次项作为控制变量，此时主要考察模型中 *size* 二次项的系数符号，而其一次项的符号可以适当忽略。如果 *size* 二次项的系数符号为正，则表明企业规模与企业投资规模之间存在正 U 形关系，其结果表示规模较小和较大的企业投资规模比较大，而规模在所有样本企业中居中的企业投资规模比较小；反之则相反。由于没有充分依据说明企业规模与企业投资规模存在正 U 形还是倒 U 形关系，因此预期 *size* 二次项的符号不确定。（2）财务杠杆（*fil*），它由企业的年末负债总额除以年末资产总额表示。如果企业的财务杠杆水平越高，则表明其债务负担水平越高，一方面企业可以使用债务资金进行各方面投资，其投资意愿增强；另一方面债务负担水平高的企业进一步借债较为困难，其投资能力减弱。此外，财务杠杆不同的企业在内部投资和外部投资的意愿上也会有所差异，财务杠杆水平较高的企业，由于资金借贷的成本较高，企业更愿意将资金用于扩大再生产的内部投资；相反，对于财务杠杆水平较低的企业，由于企业的自有资金比较充裕，可以进行外部投资以分散经营风险。因此，财务杠杆（*fil*）的符号方向需要结合具体情况进行分析。（3）资本密集度（*capit*），它由企业的固定资产净额除以年末资产总额计算得到。如果企业全部资产中固定资产的比重越高，则每年产生的固定资产折旧费用越高，每年需要进行更多的内部投资以维持正常运转，因此当被解释变量为企业内部投资规模时，预期资本密集度（*capit*）的符号为正。同时，由于企业在一定时期内可用于投资的资金规模是一定的，较高的固定资产比重要求企业将更多资金用于内部投资，则企业用于外部投资的资金规模将会相应地减少，因此当被解释变量为企业外部投资规模时，预期资本密集度（*capit*）的符号为负。（4）盈利水平（*prl*），由企业当年度利润总额除以年末资产总额表示。对于刚设立的企业来说，其初始投资资金主要来源于企业股东的资本金投入，而当企业运行逐渐步入正轨后，企业扩大再生产投资的资金除了股东的资本金投入外，对外借款、利润积累等也都是重要的资金来源，盈利水平越高的企业进行扩大再生产投资的能力也越强，因此预期 *prl* 与 *ininvest* 成正比。不过盈利水平高的企业不一定就具有较高的外部投资意愿，因此 *prl* 与 *outinvest* 的关系并不确定。(5) 国有股权（*state*），它由国有股股数除以所有股股数计算得到的；高级管理层持股（*pexshare*），它由高级管理层持股股数除以所有股股数计算得到。在模型中引入 *state* 和 *pexshare* 两个控制变量，是为了考察股权结构对企业投资决策行为的影响。一般来说，国有股权在企业投资决策上可能更趋于保守，而高级管理层持股可能更具有投资冲动，当然，现实的情况也可能与此相悖，但可以确定的是它们的投资决策特征与普通股权有较大差异，因此可以通过观察 *state* 和 *pexshare* 两个控制变量的系数符号来确认国有股权和高级管理层持股在投资决策上的特征。(6) 东部地区（*east*）、东北部地区（*northeast*）和中部地区（*middle*），它们都是地区哑变量，当企业注册地在上述某个地区时，该哑变量的值取 1，否则为 0。由于本书将我国分成四个区域，因此这三个虚拟变量的经济含义分别表示这三个地区在企业投资规模上与西部地区存在的差异。如本书第三章第三节所述，我国东部、东北部、中部和西部地区企业的内部投资规模和外部投资规模在平均值上有所差异，但数值本身并不能报告这种差异在统计上是否显著，本书引入地区哑变量的目的正是为了考察我国不同地区企业投资决策行为的差异是否具有统计上的显著性。

第二节　税收优惠与企业投资决策行为的实证结果

一　变量的描述性统计与散点图观察

（一）相关变量的描述性统计

本书使用 2008—2012 年我国沪深 A 股上市公司作为样本，并做如下处理：(1) 由于金融保险类企业的资产结构、会计准则等与其他类型企业不同，所以按照研究惯例剔除金融保险类公司的数据。(2) 删除利润总额小于 0、所得税费用小于 0 以及资不抵债的企业样本。(3) 一般情况下企业的所得税名义税率介于 0 到 25% 之间，但个别企业由于特殊原因，其实际的所得税名义税率会超出国家法定税率，因此删除名义税收优惠水平小于 0 或大于 25% 的企业样本。（4）一般情况下企业的所得税实际税率介于 0 到 1 之间，但特殊情况下会出现部分企业所得税实际税率低于 0 或高于 1 的情形，因此参照吴联生（2009）、吴文锋和吴冲锋（2009）等文献的做法，删除实际税收优惠水平小于 - 75% 或大于 25% 的企业样本。① （5）一般情况下企业获得的税费返还总是小于当年度缴纳的税费总额，但由于特殊原因会出现与此相反的情况，因此删除税费返还率大于 100% 的企业样本。（6）剔除相关数据缺失的样本。本章使用的数据全部来自国泰安 CSMAR 系列数据库，需要说明的是，为了最大限度地保留样本数量，上述样本筛选过程针对不同的核心解释变量和被解释变量分别进行，因此不同模型所使用的样本数量并不一致，具体可见本书对于模型估计结果的报告。同时，为了剔除极端值对模型估计结果带来的影响，进一步对连续变量做了临界值为 0.01 的 Winsor 缩尾处理。② 表 4 - 2 给出了变量的描述性统计结果。

表 4 - 2　　　　　　　　　　变量的描述性统计结果

变量名称	解释	平均值	最大值	最小值	标准差
ininvest	内部投资规模（%）	6.37	26.84	0.02	5.74
outinvest	外部投资规模（%）	4.76	46.65	0.00	8.52
ntaxpre	名义税收优惠（%）	5.18	15	0.00	4.35
rtaxpre	实际税收优惠（%）	5.66	25.00	- 45.92	11.80
backtaxpre	税费返还率（%）	11.01	90.67	0.00	19.41
size	企业规模（对数值）	21.74	25.56	19.31	1.23
fil	财务杠杆（%）	43.27	86.97	3.47	21.66
capit	资本密集度（%）	22.69	74.30	0.21	17.20
prl	盈利水平（%）	6.47	25.76	0.27	4.91
state	国有股权（%）	9.90	73.59	0.00	19.01
pexshare	高级管理层持股（%）	8.11	68.96	0.00	17.74

---

① 由于上市公司财务报表是合并报表，许多企业会出现所得税实际税率远高于名义税率的情况，尽管这种情况不是税收优惠政策本身造成，但只要企业缴纳的所得税费用少于当年度的利润总额，就没有充分的理由将其视为异常情况，同时为了增加计量模型估计的样本数，此处将实际税收优惠水平的下限阈值从第三章第一节使用的 0 降低到 - 75%，即将企业所得税实际税率介于 0 到 1 之间的企业纳入样本范围。下同。

② 可进一步参见吴从锋、赵卫斌（2011），孔东民、刘莎莎、黎文靖等（2012），郭飞（2012）等文献。

变量名称	解释	平均值	最大值	最小值	标准差
east	东部地区（哑变量）	0.63	1.00	0.00	0.48
northeast	东北部地区（哑变量）	0.06	1.00	0.00	0.24
middle	中部地区（哑变量）	0.15	1.00	0.00	0.36

从表4-2中可以看出，我国企业的内部投资规模在数值上要高于外部投资规模，这一结果与表3-5所显示的结果一致。对于企业享受税收优惠水平的指标，可以发现名义税收优惠、税费返还率两个指标的平均值与表3-2的结果一致，而实际税收优惠水平的平均值为表3-2结果的一半左右，原因在于表4-2所使用的样本是在表3-2样本的基础上，将实际税收优惠水平的下限阈值从0放宽到-75%，从而对其平均水平产生了很大的影响。对其他控制变量的描述性统计可以看出，由于企业规模（*size*）进行了取对数处理，不同企业在*size*指标上的数值差异比较小，数据更加平滑；财务杠杆（*fil*）的平均值为43.27%，表明我国上市公司的资产结构中负债的比例约为43.27%，所有者权益的比重要高于负债比重；盈利水平（*prl*）的平均值为6.47%，即我国上市公司的利润总额约占总资产的6.47%；国有股权（*state*）的平均值为9.90%，高级管理层持股（*pexhsare*）的平均值为8.11%，从而反映我国上市公司的企业治理结构特点；地区哑变量的结果则表明，来自东部地区的企业样本为63%，东北部地区为6%，中部地区为15%，而剩下16%的企业样本来自西部地区。

（二）税收优惠与企业投资决策行为的散点图观察

为了直观地描述政府税收优惠政策对企业投资决策行为产生的影响，图4-1到图4-6分别报告了各税收优惠衡量指标与企业投资决策行为指标的散点图以及对应的拟合直线，其中横轴表示各税收优惠衡量指标，纵轴表示各企业投资决策行为指标，可以通过拟合直线的斜率来判断它们之间的相关关系。

图4-1显示拟合直线的斜率为正，表明我国企业的内部投资规模与名义税收优惠呈正相关关系，随着名义税收优惠水平的提高，我国企业的内部投资规模也相应地提高。图4-2显示拟合直线的斜率为负，表明我国企业的外部投资规模与名义税收优惠呈负相关关系，随着名义税收优惠水平的提高，我国企业的外部投资规模也随之降低。图4-3和图4-4中

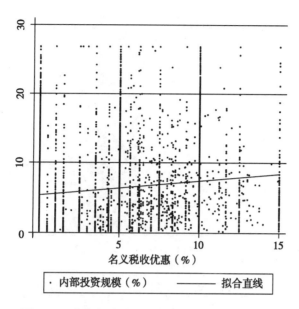

图4-1　内部投资规模与名义税收优惠的散点图

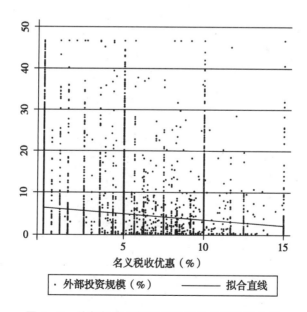

图4-2　外部投资规模与名义税收优惠的散点图

的拟合直线斜率都为正,表明我国企业的内部投资规模和外部投资规模都
与实际税收优惠呈正相关关系,随着企业享受实际税收优惠水平的提高,
企业的内部投资规模和外部投资规模也都随之提高。图4-5和图4-6中

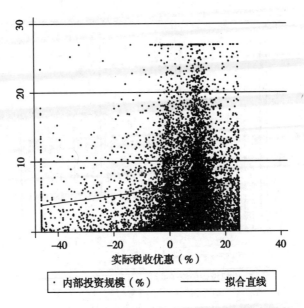

图4-3 内部投资规模与实际税收优惠的散点图

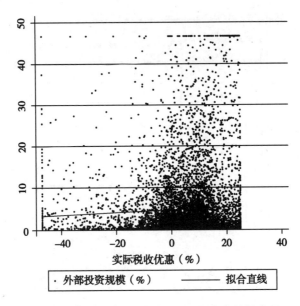

图4-4 外部投资规模与实际税收优惠的散点图

的拟合直线几乎都与横轴平行，或者呈现略微的倾斜，表明我国企业的内部投资规模和外部投资规模都与税费返还率不相关，或者可能呈微弱的正相关关系。以上只是根据税收优惠与企业市场行为散点图中拟合直线的斜

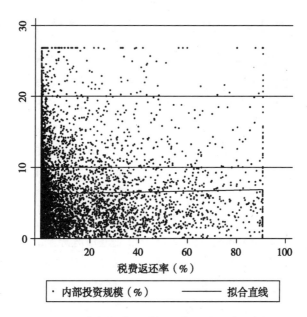

图4-5　内部投资规模与税费返还率的散点图

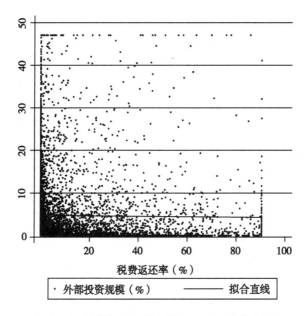

图4-6　外部投资规模与税费返还率的散点图

率来直观地判断它们之间的相关关系，而具体情况则还需要通过计量模型进行进一步的深入研究。

二　税收优惠与企业投资决策行为模型的估计结果

使用 2008—2012 年我国上市公司的数据，对本章提出的计量模型进行多元线性模型回归和面板数据模型回归。由于模型可能存在异方差或扰动项自相关的问题，从而导致用普通标准差计算的 t 检验失效，因此本书使用稳健标准差，它无须球型扰动项假设就能计算得到，可以获得更为有效的估计结果。在模型的选择原则上，一般的方法是根据 F 检验的结果来判断是选择多元线性回归模型还是面板数据模型，如果 F 检验结果显示选择面板数据模型，则进一步根据 Hausman 检验的结果判断是选择固定效应模型还是随机效应模型。本书一方面遵循上述方法进行模型结果的筛选；但另一方面，由于样本过滤、企业新上市或退市等原因，许多企业在个别年份的样本数据丢失，将样本作为面板数据进行估计的效率可能并不高，因此除了按照检验结果选择模型以外，本书倾向于优先选择多元线性回归模型的结果。当然，如果多元线性回归模型的结果与面板数据模型的结果一致，则可以显示出模型估计结果的可靠性和稳健性。根据上述模型选择原则，下文以字体加粗的方法表示模型选择的结果。同时需要说明的是，由于固定效应模型不能对历年数值不变的变量进行估计，因此固定效应模型结果中没有报告区域控制变量的估计结果。

（一）名义税收优惠与企业投资决策模型的估计结果分析

表 4 – 3 显示的是当核心解释变量为名义税收优惠（ntaxpre）时的模型估计结果。其中，模型 1 到模型 3 所对应的被解释变量为内部投资规模（ininvest），F 检验值为 3.78（P 值 0.00），Hausman 检验值为 549.71（P 值 0.00），应选择固定效应模型；模型 4 到模型 6 所对应的被解释变量为外部投资规模（outinvest），F 检验值为 14.59（P 值 0.00），Hausman 检验值为 179.58（P 值 0.00），应选择固定效应模型。此外，本表（表 4 – 3）保留面板数据随机效应模型的估计结果作为对照。

表 4 – 3　　　　名义税收优惠与企业投资决策模型的估计结果

变量	ininvest			outinvest		
	模型 1	模型 2	模型 3	模型 4	模型 5	模型 6
ntaxpre	0.172 ***	0.095 ***	0.142 ***	– 0.255 ***	– 0.008	– 0.082 ***
	(11.98)	(4.62)	(8.59)	(– 11.12)	(– 0.35)	(– 4.17)

续表

变量	ininvest			outinvest		
	模型 1	模型 2	模型 3	模型 4	模型 5	模型 6
ln_size	4.118***	16.343***	6.553***	9.504***	-1.433	1.365
	(3.61)	(4.01)	(3.84)	(4.23)	(-0.22)	(0.31)
ln_size²	-0.085***	-0.373***	-0.140***	-0.198***	0.023	-0.026
	(-3.32)	(-4.00)	(-3.65)	(-3.92)	(0.16)	(-0.27)
fil	-0.017***	0.026**	-0.012**	-0.069***	-0.051***	-0.038***
	(-4.78)	(2.55)	(-2.54)	(-9.95)	(-2.68)	(-3.03)
capit	0.116***	-0.078***	0.067***	-0.055***	-0.045***	-0.039***
	(30.85)	(-5.37)	(10.38)	(-10.85)	(-4.02)	(-4.97)
prl	0.085***	0.050**	0.069***	-0.134***	-0.059*	-0.068**
	(6.66)	(2.50)	(4.40)	(-5.73)	(-1.95)	(-2.59)
state	-0.003	0.013***	0.003	-0.018***	-0.009*	-0.005
	(-0.97)	(2.65)	(0.77)	(-3.65)	(-1.95)	(-1.23)
pexshare	0.043***	-0.046***	0.027***	-0.107***	-0.007***	-0.069***
	(10.60)	(-3.53)	(4.95)	(-24.08)	(-0.68)	(-10.04)
east	-0.104		-0.087	-0.051		-0.323
	(-0.59)		(-0.34)	(-0.19)		(-0.67)
northeast	-0.504*		-0.656	0.715		1.044
	(-1.74)		(-1.57)	(1.33)		(1.15)
middle	0.034		0.197	-1.723***		-1.504***
	(0.16)		(0.63)	(-6.08)		(-3.02)
_cons	-46.536***	-171.881***	-71.804***	-100.411***	28.871	-8.395
	(-3.65)	(-3.86)	(-3.80)	(-4.03)	(0.40)	(-0.17)
样本数	8501	8501	8501	8077	8077	8077
R²	0.154	0.114	0.223	0.089	0.003	0.088
估计方法	OLS+稳健标准差	固定效应+稳健标准差	随机效应+稳健标准差	OLS+稳健标准差	固定效应+稳健标准差	随机效应+稳健标准差

注：***、**、*分别表示系数在0.01、0.05、0.1的显著性水平上显著，黑体部分为本书选择解说的模型。

从表4-3中可以看到，无论是模型1还是模型2，ntaxpre的系数都为正，且都在0.01的显著性水平上显著，这表明企业享受的所得税名义税率优惠与企业的内部投资规模成正比，与本章研究假设1所预期的结果一致。模型 4 中 *ntaxpre* 的系数符号为负，也在 0.01 的显著性水平上显著，模型 5 中 *ntaxpre* 的系数符号为负但不显著，这表明企业享受的所得税名义税率优惠与企业的外部投资规模成反比，与本章研究假设 1 所预期的结果相反，其原因可能在于企业所得税名义税率优惠对企业内部投资的激励效果比较明显，企业将更多的剩余资金投入到扩大再生产的内部投资中，但所得税名义税率优惠对企业外部投资的激励作用非常有限，同时，由于企业的资金是有限的，内部投资规模的增加意味着企业可用于外部投资的资金规模减小。

size 的一次项在模型 1、模型 2 和模型 4 中都显著为正，其二次项在这三个模型中都显著为负，表明企业规模与企业的内部投资规模和外部投资规模都呈倒 U 形曲线关系，企业规模较小或者较大的企业所进行的内部投资和外部投资的规模都比较小，而企业规模在所有企业中处于中间位置的企业所进行的投资规模比较大。*fil* 在模型 1 和模型 2 中的符号相反，且都在 0.05 的显著性水平上显著，表明财务杠杆对企业内部投资规模的影响并不稳定，不过它在模型 4 和模型 5 中都显著为负，表明财务杠杆越高的企业，其外部投资规模越低，其原因正如本章研究假设中所论述的，企业更愿意将借债获得的资金用于扩大再生产的内部投资，而不是进行外部投资。*capit* 在模型 1 和模型 2 中的系数符号相反，表明该变量的系数估计结果并不稳定，无法判断资本密集度对企业内部投资规模的影响，但它在模型 4 和模型 5 中都显著为负，表明企业的资本密集度与外部投资规模成反比，即企业的固定资产比重越高，则企业用于外部投资的资金相应越少。*prl* 在模型 1 和模型 2 中都显著为正，表明盈利水平越高的企业，越有能力将更多的资金用于内部投资，但是 *prl* 在模型 4 和模型 5 中的符号显著为负，表明盈利水平越高的企业倾向于将越少的资金用于外部投资。*state* 和 *pexshare* 的系数符号表明：国有股权比重越高的企业，用于内部投资的资金规模越多，但用于外部投资的资金规模越少；高级管理层持股比重显著降低了企业的外部投资规模，但对内部投资规模的影响不确定。此外，*east*、*northeast* 和 *middle* 三个地区虚拟变量的估计结果显示，东北部地区的内部投资规模要显著低于西部地区 0.504 个百分点，中部地区的外部投资规模要显著低于西部地区 1.723 个百分点，这与本书第三章第三节的分析结果一致，其他地区的内部投资规模和外部投资规模与西部地区相比在统计上并无显著差异。

（二）实际税收优惠与企业投资决策模型的估计结果分析

表4-4显示的是当核心解释变量为实际税收优惠（rtaxpre）时的模型估计结果。其中，模型7到模型9所对应的被解释变量为内部投资规模（ininvest），F检验值为3.88（P值0.00），Hausman检验值为547.48（P值0.00），应选择固定效应模型；模型10到模型12所对应的被解释变量为外部投资规模（outinvest），F检验值为14.85（P值0.00），Hausman检验值为159.57（P值0.00），应选择固定效应模型。同表4-3一致，本表（表4-4）保留面板数据随机效应模型的估计结果作为对照。

表4-4　　　　实际税收优惠与企业投资决策模型的估计结果

变量	ininvest			outinvest		
	模型7	模型8	模型9	模型10	模型11	模型12
rtaxpre	0.034***	0.018***	0.028***	0.057***	0.020**	0.024***
	(7.11)	(2.79)	(5.19)	(6.04)	(2.35)	(3.03)
ln_size	5.461***	17.338***	8.056***	7.718***	-0.683	1.001
	(4.82)	(4.36)	(4.77)	(3.51)	(-0.11)	(0.23)
ln_size^2	-0.115***	-0.393***	-0.173***	-0.157***	0.006	-0.018
	(-4.54)	(-4.31)	(-4.55)	(-3.18)	(0.04)	(-0.19)
fil	-0.021***	0.029***	-0.015***	-0.051***	-0.052***	-0.035***
	(-6.01)	(2.88)	(-3.15)	(-7.64)	(-2.69)	(-2.77)
capit	0.115***	-0.075***	0.066***	-0.057***	-0.045***	-0.039***
	(30.17)	(-5.18)	(9.99)	(-11.12)	(-3.99)	(-4.93)
prl	0.066***	0.040**	0.051***	-0.138***	-0.068**	-0.076***
	(5.12)	(1.98)	(3.25)	(-5.93)	(-2.20)	(-2.83)
state	-0.006**	0.012**	0.001	-0.017***	-0.010**	-0.004
	(-2.07)	(2.57)	(0.14)	(-3.30)	(-2.12)	(-1.14)
pexshare	0.049***	-0.046***	0.031***	-0.122***	-0.006	-0.072***
	(12.33)	(-3.60)	(5.92)	(-25.56)	(-0.59)	(-10.31)
east	-0.262		-0.204	0.262		-0.263
	(-1.47)		(-0.78)	(0.95)		(-0.54)
northeast	-0.901***		-0.983**	1.508***		1.331
	(-3.12)		(-2.34)	(2.77)		(1.45)
middle	-0.113		0.065	-1.409***		-1.424***
	(-0.53)		(0.20)	(-4.97)		(-2.85)

变量	*ininvest*			*outinvest*		
	模型 7	模型 8	模型 9	模型 10	模型 11	模型 12
_*cons*	−60.349 ***	−184.003 ***	−87.855 ***	−83.401 ***	20.486	−5.025
	（−4.77）	（−4.23）	（−4.69）	（−3.42）	（0.28）	（−0.10）
样本数	8577	8577	8577	8137	8137	8137
R^2	0.143	0.119	0.209	0.080	0.004	0.074
估计方法	OLS + 稳健标准差	固定效应 + 稳健标准差	随机效应 + 稳健标准差	OLS + 稳健标准差	固定效应 + 稳健标准差	随机效应 + 稳健标准差

注：***、**、* 分别表示系数在 0.01、0.05、0.1 的显著性水平上显著，黑体部分为本书选择解说的模型。

从表 4 - 4 中可以看到，在模型 7 和模型 8 中 *rtaxpre* 的系数为正，且都在 0.01 的显著性水平上显著；表明企业享受的实际税收优惠水平与企业内部投资规模成正比，即由于企业享受各种激励投资的所得税优惠，随着企业获得的实际税收优惠水平的提高，企业所开展的内部投资规模也随之提高。模型 10 和模型 11 中 *rtaxpre* 的系数都显著为正，表明企业享受的实际税收优惠水平与外部投资规模成正比，随着企业享受实际税收优惠水平的提高，企业的外部投资规模也随之提高。

对于控制变量的估计结果，可以发现 *size*、*fil*、*capit*、*prl*、*state*、*pexshare* 等变量的系数符号方向以及显著性水平等基本上都与表 4 - 3 的结果一致，这里不再解释。对于 *east*、*northeast*、*middle* 三个区域虚拟变量的估计结果，除模型 10 中 *northeast* 的系数显著为正外，其他变量的估计结果与表 4 - 3 显示的结果一致，进一步表明我国东北部地区的外部投资规模比西部地区显著高 1.508 个百分点。

（三）税费返还率与企业投资决策模型的估计结果分析

表 4 - 5 显示的是当核心解释变量为税费返还率（*backtaxpre*）时的模型估计结果。其中，模型 13 到模型 15 所对应的被解释变量为内部投资规模（*ininvest*），F 检验值为 3.76（P 值 0.00），Hausman 检验值为 507.12（P 值 0.00），应选择固定效应模型；模型 16 到模型 18 所对应的被解释变量为外部投资规模（*outinvest*），F 检验值为 15.44（P 值 0.00），Hausman 检验值为 135.67（P 值 0.00），应选择固定效应模型。与表 4 - 3 和表 4 - 4 一致，本表（表 4 - 5）保留面板数据随机效应模型的估计结果作为对照。

表 4 – 5　　　　　　　税费返还率与企业投资决策模型的估计结果

变量	ininvest			outinvest		
	模型 13	模型 14	模型 15	模型 16	模型 17	模型 18
$backtaxpre$	**0. 007 *****	**0. 011 ***	0. 010 **	**− 0. 006**	**0. 004**	− 0. 009
	(2. 11)	**(1. 84)**	(2. 47)	**(− 1. 11)**	**(0. 80)**	(− 0. 19)
ln_size	**5. 015 ******	**16. 853 ******	7. 398 ******	**9. 400 ******	**1. 637**	2. 073
	(4. 11)	**(3. 88)**	(4. 13)	**(4. 28)**	**(0. 27)**	(0. 50)
ln_size^2	**− 0. 104 ******	**− 0. 384 ******	− 0. 159 ******	**− 0. 196 ******	**− 0. 045**	− 0. 042
	(− 3. 82)	**(− 3. 86)**	(− 3. 93)	**(− 3. 98)**	**(− 0. 33)**	(− 0. 45)
fil	**− 0. 022 ******	**0. 036 ******	− 0. 014 ******	**− 0. 061 ******	**− 0. 056 ******	− 0. 040 ******
	(− 6. 21)	**(3. 42)**	(− 2. 78)	**(− 8. 79)**	**(− 2. 99)**	(− 3. 26)
$capit$	**0. 111 ******	**− 0. 077 ******	0. 064 ******	**− 0. 044 ******	**− 0. 048 ******	− 0. 039 ******
	(28. 22)	**(− 5. 05)**	(9. 43)	**(− 8. 69)**	**(− 4. 32)**	(− 5. 01)
prl	**0. 086 ******	**0. 052 ***	0. 071 ******	**− 0. 117 ******	**− 0. 030**	− 0. 045 *
	(6. 57)	**(2. 47)**	(4. 39)	**(− 4. 80)**	**(− 1. 08)**	(− 1. 81)
$state$	**− 0. 004**	**0. 012 ***	0. 002	**− 0. 022 ******	**− 0. 007 ***	− 0. 004
	(− 1. 16)	**(2. 45)**	(0. 50)	**(− 4. 35)**	**(− 1. 72)**	(− 1. 02)
$pexshare$	**0. 050 ******	**− 0. 041 ******	0. 034 ******	**− 0. 120 ******	**− 0. 014**	− 0. 074 ******
	(12. 13)	**(− 3. 18)**	(6. 26)	**(− 24. 33)**	**(− 1. 63)**	(− 10. 80)
$east$	**− 0. 483 ******		− 0. 425	**0. 181**		− 0. 373
	(− 2. 61)		(− 1. 55)	**(0. 63)**		(− 0. 75)
$northeast$	**− 0. 982 ******		− 1. 037 **	**1. 240 ***		1. 205
	(− 3. 35)		(− 2. 44)	**(2. 24)**		(1. 29)
$middle$	**− 0. 198**		− 8. 10e-4	**− 1. 489 ******		− 1. 457 ******
	(− 0. 90)		(− 0. 00)	**(− 5. 13)**		(− 2. 85)
$\_cons$	**− 55. 397 ******	**− 177. 871 ******	− 80. 382 ******	**− 101. 037 ******	**− 5. 751**	− 16. 899
	(− 4. 07)	**(− 3. 75)**	(− 4. 05)	**(− 4. 14)**	**(− 0. 09)**	(− 0. 36)
样本数	**7884**	**7884**	7884	**7571**	**7571**	7571
R^2	**0. 135**	**0. 122**	0. 198	**0. 072**	**0. 002**	0. 069
估计方法	**OLS + 稳健 标准差**	**固定效应 + 稳健标准差**	随机效应 + 稳健标准差	**OLS + 稳健 标准差**	**固定效应 + 稳健标准差**	随机效应 + 稳健标准差

注：***、**、* 分别表示系数在 0. 01、0. 05、0. 1 的显著性水平上显著，黑体部分为本书选择解说的模型。

从表 4 – 5 中可以看到，模型 13 中 $backtaxpre$ 的系数为正，且在 0. 05 的显著性水平上显著，模型 14 中 *backtaxpre* 的系数为正，且在 0.1 的显著性水平上显著，表明我国企业享受的税费返还率优惠与企业的内部投资规模成正比，这与本章研究假设 3 所预期的结果一致。对企业来说，从政府处获得一定的税费返还，相当于政府为企业的内部投资行为提供无偿的资金援助，企业的投资能力随之提高。但是，在模型 16 和模型 17 中，*backtaxpre* 的系数在统计上并不显著，表明税费返还率优惠对企业的外部投资规模并无显著的影响，即税费返还率优惠并未发挥促进企业外部投资规模的作用。

对于控制变量的估计结果，可以发现 *size*、*fil*、*capit*、*prl*、*state*、*pexshare* 等变量的系数符号方向以及显著性水平基本上都与表 4 - 3 和表 4 - 4 一致，这进一步显示了模型估计结果在总体上的稳健性。表 4 - 5 中 *northeast* 和 *middle* 两个区域控制变量的系数符号和显著性水平，与表 4 - 4 的结果相一致，也与第三章第三节报告的我国企业分区域的投资决策行为特征的统计结果相一致。不过，在模型 13 中 *east* 的系数显著为负，尽管与表 4 - 3 和表 4 - 4 的结果不一致，但也与第三章第三节所报告的统计结果一致。

三 税收优惠与企业投资决策行为模型的稳健性检验

（一）税收优惠与企业投资决策行为模型的分位数回归结果分析

本章表 4 - 3、表 4 - 4 和表 4 - 5 所报告的都是均值回归的结果，即着重考察解释变量 x 对被解释变量 y 的条件期望 E（y | x）的影响，但存在的一个问题是整个样本的条件分布 y | x 可能并不是对称分布，均值回归的结果将会使得条件期望 E（y | x）难以反映整个条件分布 y | x 的整体状况。[1] 也就是说，我国企业内部投资规模和外部投资规模对于其享受的税收优惠水平的条件分布可能并不对称，而且对于学术研究而言，我们更希望看到整个条件分布的不同条件分位数情况，从而对于税收优惠对企业投资决策行为的影响有更全面的认识。此外，由于均值回归的原理是实现目标函数的残差平方和最小化，其结果容易受极端值影响，而分位数回归可以缓解这一问题。因此，本书使用 Koenker 和 Bassett（1978）提出的分位数回归（Quantile Regression）方法[2]，选取 "0.1、0.25、0.5、0.75、0.9" 这五个重要且具有代表性意义的分位数，对上述模型进行分位数回

---

[1] 陈强：《高级计量经济学及 Stata 应用》，高等教育出版社 2010 年版，第 333—351 页。

[2] Koenker, R. and G. Bassett, Regression Quantiles, Econometrica, No. 46, 1978, pp. 107 - 112.

归，以考察政府税收优惠政策对不同投资水平企业的影响差异，表4-6显示了分位数回归的结果。

表4-6　　　税收优惠与企业投资决策行为模型的分位数回归结果①

被解释变量	核心解释变量	分位数				
		0.1	0.25	0.5	0.75	0.9
ininvest	*ntaxpre*	**0.079 *****	**0.121 *****	**0.150 *****	**0.228 *****	**0.285 *****
		(11.68)	**(15.15)**	**(11.70)**	**(8.02)**	**(5.21)**
ininvest	*rtaxpre*	0.005 ***	0.010 ***	0.021 ***	0.043 ***	0.077 ***
		(2.72)	(3.25)	(5.59)	(6.84)	(5.50)
ininvest	*backtaxpre*	0.009 ***	0.009 ***	0.007 **	6.67e-5	0.005
		(7.98)	(5.78)	(3.84)	(0.02)	(0.77)
outinvest	*ntaxpre*	3.13e-5	-0.002 *	-0.053 ***	-0.252 ***	-0.689 ***
		(0.57)	(-1.84)	(-5.84)	(-6.96)	(-9.27)
outinvest	*rtaxpre*	-2.60e-6	-2.65e-4	0.002	0.035 ***	0.138 ***
		(-0.11)	(-0.72)	(0.40)	(3.12)	(7.13)
outinvest	*backtaxpre*	2.18e-5 *	3.29 **	1.68	-0.006	-0.016
		(1.75)	(2.25)	(0.13)	(-1.07)	(-0.86)

注：***、**、*分别表示系数在0.01、0.05、0.1的显著性水平上显著，黑体部分为本书选择解说的模型。

从表4-6中可以看到，名义税收优惠（*ntaxpre*）对企业内部投资规模（*ininvest*）在所有分位数上都存在显著的正相关关系，这与表4-3中模型1所显示的结果一致。*ntaxpre*在0.5分位数上的系数为0.150，这与模型1中*ntaxpre*的系数最为接近，但其他分位数上*ntaxpre*的系数大小则存在很大不同，因此确实存在均值回归掩盖整体样本条件分布不对称的问题。*ntaxpre*在0.1分位数上的系数为0.079，并且随着分位数的增加，*ntaxpre*的系数值也随之增加，在0.9分位数上的系数达到0.285，这表明我国内部投资规模比较小的企业，名义税收优惠对其激励作用比较小，而随着内部投资规模的增加，名义税收优惠对于企业开展内部投资活动的激励作用也随之增加，即存在内部投资规模越高，名义税收优惠对企业内部投资激励效果越明显的现象。实际税收优惠（*rtaxpre*）与企业内部投资规模

① 为了节省篇幅，此处仅报告核心解释变量的估计结果，下同。

（*ininvest*）在不同的分位数上也都存在显著的正相关关系，这一结果与表4-4中模型7的结果一致，而且随着分位数的增加，*rtaxpre* 的系数值也随之增加，即随着企业内部投资规模的增加，实际税收优惠对企业内部投资行为的激励效果也随之提高。税费返还率（*backtaxpre*）与企业内部投资规模（*ininvest*）分别在0.1、0.25和0.5的分位数上存在显著的正相关关系，但在0.75和0.9的分位数上并未通过显著性检验，这表明税费返还率只对内部投资规模比较小的企业产生激励效果。

名义税收优惠（*ntaxpre*）对外部投资规模（*outinvest*）的影响，除了0.1分位数以外，在其他分位数上都存在显著的负相关关系；实际税收优惠（*rtaxpre*）对外部投资规模（*outinvest*）的影响，则只在0.75和0.9的分位数上存在显著的正相关关系，上述结果与表4-3和表4-4中的结果一致。关于税费返还率（*backtaxpre*）对外部投资规模（*outinvest*）的影响，则只在0.1和0.25的分位数上显著为正，但在表4-5中模型16的结果显示，*backtaxpre* 与 *outinvest* 并不存在显著的相关关系，可能的原因正是由于 *backtaxpre* 在0.1和0.25分位数上的系数太小，而在其他分位数上的系数又不显著，综合在一起导致 *backtaxpre* 在整体上与 *outinvest* 不相关。

（二）税收优惠与企业投资决策行为模型的工具变量回归结果分析

政府制定的税收优惠政策在实施过程中具有很大的弹性，地方政府部门对于享受税收优惠政策的条件、对象、优惠力度等方面都有一定的选择性，比如在使用税收优惠政策吸引企业投资时，地方政府更偏向于吸引资产规模大、投资额大的企业来本地区开展投资项目，从而造成能够享受税收优惠的企业本身就具有较高的投资规模，这就是税收优惠作为解释变量可能存在的内生性问题，即税收优惠可以对企业的投资决策行为产生激励作用，但反过来，企业本身的投资规模也可能是其自身获得税收优惠政策的影响因素。为了解决税收优惠作为解释变量可能存在的内生性问题，本书尝试使用税收优惠3个衡量指标的一期滞后项作为它们的工具变量，使用工具变量法对模型进行重新估计，以纠正模型中可能存在的内生性问题。① 不过，本书使用的

① 在模型估计时，先以三个核心解释变量的一期滞后项作为其中一个变量的工具变量进行回归，通过过度识别检验来判断所有工具变量是否全部外生。如果通过过度识别检验，则以三个核心解释变量的一期滞后项全部作为工具变量；如果未能通过过度识别检验，则只以该变量自身的一期滞后项作为工具变量。下同。

是微观层面的数据，由于样本筛选等原因造成样本缺失严重，其本身作为面板数据的质量就不高，而对核心解释变量取一期滞后项以后，样本量再次大幅减少，再次大大降低了面板数据的完整性。因此，如果还继续将样本作为面板数据进行估计，其模型估计效率将会再次大大地降低。本书认为，在工具变量回归中，多元线性回归模型可能比面板数据模型具有更高的效率，因此表4-7选择线性回归模型作为选定的模型进行解说，但同时也提供面板数据模型的工具变量估计结果作为参照。

表4-7　税收优惠与企业投资决策行为模型的工具变量回归结果①

变量	ininvest			outinvest		
	线性回归模型	固定效应模型	随机效应模型	线性回归模型	固定效应模型	随机效应模型
ntaxpre	**0.168 *****	− 0. 302	0. 136 ***	**− 0. 303 *****	0. 112	− 0. 226 **
	(6. 48)	(− 1. 21)	(3. 44)	**(− 7. 33)**	(0. 40)	(− 2. 25)
rtaxpre	**0.081 *****	− 0. 507	0. 103 ***	**0. 063 ****	0. 106	− 0. 018
	(6. 81)	(− 0. 10)	(3. 76)	**(2. 53)**	(0. 37)	(− 0. 05)
backtaxpre	**− 0. 007**	− 0. 154	− 0. 004	**0. 002**	0. 158	− 0. 022
	(− 1. 30)	(− 0. 16)	(− 0. 57)	**(0. 27)**	(0. 51)	(− 1. 01)

注：*** 、** 、* 分别表示系数在0.01、0.05、0.1的显著性水平上显著，黑体部分为本书选择解说的模型。

通过表4-7与表4-3、表4-4和表4-5的对比，可以发现使用工具变量法与不使用工具变量法对模型估计结果大体上一致，但在个别地方有所差异。

关于名义税收优惠对企业投资决策行为的影响，表4-3和表4-7都显示，当被解释变量为*ininvest*时，无论是否使用工具变量法，*ntaxpre*的系数都显著为正，当被解释变量为*outinvest*时，无论是否使用工具变量法，*ntaxpre*的系数都显著为负。这一结果表明，不管*ntaxpre*是否存在内生性问题，也不管模型估计时是否考虑到*ntaxpre*可能存在的内生性问题，企业享受的名义税收优惠水平都与其内部投资规模成正比，都与其外部投资规模成反比，其实证结果非常稳健。

---

① 对模型的过度识别检验显示，所有模型应只以核心解释变量本身的一期滞后项作为工具变量。

关于实际税收优惠对企业投资决策行为的影响，表 4-4 和表 4-7 都显示，无论被解释变量是 *ininvest* 还是 *outinvest*，无论是否使用工具变量法，*rtaxpre* 的系数都显著为正。这一结果表明，在模型估计时不管是否纠正 *rtaxpre* 可能存在的内生性，企业享受的实际税收优惠水平都与其内部投资规模和外部投资规模成正比，并且该结果非常稳健。

关于税费返还率对企业投资决策行为的影响，表 4-5 显示 *backtaxpre* 可能与 *ininvest* 存在显著的正相关关系，与 *outinvest* 不相关。然而，表 4-7 则进一步显示，*backtaxpre* 对 *ininvest* 和 *outinvest* 都不存在显著的影响。这一结果表明，在考虑到 *backtaxpre* 可能存在的内生性问题后，模型估计结果显示企业享受的税费返还率并不对其投资决策行为产生影响。

第三节　税收优惠与企业投资决策　行为实证研究的主要结论

本章在前文就税收优惠对企业投资决策行为的作用机理进行论述的基础上，通过构建计量模型，使用 2008—2012 年我国沪深 A 股上市公司的公开财务数据，对税收优惠对企业投资决策行为的实际激励效果进行实证分析，主要结论有：

（1）名义税收优惠与企业的内部投资规模呈显著的正相关关系，实际税收优惠与企业的内部投资规模和外部投资规模都呈显著的正相关关系，税费返还率与企业的内部投资规模呈显著的正相关关系，以上实证结果都与本书在理论分析基础上提出的研究假设相一致，由此可以看出我国制定的税收优惠政策在促进企业投资决策上实现了既定的政策目标。

（2）名义税收优惠与企业的外部投资规模呈显著的负相关关系，这一结果与本书提出的研究假设不一致，由此可以看出我国制定的所得税税率优惠政策对企业外部投资的激励效果不佳。其原因一方面可能是该项税收优惠制度本身存在缺陷，无法实现既定的政策目标；另一方面也可能是由于企业内部投资与外部投资存在一定的竞争关系，名义税收优惠对企业内部投资的激励效果太明显，间接导致其对企业外部投资的激励效果不佳。税费返还率优惠与企业的外部投资规模不相关，也进一步表明相关税收优惠政策上可能存在的不足。

（3）从分位数回归结果来看，税收优惠水平对不同投资规模企业所存在的激励效果也是不同的：名义税收优惠和实际税收优惠，都是随着企业内部投资规模的上升，它们对企业内部投资的激励作用也随之上升；税费返还率只对内部投资规模和外部投资规模比较小的企业产生显著的投资激励效果；实际税收优惠只对外部投资规模比较大的企业产生显著的投资激励效果。如果进一步考虑到税收优惠可能存在的内生性问题，使用工具变量法对模型进行估计表明，本章关于名义税收优惠和实际税收优惠对企业投资决策行为影响的结论非常稳健，而税费返还率对企业投资决策行为存在的激励效果，可能并不稳健。

（4）对于控制变量而言，可以发现企业规模与企业的内部投资规模和外部投资规模都存在显著的倒 U 形曲线关系，并且地区虚拟变量的设置也进一步验证了我国东部、东北部、中部和西部地区企业在内部投资规模和外部投资规模上的显著差异。

第五章

税收优惠与企业科技创新
行为的实证分析

科技创新是经济增长与社会进步的源泉，从人类社会发展的历史进程来看，每一次生产力水平的提高和社会形态的演进，都与科技创新密切相关。在现代社会，企业是科技创新的重要主体，但由于科技创新活动的正外部性和不确定性，政府有必要为本国企业提供良好的政策环境，其中税收优惠政策是政府的重要政策工具之一。本章在前文就税收优惠对企业科技创新行为的作用机制进行理论分析的基础上，使用我国沪深 A 股上市公司的经验数据来分析税收优惠政策对企业科技创新行为存在的实际影响，从而对我国激励企业科技创新行为的税收优惠政策实施效果进行评估。

第一节　税收优惠与企业科技创新行为的分析框架

一　税收优惠与企业科技创新行为的研究假设

根据数据的可得性，构建研发支出占比和开发支出占比作为我国企业科技创新行为的衡量指标。这两个指标在经济含义上有所差别：研发支出是企业当年度进行科技创新活动而产生的支出总额，反映当年度从事科技创新活动的强度；开发支出是企业在年末时点上积累的满足资本化条件的研发支出规模，一定程度上反映科技创新活动积累的成果。尽管它们在经济含义上存在差别，但本书构建的名义税收优惠、实际税收优惠和税费返还率三个指标对它们的影响方向是一致的。因为，从企业微观层面的视角来分析，无论是哪种类型的税收优惠政策，对企业科技创新行为的激励效果都与其优惠力度成正比。

不管是从税收优惠的力度还是数量来说，我国当前促进企业技术创新的税收优惠政策主要还是以企业所得税优惠为主。我国企业所得税法规定，国家需要重点扶持的高新技术企业，减按15%的税率征收企业所得税，并且明确要求享受优惠的高新技术企业研发费用占销售收入的比重不得低于规定比例。对企业而言，为了享受政府的所得税税率优惠，就会努力增加科技创新投入，因此，企业的名义税收优惠水平与科技创新规模成正比。同时，基于企业科技创新的重大意义和我国社会经济发展的现实状况，我国政府非常重视激励企业从事科技创新活动，除了所得税税率优惠外，还出台各种其他类型的税收优惠措施，如国税总局2008年出台的《企业研究开发费用税前扣除管理办法》明确规定，企业为开发新技术、新产品、新工艺发生的研究开发费用，未形成无形资产计入当期损益的，在按规定据实扣除的基础上，按照研究开发费用的50%加以扣除；形成无形资产的，按照无形资产成本的150%摊销。对企业来说，各项所得税优惠政策都将促进其科技创新活动，在总体上享受到的所得税实际税收优惠水平也与其科技创新规模成正比。相对而言，我国增值税、营业税等税种在促进企业科技创新上的优惠力度相对较小，数量也相对较少，不过尽管企业获得的税费返还主要与出口退税有关，但由于我国地方政府在吸引投资上的税收竞争，企业获得的税费返还也会有部分与企业的科技创新行为相关，因此，我国企业的税费返还率水平也可能与其科技创新规模成正比。结合上文的分析，表5-1提出了本章关于我国税收优惠政策对企业科技创新行为影响的研究假设。

表5-1　　　　　　税收优惠水平与科技创新行为的研究假设

研究假设	研发支出占比	开发支出占比
假设1：名义税收优惠	正比	正比
假设2：实际税收优惠	正比	正比
假设3：税费返还率	正比	正比

二　税收优惠与企业科技创新行为的计量模型设定

为了验证本章提出的研究假设，本书构建如下计量模型：

$$yanfa = c + \beta\, taxpre + \gamma\, control + \varepsilon \qquad (5.1)$$
$$kaifa = c + \beta\, taxpre + \gamma\, control + \varepsilon \qquad (5.2)$$

其中，被解释变量（yanfa）是企业的研发支出占比，kaifa是企业的开发支出占比，它们的计算方法参见本书第三章第一节。本章关注的核心解释变量 *taxpre* 是企业享受的税收优惠水平，它包括名义税收优惠（*ntaxpre*）、实际税收优惠（*rtaxpre*）和税费返还率（*backtaxpre*）三个指标，它们的计算方法参见本书第三章第一节。

为了使模型估计结果更加可靠，本章在计量模型中引入与企业科技创新行为相关的一组控制变量（*control*），它们与第四章在式（4.1）和式（4.2）中引入的控制变量相同，其构造方法可以参见第四章第一节，此处只论述它们对企业科技创新行为存在的理论效应。（1）企业规模（*size*）。在模型估计时对其取对数处理，并且为了考察企业规模与企业科技创新行为是否存在非线性关系，在模型中引入 *size* 的二次项作为控制变量，主要关注二次项的系数符号，如果其系数为正，则表明企业规模与企业科技创新行为存在正 U 形曲线关系，否则为倒 U 形曲线关系。（2）财务杠杆（*fil*）。对企业而言，财务杠杆越高，则表明其资产结构中负债的比重越高，企业可以将更多的债务资金用于科技创新活动，此时财务杠杆与企业的研发支出占比和开发支出占比成正比。但是，财务杠杆越高的企业，资金借贷风险也越高，资金贷款方可能不愿意将资金借给此类企业，则财务杠杆越高的企业进一步获得借款的难度比较大，此时财务杠杆与企业的研发支出占比和开发支出占比成反比。因此，财务杠杆（*fil*）对企业科技创新行为的影响有待模型估计结果的进一步确认。（3）资本密集度（*capit*）。资本密集度越高的企业每年的固定资产折旧规模也越高，为了维持一定的固定资产存量，企业每年需要进行更多的固定资产更新。由于企业一个年度内可使用的资金规模是一定的，固定资产更新与科技创新活动在资金使用上存在竞争，因此资本密集度越高的企业研发支出占比和开发支出占比将会越低，*capit* 与 *yanfa* 和 *kaifa* 在理论上成反比。（4）盈利水平（*prl*）。市场利润为企业科技创新活动提供资金支持，科技创新获得的前期资本投入规模比较大，收益不确定性高，而且投资回收期比较长，企业从事科技创新活动要有雄厚的资金支持，否则科技创新活动的高投入将会严重拖垮企业的正常运营。盈利水平高的企业，可以将更多的利润用于企业科技创新活动，因此 *prl* 与 *yanfa* 和 *kaifa* 在理论上成正比。（5）国有股权（*state*）和高级管理层持股（*pexshare*）两个反映企业股权结构的控制变量。一般来说，国有股权比重高的企业，在科技创新行为上可能更保守，而高级管理层持股比重高的企业更具有进取精神，愿意将更多的资金用于科技创新活动。当然，现实情况是否与理论预期一致，则需

要在模型中观察 *state* 和 *pexshare* 两个控制变量的系数符号来确认。（6）东部地区（*east*）、东北部地区（*northeast*）和中部地区（*middle*）三个反映企业注册地的区域变量。从第三章第三节我国企业分区域的研发支出占比和开发支出占比情况来看，我国不同区域的企业科技创新行为有着较大差异，在模型中进一步引入区域控制变量的目的，是为了考察这种差异是否具有统计上的显著性。

第二节 税收优惠与企业科技创新行为的实证结果

一 变量的描述性统计与散点图观察

（一）相关变量的描述性统计

本章使用 2008—2012 年我国沪深 A 股上市公司作为样本，并对数据做如下处理：（1）删除金融保险类企业样本，删除利润总额小于 0、所得税费用小于 0 以及资不抵债的企业样本，删除名义税收优惠水平小于 0 或大于 25% 的企业样本，删除实际税收优惠水平小于 −75% 或大于 25% 的企业样本，删除税费返还率大于 100% 的企业样本。（2）在对研发支出占比进行实证分析时，保留研发支出占比大于 0 小于 100% 的企业为样本，在使用开发支出占比进行实证分析时，保留开发支出占比大于 0 小于 100% 的企业为样本。同样，本章使用的数据全部来自国泰安 CSMAR 系列数据库，为了最大限度地保留样本数量，上述样本筛选过程针对不同的核心解释变量和被解释变量分别进行，因此不同的模型所使用的样本数量并不一致，具体可见本书对于模型估计结果的报告。同时，为了剔除极端值对模型估计结果带来的影响，进一步对连续变量做了临界值为 0.01 的 *Winsor* 缩尾处理。表 5 − 2 给出了变量的描述性统计结果。

表 5 − 2   变量的描述性统计

变量名称	变量解释	平均值	最大值	最小值	标准差
yanfa	研发支出占比（%）	2.70	20.29	0.00	3.60
kaifa	开发支出占比（%）	2.06	19.46	0.00	3.38
ntaxpre	名义税收优惠（%）	7.24	15	0.00	4.01
rtaxpre	实际税收优惠（%）	7.25	24.07	− 38.01	9.54
backtaxpre	税费返还率（%）	14.71	94.77	0.00	20.38

续表

变量名称	变量解释	平均值	最大值	最小值	标准差
size	企业规模（对数值）	21. 64	25. 50	19. 63	1. 19
fil	财务杠杆（%）	37. 70	88. 43	2. 39	22. 05
capit	资本密集度（%）	18. 33	58. 86	0. 93	12. 45
prl	盈利水平（%）	6. 58	24. 52	0. 27	4. 75
state	国有股权（%）	7. 81	70. 00	0. 00	16. 84
pexshare	高级管理层持股（%）	12. 25	69. 82	0. 00	20. 85
east	东部地区（哑变量）	0. 64	1. 00	0. 00	0. 48
northeast	东北部地区（哑变量）	0. 05	1. 00	0. 00	0. 23
middle	中部地区（哑变量）	0. 15	1. 00	0. 00	0. 36

从表 5 - 2 中可以看出，本书使用样本企业的平均研发支出占比为 2.70%，平均开发支出占比 2.06%，与表 3 - 8 所报告的结果相一致。对于解释变量的描述性统计结果，由于这里使用的是有科技创新行为的一千多家企业样本，而第四章表 4 - 2 所报告的是全部符合模型使用条件的约八千多家企业样本，因此可以通过对比表 5 - 2 和表 4 - 2 中解释变量的描述性统计结果，从直观上分析科技创新企业与全部样本企业在解释变量上的差异。可以发现，表 5 - 2 中名义税收优惠（*ntaxpre*）、实际税收优惠（*rtaxpre*）和税费返还率（*backtaxpre*）的平均值分别为 7.24%、7.25% 和 14.71%，但它们在表 4 - 2 中的平均值分别为 5.18%、5.66% 和 11.01%，即科技创新企业比全部样本企业享受的税收优惠水平要高许多，从中也可以直观地发现政府税收优惠政策对企业科技创新行为的激励作用。表 5 - 2 中财务杠杆（*fil*）、资本密集度（*capit*）和国有股权（*state*）的平均值为 37.70%、18.33% 和 7.81%，分别低于表 4 - 2 中的 43.27%、22.69% 和 9.90%，表明科技创新企业比全部样本企业在上述指标上要低很多。不过，科技创新企业的高级管理层持股（*pexshare*）的平均值为 12.25%，而全部样本企业的平均值为 8.11%，可见科技创新企业的高级管理层持股比重高于全部企业的平均值。此外，表 5 - 2 中的企业规模（*size*）、盈利水平（*prl*）、东部地区（*east*）、东北部地区（*northeast*）和中部地区（*middle*）的平均值与表 4 - 2 中报告的数据基本上相接近，表明科技创新企业与全部样本企业相比，在这几个变量上的差异非常小。尽管从描述性统计结果的对比来看，科技创新企业在许多指标上与全部样本企

业的平均值有明显差异，但这些差异是否对企业科技创新行为产生显著的影响，则还需要通过模型估计结果进行进一步分析。

（二）税收优惠与企业科技创新行为的散点图观察

图 5-1 到图 5-6 分别报告了各税收优惠衡量指标与企业科技创新行为指标的散点图以及它们的拟合直线，其中横轴表示各税收优惠衡量指标，纵轴表示企业的科技创新行为指标，可以通过观察拟合直线的斜率来判断它们之间的相关关系。

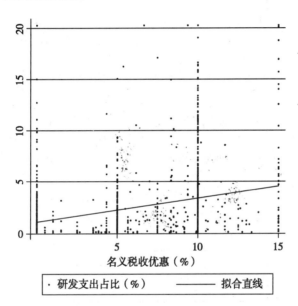

图 5-1 研发支出占比与名义税收优惠的散点图

图 5-1 和图 5-2 中的拟合直线斜率都为正，表明我国企业的科技创新行为与名义税收优惠呈正相关关系，随着企业享受名义税收优惠水平的提高，我国企业的研发支出占比和开发支出占比都随之上升。图 5-3 和图 5-4 中拟合直线的斜率也都为正，表明我国企业的科技创新行为与实际税收优惠成正比，随着企业享受实际税收优惠水平的提高，我国企业的研发支出占比和开发支出占比也随之上升。图 5-5 和图 5-6 中的拟合直线斜率也都为正，表明我国企业的科技创新行为与税费返还率也呈正相关关系，随着企业享受税费返还率的提高，企业的研发支出占比和开发支出占比也都随之提高。同样，以上只是根据税收优惠与企业科技创新行为散点图中拟合直线的斜率来直观地判断它们之间的相关关系，有待通过计量

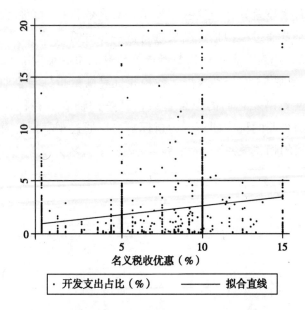

图 5 - 2   开发支出占比与名义税收优惠的散点图

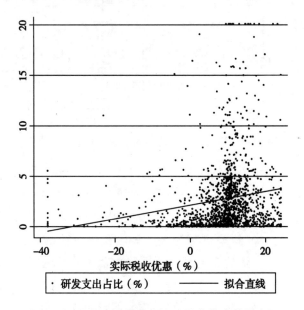

图 5 - 3   研发支出占比与实际税收优惠的散点图

模型进行进一步深入研究。

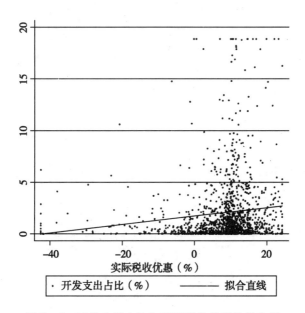

图5-4　开发支出占比与实际税收优惠的散点图

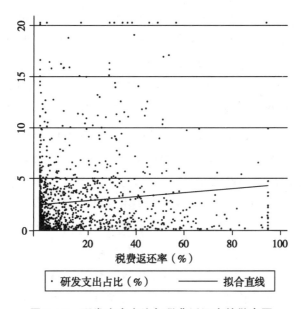

图5-5　研发支出占比与税费返还率的散点图

二　税收优惠与企业科技创新行为模型的估计结果

本章使用2008—2012年我国上市公司为样本，对上述计量模型进行

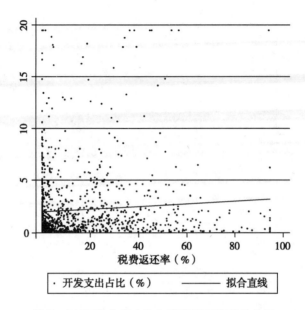

图 5 - 6　开发支出占比与税费返还率的散点图

实证分析。由于具有科技创新行为的企业数量较少，仅占全部企业样本数的 1/6 左右，而且不同年度产生科技创新行为的样本企业并不一致。如果将式（5.1）和式（5.2）作为面板数据模型进行估计，将会因为过低的数据质量而严重影响回归分析的效率，因此本书参照吴联生（2009）、吴文锋和吴冲锋（2009）等文献的做法，只将历年数据作为截面数据进行模型估计。本书同时报告多元线性模型的普通 OLS 回归结果以及使用了稳健标准差的 OLS 回归结果。因为模型可能存在异方差或扰动项自相关的问题，普通 OLS 回归得到的标准差所计算的 t 检验有可能失效，而稳健标准差并不受异方差或扰动项自相关问题的影响，其计算得到的 t 检验更为有效。因此，本章主要选择 "OLS + 稳健标准差" 方法估计的模型结果进行解说，而普通 OLS 回归结果只作为对照。

（一）税收优惠与企业研发支出占比模型的估计结果分析

表 5 - 3 显示的是税收优惠与企业研发支出占比模型的估计结果，其中模型 1 和模型 2 报告的是核心解释变量为 *ntaxpre* 时的估计结果，模型 3 和模型 4 报告的是核心解释变量为 *rtaxpre* 时的估计结果，模型 5 和模型 6 报告的是核心解释变量为 *backtaxpre* 时的估计结果。可以发现，使用稳健标准差得到的模型估计结果与普通 OLS 回归的结果相比，解释变量的系

数值是相同的，但在 t 值上有所差异。

表 5 - 3　　　　　税收优惠与企业研发支出占比模型的估计结果

变量	yanfa					
	模型 1	模型 2	模型 3	模型 4	模型 5	模型 6
ntaxpre	0.137 ***	**0.137 *****				
	(5.79)	**(5.84)**				
rtaxpre			0.036 ***	**0.036 *****		
			(3.68)	**(4.66)**		
backtaxpre					0.014 ***	**0.014 *****
					(3.08)	**(2.72)**
ln_size	− 5.343 ***	**− 5.343 *****	− 3.803 *	**− 3.803 ****	− 4.380 **	**− 4.380 ****
	(− 2.58)	**(− 2.77)**	(− 1.87)	**(− 1.99)**	(− 2.04)	**(− 2.15)**
ln_size^2	0.116 **	**0.116 *****	0.082 *	**0.082 ***	0.094 *	**0.094 ****
	(2.51)	**(2.75)**	(1.80)	**(1.95)**	(1.96)	**(2.11)**
fil	− 0.041 ***	**− 0.041 *****	− 0.044 ***	**− 0.044 *****	− 0.047 ***	**− 0.047 *****
	(− 6.92)	**(− 6.46)**	(− 7.38)	**(− 6.90)**	(− 7.68)	**(− 7.12)**
capit	− 0.032 ***	**− 0.032 *****	− 0.034 ***	**− 0.034 *****	− 0.034 ***	**− 0.034 *****
	(− 4.32)	**(− 5.39)**	(− 4.59)	**(− 5.37)**	(− 4.29)	**(− 5.61)**
prl	− 0.055 ***	**− 0.055 *****	− 0.073 ***	**− 0.073 *****	− 0.056 ***	**− 0.056 *****
	(− 2.66)	**(− 2.83)**	(− 3.52)	**(− 3.75)**	(− 2.56)	**(− 2.74)**
state	2.51e − 4	**2.51e − 4**	− 0.003	**− 0.003**	− 0.002	**− 0.002**
	(0.05)	**(0.05)**	(− 0.57)	**(− 0.58)**	(− 0.27)	**(− 0.28)**
pexshare	0.011 **	**0.011 ***	0.013 ***	**0.013 ****	0.014 **	**0.014 ****
	(2.06)	**(1.72)**	(2.61)	**(2.16)**	(2.53)	**(2.08)**
east	0.366	**0.366**	0.286	**0.286**	0.224	**0.224**
	(1.46)	**(1.46)**	(1.15)	**(1.15)**	(0.84)	**(0.84)**
northeast	0.004	**0.004**	− 0.194	**− 0.194**	− 0.176	**− 0.176**
	(0.01)	**(0.01)**	(− 0.44)	**(− 0.59)**	(− 0.39)	**(− 0.54)**
middle	0.742 **	**0.742 ****	0.650 **	**0.650 ****	0.707 **	**0.707 ****
	(2.33)	**(2.54)**	(2.05)	**(2.24)**	(2.13)	**(2.36)**
常数项	64.645 ***	**64.645 *****	48.515 **	**48.515 ****	55.330 ***	**55.330 ****
	(2.80)	**(2.95)**	(2.14)	**(2.24)**	(3.12)	**(2.41)**
样本数	1380	**1380**	1401	**1401**	1320	**1320**
R^2	0.180	**0.187**	0.168	**0.174**	0.168	**0.175**
估计方法	OLS	**OLS + 稳健标准差**	OLS	**OLS + 稳健标准差**	OLS	**OLS + 稳健标准差**

注：***、**、*分别表示系数在 0.01、0.05、0.1 的显著性水平上显著，黑体部分为本书选择解说的模型。

从表 5 - 3 中可以看到，模型 2 中 ntaxpre 的系数为正，且在 0.01 的显著性水平上显著，表明我国企业享受的所得税名义税率优惠对企业的研发支出占比具有显著的促进作用，我国政府制定的高新技术企业享受 15%

的企业所得税税率优惠措施发挥了既定的政策目标。模型 4 中 *rtaxpre* 的系数在 0.01 的显著性水平上为正，表明我国企业享受的所得税实际税收优惠水平与企业研发支出占比成正比，我国政府制定的包括税率优惠、加以扣除等在内的所有企业所得税优惠政策，也都在总体上实现了既定的政策目标。同时，通过对比可以发现，模型 2 中 *ntaxpre* 的系数为 0.137，模型 4 中 *rtaxpre* 的系数为 0.036，前者约为后者的 3.8 倍，这意味着政府制定的所得税税率优惠方式比其他税收优惠方式在激励企业科技创新行为上的效果更佳。在模型 6 中，*backtaxpre* 的系数显著为正，表明税费返还率对我国企业的研发支出占比存在显著的激励效应。

　　从控制变量的估计结果来看：模型 1 到模型 6 中，*size* 的系数尽管在不同的模型中具体数值有所差异，但一次项的系数符号都显著为负，二次项的系数符号都显著为正，表明我国企业的资产规模与研发支出占比呈显著的正 U 形关系。其原因可能在于，当企业规模较小时，进取心比较强，将更多资金用于科技创新投入，开发新产品、新工艺以谋求获得更多的市场份额；当企业规模比较大时，其资金实力雄厚，有能力将更多资金投入到科技创新中，以维持自身的市场份额；而对于企业规模适中的企业，进行科技创新的意愿相对以上两类企业而言要弱一些。*fil* 在所有模型中的系数都为负，且都在 0.01 的显著性水平上显著，表明企业的财务杠杆水平与研发支出占比成反比，财务杠杆高的企业进一步获得科技研发资金较为困难。*capit* 在所有模型中都显著为负，表明固定资产比重高的企业每年需要投入较多的资金用于固定资产更新，但由于企业一个年度内可利用的资金是有限的，从而造成固定资产更新资金与企业科技创新资金的竞争，导致企业科技创新资金投入减少。*prl* 在所有模型中都显著为负，表明企业盈利水平与其研发支出占比成反比，这与本书的预期不相符，可能的原因是，尽管盈利水平高的企业从事科技创新的能力也越强，但其进取心反而不如盈利水平低的企业。*state* 的系数在所有模型中都不显著，表明国有股权比重对企业研发支出占比不存在显著影响，但是 *pexshare* 的系数显著为正，表明管理层持股可以有效地促进企业的科技创新行为。*east*、*northeast* 和 *middle* 三个区域控制变量除了 *midlle* 的系数显著为正外，其他两个变量都不显著，表明中部地区企业的研发支出占比在统计上显著高于西部地区，而东部和东北部地区企业的研发支出占比与西部地区在统计上没有显著差异。

（二）税收优惠与企业开发支出占比模型的估计结果分析

表 5-4 显示的是税收优惠与企业开发支出占比模型的估计结果，其中模型 7 和模型 8 报告的是核心解释变量为 *ntaxpre* 时的估计结果，模型 9 和模型 10 报告的是核心解释变量为 *rtaxpre* 时的估计结果，模型 11 和模型 12 报告的是核心解释变量为 *backtaxpre* 时的估计结果。

表 5-4　　　　　　　税收优惠与企业开发支出占比模型的估计结果

变量	kaifa					
	模型 7	模型 8	模型 9	模型 10	模型 11	模型 12
ntaxpre	0.086 ***	**0.086 *****				
	(3.62)	**(4.03)**				
rtaxpre			0.017 *	**0.017 ****		
			(1.91)	**(2.37)**		
backtaxpre					0.009 **	**0.009 ***
					(2.03)	**(1.81)**
ln_size	−5.331 ***	**−5.331 *****	−4.570 **	**−4.570 ****	−4.585 **	**−4.585 ****
	(−2.67)	**(−2.83)**	(−2.35)	**(−2.55)**	(−2.21)	**(−2.35)**
ln_size^2	0.114 **	**0.114 ****	0.096 **	**0.096 ****	0.096 **	**0.096 ****
	(2.54)	**(2.78)**	(2.22)	**(2.43)**	(2.08)	**(2.23)**
fil	−0.033 ***	**−0.033 *****	−0.034 ***	**−0.034 *****	−0.037 ***	**−0.037 *****
	(−5.42)	**(−5.03)**	(−5.70)	**(−5.79)**	(−5.98)	**(−5.55)**
capit	−0.035 ***	**−0.035 *****	−0.035 ***	**−0.035 *****	−0.035 ***	**−0.035 *****
	(−4.41)	**(−5.65)**	(−4.53)	**(−5.79)**	(−4.25)	**(−5.55)**
prl	−0.050 **	**−0.050 *****	−0.058 ***	**−0.058 *****	−0.048 **	**−0.048 ****
	(−2.39)	**(−2.77)**	(−2.78)	**(−3.16)**	(−2.22)	**(−2.50)**
state	0.008	**0.008**	0.007	**0.007**	0.008	**0.008**
	(1.39)	**(1.21)**	(1.26)	**(1.10)**	(1.48)	**(1.28)**
pexshare	0.009 *	**0.009 ***	0.012 **	**0.012 ***	0.012 **	**0.012**
	(1.65)	**(1.32)**	(2.13)	**(1.69)**	(2.04)	**(1.61)**
east	−0.170	**−0.170**	−0.217	**−0.217**	−0.323	**−0.323**
	(−0.69)	**(−0.63)**	(−0.90)	**(−0.83)**	(−1.25)	**(−1.13)**
northeast	0.154	**0.154**	0.032	**0.032**	−0.047	**−0.047**
	(0.35)	**(0.45)**	(0.08)	**(0.10)**	(−0.11)	**(−0.14)**

续表

变量	kaifa					
	模型 7	**模型 8**	模型 9	**模型 10**	模型 11	**模型 12**
middle	0.538 *	**0.538**	0.501	**0.501**	0.468	**0.468**
	(1.72)	**(1.63)**	(1.64)	**(1.54)**	(1.46)	**(1.38)**
常数项	65.561 ***	**65.561 *****	57.840 ***	**57.840 *****	58.238 **	**58.238 *****
	(2.94)	**(3.14)**	(2.67)	**(2.87)**	(2.51)	**(2.66)**
样本数	1278	**1278**	1306	**1306**	1233	**1233**
R²	0.142	**0.150**	0.137	**0.144**	0.140	**0.147**
估计方法	OLS	**OLS + 稳健标准差**	OLS	**OLS + 稳健标准差**	OLS	**OLS + 稳健标准差**

注：*** 、** 、* 分别表示系数在 0.01、0.05、0.1 的显著性水平上显著，黑体部分为本书选择解说的模型。

从表 5-4 中可以看到，模型 8 中 ntaxpre 的系数显著为正，这与表 5-3 中模型 2 的结果一致，表明我国企业享受的名义税收优惠水平与企业开发支出占比具有显著的正向关系，从而进一步证明企业所得税税率优惠对企业科技创新行为的激励作用，且结果较为稳健。模型 10 中 rtaxpre 的系数为正，在 0.05 的显著性水平上显著，与表 5-3 中模型 4 的结果一致，表明我国各种形式的企业所得税优惠政策，在总体上实现了激励企业科技创新的政策目标。同样，模型 8 中 ntaxpre 的系数值为 0.086，模型 10 中 rtaxpre 的系数值为 0.017，前者是后者的 5.1 倍，也进一步验证了表 5-3 中得出的所得税税率优惠比其他所得税优惠形式在激励企业技术创新上效果更佳的结论。同时，我们可以发现，在模型 9 中 rtaxpre 系数的 t 值较低，其原因可能正是由于模型存在的异方差或扰动项自相关，导致普通 OLS 估计结果出现一定的偏差，而模型 10 所使用的稳健标准差有效地解决了非球型扰动项带来的估计问题，从而提高了 t 值。在模型 12 中，backtaxpre 的系数仍为 0.009，且在 0.1 的显著性水平上显著，也与表 5-3 中模型 6 中的结果一致，表明企业收到的税费返还率与其科技创新行为呈正相关关系。

对于控制变量的估计结果，可以发现 size 一次项和二次项、fil、capit、prl、state、pexshare、east、northeast 的模型估计结果与表 5-3 一致，从而进一步验证了上述控制变量估计结果的稳健性。不过，middle 的系数只在模型 7 中显著，与表 5-3 中的结果有较大差异。

三 税收优惠与企业科技创新行为模型的稳健性检验

（一）税收优惠与企业科技创新行为模型的分位数回归结果分析

为了考察不同分位数下，政府税收优惠政策对企业科技创新行为存在的影响，表 5-5 进一步报告了"0.1、0.25、0.5、0.75、0.9"这五个分位数上，税收优惠对企业科技创新行为的分位数回归结果。

表 5-5　　税收优惠水平与企业科技创新行为的分位数回归结果①

被解释变量	核心解释变量	分位数				
		0.1	0.25	0.5	0.75	0.9
yanfa	ntaxpre	0.008 **	0.039 ***	0.091 ***	0.164 ***	0.148 ***
		(2.54)	(3.93)	(6.96)	(7.64)	(2.86)
yanfa	rtaxpre	0.003 *	0.005 **	0.016 **	0.035 ***	0.048 ***
		(1.74)	(2.12)	(2.04)	(3.28)	(4.20)
yanfa	backtaxpre	2.91e-4	0.003	0.005	0.021 **	0.020
		(0.50)	(1.17)	(1.38)	(2.31)	(1.03)
kaifa	ntaxpre	0.002	0.011 *	0.029 **	0.065 **	0.116 **
		(1.42)	(1.95)	(2.58)	(2.37)	(2.57)
kaifa	rtaxpre	0.001 *	0.002	0.005 *	0.006	0.010
		(1.73)	(1.22)	(1.72)	(1.37)	(0.76)
kaifa	backtaxpre	2.24e-5	2.37e-4	0.007 **	0.010	0.012
		(0.08)	(0.20)	(2.02)	(1.58)	(0.93)

注：***、**、*分别表示系数在 0.01、0.05、0.1 的显著性水平上显著，黑体部分为本书选择解说的模型。

从表 5-5 可以看到，ntaxpre 和 rtaxpre 对研发支出占比在所有分位数上都显著为正，且系数值随着分位数提高而增加，表明名义税收优惠和实际税收优惠对于所有研发支出占比规模的企业都存在正的激励效果，而且这种激励效果随着研发支出占比的增加而提高。ntaxpre 对于开发支出在 0.25、0.5、0.75 和 0.9 的分位数上都显著为正，表明名义税收优惠对于开发支出占比规模在 0.25 分位数以上的企业具有正的激励效果。此外，backtaxpre 在 0.75 的分位数上对研发支出占比具有正的激励效果，rtaxpre

---

① 为了节省篇幅，此处仅报告核心解释变量的估计结果，下同。

在 0.1 和 0.5 分位数上、*backtaxpre* 在 0.5 分位数上对开发支出占比具有正的激励效果。可见，尽管在表 5 – 3 和表 5 – 4 中各税收优惠指标都在总体上表现出与企业科技创新行为具有显著的正相关关系，但从表 5 – 5 的结果中可以发现，实际上税收优惠对不同科技创新规模的企业在激励企业科技创新行为上的效果并不一致。

（二）税收优惠与企业科技创新行为模型的工具变量回归结果分析

税收优惠作为核心解释变量也可能存在内生性的问题，企业本身具有的科技创新规模是企业享受税收优惠水平的重要影响因素，因此本书同样以核心解释变量的一期滞后项作为工具变量，对模型进行工具变量回归。不过由于报告研发支出或开发支出数据的企业相对总体样本数而言非常少，进一步取一期滞后项后样本数更是大量减少，显然样本数的大量减少将有可能影响模型估计的效率。表 5 – 6 报告了税收优惠与企业科技创新行为模型的工具变量回归结果。

表 5 – 6　　税收优惠与企业科技创新行为模型的工具变量回归结果[①]

变量	*yanfa*	*kaifa*
ntaxpre	**0. 293 *****	**0. 148 *****
	（4. 60）	（2. 71）
rtaxpre	**0. 068 *****	**0. 065 ***
	（2. 79）	（1. 96）
backtaxpre	**0. 020 ****	**0. 017 ****
	（2. 02）	（2. 03）

注： *** 、 ** 、 * 分别表示系数在 0. 01、0. 05、0. 1 的显著性水平上显著，黑体部分为本书选择解说的模型。

尽管样本数的大幅减少降低了模型估计效率，但是从表 5 – 6 中可以看到，*ntaxpre*、*rtaxpre* 和 *backtaxpre* 的系数结果还是进一步表明了表 5 – 3 和表 5 – 4 模型估计结果的稳健性。

关于税收优惠对企业研发支出占比的影响，表 5 – 6 显示 *ntaxpre*、*rtaxpre* 和 *backtaxpre* 都与 *yanfa* 呈显著的正相关关系，这与表 5 – 3 中的估计结果一致。这一结果表明，无论是否考虑税收优惠作为解释变量可能存在的内生性问题，企业享受的税收优惠政策都能显著地提高企业的研发支出占比，并且该结果具有较强的稳健性。

---

①　模型的过度识别检验显示，所有模型应将三个核心解释变量一期滞后项全部作为工具变量。

关于税收优惠对企业开发支出占比的影响，表 5 - 6 显示 *ntaxpre*、*rtaxpre* 和 *backtaxpre* 都与 *kaifa* 呈显著的正相关关系，这也与表 5 - 4 中的估计结果一致。这一结果表明，无论是否考虑税收优惠作为解释变量可能存在的内生性问题，企业享受的税收优惠政策都能显著地提高企业的开发支出占比，并且该结果具有较强的稳健性。

第三节 税收优惠与企业科技创新行为实证研究的主要结论

本章在第二章就税收优惠对企业科技创新行为的作用机理进行论述的基础上，通过构建计量模型，使用 2008—2012 年上市公司的财务数据，就我国政府税收优惠政策对企业科技创新行为的实际激励效果进行实证分析，主要研究结论有：

（1）名义税收优惠与企业的研发支出占比和开发支出占比呈显著的正相关关系，实际税收优惠与企业的研发支出占比和开发支出占比呈显著的正相关关系，税费返还率与企业研发支出占比和开发支出占比呈显著的正相关关系，以上结果都非常具有稳健性，且与本书在理论分析基础上提出的研究假设相一致，表明我国政府制定的企业所得税优惠政策在促进企业科技创新上发挥了预期作用。并且，从名义税收优惠和实际税收优惠的具体系数来看，所得税名义税率优惠比其他形式的所得税优惠类型在激励企业科技创新上有着更好的效果。

（2）从分位数回归的结果来看，政府税收优惠政策对不同科技创新规模企业存在的激励效果也不尽相同。从工具变量回归的结果来看，即使考虑到税收优惠政策可能存在的内生性问题，税收优惠的各个衡量指标对企业科技创新行为的激励效果依然存在，其结果具有较强的稳健性。

（3）从控制变量的估计结果来看，企业规模与企业科技创新行为存在显著的正 U 形曲线关系；财务杠杆、资本密集度和盈利水平的提高不利于企业开展科技创新活动；国有股权对企业科技创新行为不存在影响，但高级管理层持股比重高的企业在科技创新上可能更具有进取精神；中部地区企业的研发支出占比显著高于西部地区，但东部和东北部地区与西部地区的企业科技创新行为没有显著差异。

第六章

税收优惠与企业市场获利
行为的实证分析

企业从事生产经营活动的最终目标是从市场上获取利润，为企业的生存与发展提供资金支持，因此市场获利行为对企业而言极为关键。尽管从理论上讲，自由竞争的最终结果是企业市场利润率的趋同，但现实中由于企业所处的行业、地区、生产阶段、运营水平等因素影响，不同企业在不同时间所能获得的市场利润水平存在很大差异。就政策目标而言，政府税收优惠政策的直接目标并不是为了提高企业市场利润，但在事实上，它却是影响企业市场获利水平的重要因素，因为所得税优惠政策直接影响企业的税后利润，流转税优惠政策通过影响企业生产成本间接影响企业的利润水平。本章在前文就税收优惠对企业市场获利行为的作用机理进行理论分析的基础上，使用我国沪深 A 股上市公司的经验数据，实证分析税收优惠政策对我国企业市场获利行为的实际影响。

第一节　税收优惠与企业市场获利行为的分析框架

一　税收优惠与企业市场获利行为的研究假设

企业市场获利行为指的是，企业通过生产经营活动从市场上获取利润的行为。如果仅仅从政府制定税收优惠政策的初衷来讲，没有一项政策的出台是以提高企业利润率为直接目标，因此，仅仅从政策目标的角度来看，很难说税收优惠会影响企业的市场获利行为。如本书第二章第三节所分析的，税收优惠作用于企业市场行为具有边界有限性的特点，政府税收优惠政策的作用范围不可能无限延伸，只有市场本身无法实现且政府可以弥补市场缺陷的地方，才需要政府发挥作用。企业市场获利本身是企业其他一系列市场行为的最终结果，无论是哪一家企业，在市场运营过程中获得利润或出现亏损都非常正常，除个别肩负社会责任的企业外，没有哪家企业可以且有充分的理由依赖政府，提供直接提高利润率水平的税收优惠政策，来实现盈亏平衡乃至市场获利。

尽管税收优惠政策的目标不是为了提高企业的利润率水平，但它确实可以有效地提高企业的总资产利润率和总收入利润率，它在事实上起到了激励企业市场获利的作用。从第二章第一节对税收优惠与企业市场获利行为作用原理的分析中可以看到，企业享受的所得税优惠和流转税优惠都能有效提高企业市场获利水平。具体到本书提出的衡量企业税收优惠水平的三个指标：就名义税收优惠而言，它衡量的是企业享受所得税税率优惠的程度，根据其指标构造原理，企业当年度适用的所得税名义税率越低，则其名义税收优惠水平越高。企业适用的所得税名义税率越低，则企业越有动力通过市场运营获取更多的市场利润，并且在企业税前利润相同的条件下，名义税率越低的企业税后净利润越高。因此企业的名义税收优惠与总资产利润率和总收入利润率成正比。就实际税收优惠而言，它衡量的是企业享受的包括税率优惠、税费返还、加计扣除等在内的所有形式的所得税优惠水平，企业的实际税收优惠水平越高，则其税后利润水平也就越高。就税费返还率而言，它衡量的是包括企业流转税返还、所得税返还以及其他一些政府性收费返还在内的，企业收到的所有税费的返还比率，企业向政府缴纳的税费支出是企业产品生产成本的重要组成部分，而享受税费返还优惠就意味着企业产品生产成本的下降，企业利润也就随之提高，因此税费返还率在理论上也与企业的总资产利润率和总收入利润率成正比。

根据上述分析，本章关于我国税收优惠政策对企业总资产利润率和总收入利润率的影响提出如表6-1所示的研究假设。

表6-1　　　　　税收优惠水平对企业市场获利行为的研究假设

研究假设	总资产利润率	总收入利润率
假设1：名义税收优惠	正比	正比
假设2：实际税收优惠	正比	正比
假设3：税费返还率	正比	正比

二　税收优惠与企业市场获利行为的计量模型设定

为了验证本章提出的研究假设，本书构建如下计量模型：

$$assetprofit = c + \beta\ taxpre + \gamma\ control + \varepsilon \qquad (6.1)$$

$$revenueprofit = c + \beta\ taxpre + \gamma\ control + \varepsilon \qquad (6.2)$$

上式中，$assetprofit$ 表示总资产利润率，$revenueprofit$ 表示总收入利润率，它们的计算方法参见本书第三章第一节。$taxpre$ 是本书关注的核心解释变量，它包括名义税收优惠（$ntaxpre$）、实际税收优惠（$rtaxpre$）和税费返还率（$backtaxpre$）三个指标，它们的计算方法参见本书第三章第一节。

此外，为了增加模型估计结果的可靠性，本章进一步引入与企业市场获利行为相关的一组控制变量 $control$，除盈利水平（prl）以外，本章引入的控制变量与上两章一致，因此其构造方法不再赘述。未将盈利水平（$prlV$）纳入控制变量的原因是，它实际上也是反映企业市场获利行为的另一个指标。各控制变量对企业市场获利行为存在的理论效应是：（1）企业规模（$size$）的一次项和二次项，并对其做了取对数处理。这里主要关注 $size$ 二次项的系数符号，如果其符号显著为正，则表明企业规模与其市场获利水平呈正 U 形曲线关系，即按照企业规模对企业进行排序，位于两端的企业市场获利水平较高，位于中间的企业市场获利水平较低；反之，则相反。（2）财务杠杆（fil）。一方面，只有当资金使用收益大于使用成本时，企业才向其他单位或个人借款，所以财务杠杆高的企业可能面临较好的投资机遇，由此可以获得较高的利润水平；但另一方面，较高的财务杠杆表明企业自有资本金不足，企业运营存在较大风险，而且较高的负债水平也意味着企业需要承担相应的利息支出，由此降低了企业的利润水平。因此，财务杠杆对企业市场获利行为的具体效应，有待模型估计结果的进一步确认。（3）资本密集度（$capit$）。资本密集度与企业所属的行业类型有很大关系，比如制造业、电煤水生产供应业等行业，需要较大规模的固定资产投资，资本密集度比较高，而像金融保险业、房地产业等行业的固定资产规模比较小，资本密集度也就相应比较低。从这两个例子的对比中可以发现，资本密集度高的行业市场获利水平可能比较低，而资本密集度比较低的行业市场获利水平可能比较高。因此，资本密集度有可能与企业的市场获利行为成反比。（4）国有股权（$state$）和高级管理层持股（$pexshare$）。一般而言，国有股权比重高的上市企业往往都是较大型的国有企业，这类企业往往属于自然垄断行业，承担着控制国民经济命脉的重任，具有较高的利润率水平，因此预期国有股权与企业市场获利行为呈正相关关系。高级管理层持股的目的主要是为了改善公司治理结构，解决公司制企业中的委托代理问题，高级管理层持股比重高的企业，公司股东和管理层的利益更趋于一致，企业市场运营的效率也就更高，因此预期高级管理层持股与企业市场获利行为呈正相关关系。(5) 东部地区（*east*）、东北部地区（*northeast*）和中部地区（*middle*）三个反映企业注册地的区域变量。从第三章第三节的统计分析来看，我国不同地区的总资产利润率和总收入利润率存在较为明显的地区差异，在模型中引入地区变量的目的是为了考察我国企业市场获利行为的这种地区差异在统计上是否具有显著性。

第二节　税收优惠与企业市场获利行为的实证结果

一　变量的描述性统计与散点图观察

（一）相关变量的描述性统计

本书使用 2008—2012 年我国 A 股上市公司作为样本，并对数据做如下处理：(1) 删除金融保险类企业样本，删除利润总额小于 0、所得税费用小于 0 以及资不抵债的企业样本，删除名义税收优惠水平小于 0 或大于 25% 的企业样本，删除实际税收优惠水平小于 −75% 或大于 25% 的企业样本，删除税费返还率大于 100% 的企业样本。(2) 删除总资产利润率或总收入利润率大于 100% 的样本。同样，本章使用的数据全部来自国泰安 CSMAR 系列数据库，为了最大限度地保留样本数量，上述样本筛选过程针对不同的核心解释变量和被解释变量分别进行，因此不同的模型所使用的样本数量并不一致，具体可见下文报告的模型估计结果。同时，为了剔除极端值对模型估计结果带来的影响，进一步对连续变量做了临界值为 0.01 的 *Winsor* 缩尾处理。表 6−2 给出了变量的描述性统计结果。

表 6−2　　　　　　　　　变量的描述性统计

变量名	变量解释	平均值	最大值	最小值	标准差
assetprofit	总资产利润率（%）	5.31	20.46	0.09	4.07
revenueprofit	总收入利润率（%）	11.05	51.63	0.14	10.31
ntaxpre	名义税收优惠（%）	5.18	15	0.00	4.35

续表

变量名	变量解释	平均值	最大值	最小值	标准差
rtaxpre	实际税收优惠（%）	5.65	25.00	-45.92	11.79
backtaxpre	税费返还率（%）	11.01	90.67	0.00	19.41
size	企业规模（对数值）	21.74	25.56	19.30	1.23
fil	财务杠杆（%）	43.25	86.97	3.43	21.65
capit	资本密集度（%）	22.68	74.30	0.21	17.20
state	国有股权（%）	9.90	73.59	0.00	19.01
pexshare	高级管理层持股（%）	8.11	68.96	0.00	17.74
east	东部地区（哑变量）	0.63	1.00	0.00	0.48
northeast	东北部地区（哑变量）	0.06	1.00	0.00	0.24
middle	西部地区（哑变量）	0.15	1.00	0.00	0.36

从表6-2中可以看出，本章使用的样本企业的平均总资产利润率为5.31%，平均总收入利润率为11.05%，其结果与表3-11报告的平均值非常接近。此外，第四章使用的也是剔除异常值后的全部样本，对比表6-2和表4-2的结果可以发现，相同变量的统计特征在这两张表格中基本保持一致，因此，此处不再解释表6-2的内容，相关内容可参考本书对表4-2的解释。

（二）税收优惠与企业市场获利行为的散点图观察

为了直观地描述政府税收优惠政策对企业市场获利行为产生的影响，图6-1到图6-6分别报告了各税收优惠衡量指标与企业市场获利行为指标的散点图及其拟合直线，其中横轴表示企业享受的税收优惠水平，纵轴表示企业市场获利行为指标，通过拟合直线的斜率，可以判断它们之间存在的相关关系。

图6-1和图6-2中显示的拟合直线斜率为正，表明我国企业的市场获利水平与名义税收优惠呈正相关关系，企业的总资产利润率和总收入利润率都随着名义税收优惠水平的提高而提高。图6-3和图6-4中的拟合直线斜率也都为正，表明我国企业的市场获利水平与实际税收优惠呈正相关关系，随着企业享受实际税收优惠水平的提高，企业的总资产利润率和总收入利润率也都随之提高。不过可以发现，图6-5和图6-6中拟合直线的斜率都为负，这表明我国企业市场获利水平与税费返还率呈负相关关系，随着税费返还率的提高，我国企业的总资产利润率和总收入利润率都

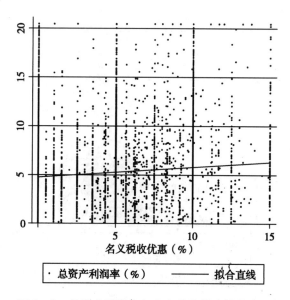

图 6 - 1　总资产利润率与名义税收优惠的散点图

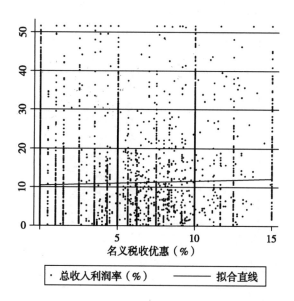

图 6 - 2　总收入利润率与名义税收优惠的散点图

有下降的趋势。以上只是根据散点图中拟合直线的斜率，来判断税收优惠与企业市场获利行为之间的相关关系，而具体情况则有待计量模型的进一步深入研究。

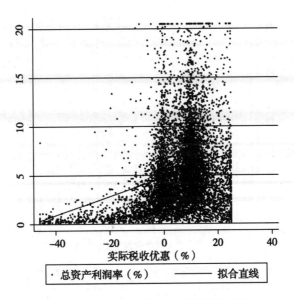

图 6 - 3　总资产利润率与实际税收优惠的散点图

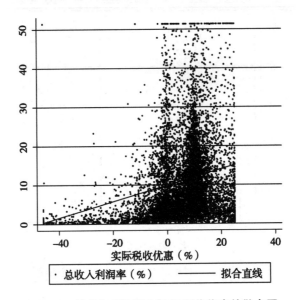

图 6 - 4　总收入利润率与实际税收优惠的散点图

二　税收优惠与企业市场获利行为模型的估计结果

本章使用 2008—2012 年我国 A 股上市公司的财务报表数据，对上文提出的计量模型进行多元线性模型回归和面板数据模型回归。与第四章一

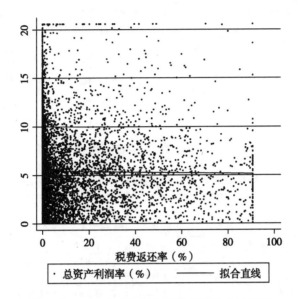

图6-5　总资产利润率与税费返还率的散点图

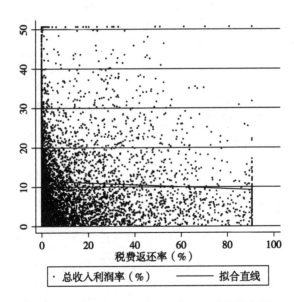

图6-6　总收入利润率与税费返还率的散点图

样，为了解决非球型扰动项带来的估计问题，本章使用稳健标准差进行 t 检验；根据 F 检验和 Hausman 检验来进行模型选择，并基于数据质量原因，优先选择多元线性回归模型进行解说。多元线性回归模型以及通过上述检验选择的模型以加黑的形式在表中标示。

（一）名义税收优惠与企业市场获利行为模型的估计结果分析

表 6-3 显示的是当核心解释变量为名义税收优惠（*ntaxpre*）时的模型估计结果。其中，模型 1 到模型 3 所对应的被解释变量为总资产利润率（*assetprofit*），F 检验值为 5.24（P 值 0.00），Hausman 检验值为 63.18（P 值 0.00），应选择固定效应模型；模型 4 到模型 6 所对应的被解释变量为总收入利润率（*revenueprofit*），F 检验值为 8.04（P 值 0.00），Hausman 检验值为 82.91（P 值 0.00），应选择固定效应模型。

表 6-3　　　名义税收优惠与企业市场获利行为模型的估计结果

变量	*assetprofit*			*revenueprofit*		
	模型 1	模型 2	模型 3	模型 4	模型 5	模型 6
ntaxpre	1.76e-4	-0.016	-0.011	-0.195 ***	-0.089 *	-0.090 ***
	(0.02)	(-1.30)	(-1.08)	(-7.83)	(-3.51)	(-4.08)
ln_*size*	4.282 ***	9.028 ***	4.260 ***	-0.611	12.797 *	1.950
	(4.98)	(2.72)	(2.87)	(-0.24)	(1.96)	(0.50)
ln_*size*^{2}	-0.084 ***	-0.210 ***	-0.089 ***	0.056	-0.266 *	-0.014
	(-4.44)	(-2.83)	(2.72)	(1.00)	(-1.81)	(-0.16)
fil	-0.092 ***	-0.064 ***	-0.079 ***	-0.238 ***	-0.142 ***	-0.195 ***
	(-34.53)	(-8.74)	(-20.25)	(-36.25)	(-8.43)	(-19.45)
capit	-0.020 ***	-0.030 ***	-0.023 ***	-0.092 ***	-0.108 ***	-0.104 ***
	(-8.68)	(-4.66)	(-6.92)	(-13.07)	(-6.93)	(-10.34)
state	0.003	0.006 *	0.007 **	0.027 ***	0.034 ***	0.032 ***
	(1.34)	(1.91)	(2.87)	(4.52)	(5.07)	(5.61)
pexshare	-0.011 ***	-0.012	-0.008 **	0.027 ***	0.009	0.026 ***
	(-4.64)	(-1.61)	(-2.48)	(4.23)	(0.64)	(3.09)
east	0.124		0.180	-2.102 ***		-1.815 ***
	(1.01)		(0.92)	(-6.54)		(-3.45)
northeast	0.008		0.012	-0.813		-0.210
	(0.04)		(0.04)	(-1.55)		(-0.25)
middle	0.351 **		0.310	-2.112 ***		-1.999 ***
	(2.37)		(1.32)	(-5.75)		(-3.28)
_*cons*	-43.459 ***	-87.895 **	-41.237 **	12.487	-132.20 *	-12.438
	(-4.49)	(-2.37)	(-2.48)	(0.45)	(-1.82)	(-0.29)
观测值	8501	8501	8501	8440	8440	8440
R^2	0.190	0.178	0.235	0.223	0.247	0.277
估计方法	OLS + 稳健标准差	固定效应 + 稳健标准差	随机效应 + 稳健标准差	OLS + 稳健标准差	固定效应 + 稳健标准差	随机效应 + 稳健标准差

注：*** 、** 、* 分别表示系数在 0.01、0.05、0.1 的显著性水平上显著，黑体部分为本书选择解说的模型。

从表 6 - 3 中可以看到，无论是模型 1 还是模型 2，*ntaxpre* 的系数在统计上都不显著，表明名义税收优惠对总资产利润率并不存在显著的影响，这与本章研究假设 1 所预期的结果不一致。模型 4 和模型 5 的系数都为负，且都在统计上显著，表明名义税收优惠与企业总收入利润率呈显著负相关关系，这与本章研究假设 1 所预期的结果正好相反。上述实证结果与图 6 - 1 和图 6 - 2 所显示的直观结果也完全不一致，表明企业享受的所得税名义税率优惠不仅没有激励企业的市场获利行为，反而还有可能降低企业的利润率水平，其原因有待进一步深入研究。

size 的一次项在模型 1 和模型 2 中显著为正，二次项在模型 1 和模型 2 中显著为负，表明企业规模与总资产利润率存在显著的倒 U 形曲线关系，即企业规模较小和较大的企业，其市场获利水平相对比较低，而企业规模较中型的企业，其市场获利水平相对比较高，从而显示市场利润往往向资产规模处于中型的企业集中。*fil* 在所有模型中的符号都显著为负，表明我国企业的财务杠杆与市场获利行为成反比，企业的负债比重越高，则利润率水平越低。*capit* 在所有模型中的符号也都显著为负，表明固定资产比重越高的企业利润率越低，企业的市场获利行为与其固定资产比重有着极为密切的联系。*state* 在模型 2、模型 4 和模型 5 中显著为正，表明国有股权与总资产利润率和总收入利润率呈正相关关系，国有股权比重越高的企业，市场获利水平也相应越高。*pexshare* 在模型 1 中显著为负，但在模型 4 中显著为正，表明高级管理层持股对企业市场获利行为的影响并不稳定。此外，*east* 在模型 4 中显著为负，但 *east* 的模型估计结果与第三章表 3 - 30 的统计结果并不一致，而 *middle* 在模型 1 中显著为正，在模型 4 中显著为负，因此地区控制变量的估计结果似乎也不太稳定。

（二）实际税收优惠与企业市场获利行为模型的估计结果分析

表 6 - 4 显示的是当核心解释变量为实际税收优惠（*rtaxpre*）时的模型估计结果。其中，模型 7 到模型 9 对应的被解释变量为总资产利润率（*assetprofit*），F 检验值为 5.46（P 值 0.00），Hausman 检验值为 58.43（P 值 0.00），应选择固定效应模型；模型 10 到模型 12 所对应的被解释变量为总收入利润率（*revenueprofit*），F 检验值为 8.71（P 值 0.00），Hausman 检验值为 67.02（P 值 0.00），应选择固定效应模型。

表 6 - 4　　　　实际税收优惠与企业市场获利行为模型的估计结果

变量	assetprofit			revenueprofit		
	模型 7	模型 8	模型 9	模型 10	模型 11	模型 12
rtaxpre	0.070 ***	0.069 ***	0.070 ***	0.131 ***	0.147 ***	0.145 ***
	(23.14)	(16.83)	(20.87)	(17.16)	(15.02)	(16.86)
ln_size	4.535 ***	7.669 **	4.291 ***	-0.917	10.493 *	1.858
	(5.44)	(2.35)	(2.87)	(-0.38)	(1.68)	(0.49)
ln_size^2	-0.090 ***	-0.178 **	-0.090 ***	0.062	-0.214	-0.012
	(-4.90)	(-2.45)	(-2.73)	(1.15)	(-1.54)	(-0.15)
fil	-0.083 ***	-0.055 ***	-0.069 ***	-0.213 ***	-0.123 ***	-0.172 ***
	(-30.84)	(-7.62)	(-17.67)	(-32.59)	(-7.45)	(-17.20)
capit	-0.022 ***	-0.026 ***	-0.022 ***	-0.095 ***	-0.101 ***	-0.102 ***
	(-9.84)	(-4.10)	(-6.88)	(-13.63)	(-6.82)	(-10.30)
state	0.001	0.004	0.005 **	0.026 ***	0.031 ***	0.029 ***
	(0.55)	(1.54)	(2.27)	(4.36)	(4.87)	(5.39)
pexshare	-0.015 ***	-0.010	-0.010 ***	0.010 *	0.012	0.019 **
	(-6.43)	(-1.40)	(-3.31)	(1.65)	(0.91)	(2.33)
east	0.198 *		0.261	-1.722 ***		-1.605 ***
	(1.66)		(1.36)	(-5.50)		(-3.10)
northeast	0.142		0.188	0.031		0.380
	(0.75)		(0.68)	(0.06)		(0.45)
middle	0.445 ***		0.400 *	-1.649 ***		-1.767 ***
	(3.08)		(1.72)	(-4.55)		(-2.91)
_cons	-46.913 ***	-74.300 **	-42.487 **	13.342	-109.043	-13.678
	(-4.99)	(-2.03)	(-2.53)	(0.50)	(-1.57)	(-0.33)
观测值	8577	8577	8577	8515	8515	8515
R^2	0.226	0.213	0.262	0.237	0.263	0.2874
估计方法	OLS + 稳健标准差	固定效应 + 稳健标准差	随机效应 + 稳健标准差	OLS + 稳健标准差	固定效应 + 稳健标准差	随机效应 + 稳健标准差

注：***、**、*分别表示系数在 0.01、0.05、0.1 的显著性水平上显著，黑体部分为本书选择解说的模型。

从表 6 - 4 中可以看到，在模型 7 和模型 8 中 rtaxpre 的系数都显著为正，表明实际税收优惠与企业的总资产利润率成正比；在模型 10 和模型 11 中 rtaxpre 的系数也都显著为正，表明实际税收优惠与企业的总收入利润率也成正比。因此，上述结果表明，我国企业享受的实际税收优惠水平提高了企业的利润率水平，有效地激励了企业的市场获利行为，并且这一结果非常稳健，其原因正是由于较高的实际税收优惠水平使企业可以保留更多的税后利润。对于控制变量的估计结果，通过表6-4和表6-3的对比可以发现，*size* 的一次项和二次项、*fil*、*capit*、*state*、*pexshare*、*east*、*northeast* 和 *middle* 等控制变量的系数符号，以及它们是否具有统计上的显著性等，在这两张表格中的结果基本一致，这也在一定程度上印证了模型估计结果的可靠性。

（三）税费返还率与企业市场获利行为模型的估计结果分析

表6-5显示的是当核心解释变量为税费返还率（*backtaxpre*）时的模型估计结果。其中，模型13到模型15所对应的被解释变量为总资产利润率（*assetprofit*），F检验值为5.17（P值0.00），Hausman检验值为53.34（P值0.00），应选择固定效应模型；模型16到模型18所对应的被解释变量为总收入利润率（*revenueprofit*），F检验值为7.57（P值0.00），Hausman检验值为62.75（P值0.00），应选择固定效应模型。

表6-5　　　　税费返还率与企业市场获利行为模型的估计结果

变量	assetprofit			revenueprofit		
	模型 13	模型 14	模型 15	模型 16	模型 17	模型 18
backtaxpre	−0.011 ***	−0.016 ***	−0.014 ***	−0.042 ***	−0.026 ***	−0.032 ***
	（−5.08）	（−4.45）	（−5.55）	（−8.83）	（−3.14）	（−5.32）
ln_*size*	4.345 ***	6.976 **	4.091 ***	0.879	12.845 *	2.785
	（5.08）	（1.99）	（2.64）	（0.35）	（1.88）	（0.71）
ln_*size*^{2}	−0.087 ***	−0.164 **	−0.087 **	−0.017	−0.267 *	−0.035
	（−4.21）	（−2.09）	（−2.53）	（−0.30）	（−1.74）	（−0.39）
fil	−0.092 ***	−0.061 ***	−0.078 ***	−0.233 ***	−0.150 ***	−0.200 ***
	（−32.43）	（−7.70）	（−18.99）	（−34.74）	（−8.62）	（−19.88）
capit	−0.021 ***	−0.024 ***	−0.021 ***	−0.084 ***	−0.090 ***	−0.096 ***
	（−8.70）	（−3.74）	（−6.28）	（−11.74）	（−6.15）	（−9.55）
state	0.002	0.006 *	0.006 **	0.022 ***	0.030 ***	0.026 ***
	（0.86）	（1.91）	（2.51）	（3.71）	（4.34）	（4.61）
pexshare	−0.012 ***	−0.016 **	−0.009 **	0.021 ***	6.43e-4	0.026 ***
	（−4.71）	（−2.11）	（−2.59）	（3.19）	（0.05）	（4.61）

续表

变量	assetprofit			revenueprofit		
	模型 13	模型 14	模型 15	模型 16	模型 17	模型 18
east	**0.236** *		0.363 *	**− 1.437** ***		− 1.391 ***
	(1.87)		(1.81)	**(− 4.42)**		(− 2.60)
northeast	**− 0.095**		− 0.014	**− 0.559**		− 0.243
	(− 0.47)		(− 0.05)	**(− 1.09)**		(− 0.30)
middle	**0.325** **		0.322	**− 1.777** ***		− 1.964 ***
	(2.17)		(1.36)	**(− 4.77)**		(− 3.20)
_ cons	**− 43.482** ***	**− 65.268** *	− 38.870 **	**− 2.647**	**− 132.595** *	− 20.892
	(− 4.14)	**(− 1.67)**	(− 2.23)	**(− 0.09)**	**(− 1.75)**	(− 0.48)
观测值	**7882**	**7882**	7882	**7835**	**7835**	7835
R^2	**0.192**	**0.184**	0.236	**0.230**	**0.267**	0.292
估计方法	**OLS + 稳健标准差**	**固定效应 + 稳健标准差**	随机效应 + 稳健标准差	**OLS + 稳健标准差**	**固定效应 + 稳健标准差**	随机效应 + 稳健标准差

注：***、**、* 分别表示系数在 0.01、0.05、0.1 的显著性水平上显著，黑体部分为本书选择解说的模型。

从表 6 - 5 中可以看到，模型 13 和模型 14 中 backtaxpre 的系数都为负，且都在 0.01 的显著性水平上显著，表明我国企业享受的税费返还率水平与其总资产利润率成反比，模型 16 和模型 17 中 backtaxpre 的系数也都为负，且都在 0.01 的显著性水平上显著，表明我国企业享受的税费返还率水平与其总收入利润率也成反比，这一实证结果与表 6 - 1 中研究假设 3 的预期不一致。对于反常的原因，可能是由于政府对享受税费返还优惠的企业具有选择性，经营不善、利润率水平低的企业，可以从政府处获得更多的税费返还，即在本模型中税费返还率可能存在内生性问题，后文稳健性检验部分将对其做进一步探讨。对于控制变量的估计结果，通过对比表 6 - 5、表 6 - 4 和表 6 - 3 发现，表 6 - 5 中所有控制变量的系数符号，以及它们是否具有统计上的显著性等，都与前两张表格中的结果基本上保持一致，从而进一步印证了模型估计结果的可靠性。

三　税收优惠与企业市场获利行为模型的稳健性检验

（一）税收优惠与企业市场获利行为模型的分位数回归结果分析

为了考察不同分位数下，税收优惠政策的三个衡量指标对企业市场获利行为存在的影响，本书在"0.1、0.25、0.5、0.75、0.9"这五个最常用的分位数上，就税收优惠对企业市场获利行为进行分位数回归，表6－6报告了分位数回归的估计结果。

表6－6　　　税收优惠对企业市场获利行为模型的分位数回归结果①

被解释变量	核心解释变量	分位数				
		0.1	0.25	0.5	0.75	0.9
assetprofit	*ntaxpre*	0.013 *	0.020 **	0.007	− 0.012	− 0.038 *
		(1.97)	(1.99)	(0.69)	(− 0.79)	(− 1.70)
assetprofit	*rtaxpre*	0.034 ***	0.051 ***	0.064 ***	0.082 ***	0.104 ***
		(21.39)	(28.74)	(22.14)	(30.00)	(13.63)
assetprofit	*backtaxpre*	− 0.005 ***	− 0.006 ***	− 0.008 ***	− 0.014 ***	− 0.018 ***
		(− 2.70)	(− 3.38)	(− 3.98)	(− 5.97)	(− 3.53)
revenueprofit	ntaxpre	0.009	0.005	− 0.074 ***	− 0.339 ***	− 0.530 ***
		(0.86)	(0.29)	(− 3.62)	(− 8.00)	(− 7.62)
revenueprofit	rtaxpre	0.056 ***	0.077 ***	0.093 ***	0.131 ***	0.184 ***
		(20.34)	(20.45)	(16.69)	(20.26)	(12.84)
revenueprofit	*backtaxpre*	− 0.012 ***	− 0.018 ***	− 0.030 ***	− 0.053 ***	− 0.076 ***
		(− 3.66)	(− 5.15)	(− 6.77)	(− 8.62)	(− 9.17)

注：*** 、** 、* 分别表示系数在0.01、0.05、0.1的显著性水平上显著，黑体部分为本书选择解说的模型。

从表6－6可以看出，尽管 *ntaxpre* 在表6－3中模型1和模型2的系数都未通过显著性检验，但在分位数回归中发现，*ntaxpre* 分别在0.1和0.25的分位数上与 *assetprofit* 呈显著的正相关关系，即税收优惠对企业总资产利润率的激励作用只对总资产利润率较低的企业有效。*ntaxpre* 在0.5、0.75和0.9的分位数上与 *revenueprofit* 呈显著的负相关关系，表明名义税收优惠只对企业总收入利润率处于0.5分位数以上企业的总收入利润率存在负面影响。*rtaxpre* 在所有的分位数上都与 *assetprofit* 和 *revenueprofit* 呈显著的正相关关系，并随着分位数的提高，*rtaxpre* 的系数也随之相应提高，表明无论在哪个分位数上，实际税收优惠对企业的市场获利行为都存在激励效果，并且企业的市场利润率水平越高，实际税收优惠对企业市场

---

①　为了节省篇幅，此处仅报告核心解释变量的估计结果，下同。

获利行为的激励效果越大。*backtaxpre* 在所有分位数上都与 *assetprofit* 和 *revenueprofit* 呈显著的负相关关系，从而进一步印证了表 6 - 5 中显示的反常结果。

(二) 税收优惠与企业市场获利行为模型的工具变量回归结果分析

由于政府在执行税收优惠政策上具有伸缩空间，可能对享受税收优惠政策的企业按照特定条件进行选择，如利润率水平比较低的企业，可能在税收优惠政策的审批上更容易获得政府的通过，或者政府更愿意为缴纳税款比较多的企业提供税收优惠政策等，这些因素造成了税收优惠政策本身可能存在的内生性问题，因此本书尝试使用 *ntaxpre*、*rtaxpre* 和 *backtaxpre* 的一期滞后项作为它们的工具变量，对模型进行重新估计，以纠正模型中可能存在的内生性问题。由于本章所使用的面板数据本身就存在较为严重的数据缺失问题，作为面板数据进行估计的效率可能并不高，而对核心解释变量取一期滞后项后，样本量再次大幅度减少，从而再次大大降低了面板数据的完整性。因此，本书认为在工具变量回归中，线性回归模型比面板数据模型具有更高的估计效率，这里只以线性回归模型作为选择模型进行解说，而面板数据模型的估计结果只作为参照。

表 6 - 7   税收优惠与企业市场获利行为模型的工具变量回归结果[①]

变量	*assetprofit*			*revenueprofit*		
	线性回归模型	固定效应模型	随机效应模型	**线性回归模型**	固定效应模型	随机效应模型
ntaxpre	**- 0.026**	- 0.426 *	- 0.092 ***	**- 0.310 *****	- 0.350	- 0.238 ***
	(- 1.38)	(- 1.83)	(- 3.06)	**(- 6.82)**	(- 1.06)	(- 2.74)
rtaxpre	**0.074 *****	- 0.283	0.087 ***	**0.100 *****	- 0.424	0.191 ***
	(9.17)	(- 0.01)	(4.63)	**(5.29)**	(- 0.74)	(3.18)
backtaxpre	**- 0.008 ****	0.336	- 0.009	**- 0.044 *****	0.547	- 0.043 ***
	(- 2.16)	(0.11)	(- 1.57)	**(- 5.75)**	(0.12)	(- 3.37)

注：*** 、** 、* 分别表示系数在 0.01、0.05、0.1 的显著性水平上显著，黑体部分为本书选择解说的模型。

将表 6 - 7 中的工具变量回归结果与表 6 - 3、表 6 - 4 和表 6 - 5 中的模型估计结果进行对比，可以分析使用工具变量法和未使用工具变量法对

---

①   过度识别检验显示，所有模型应只以核心解释变量本身的一期滞后项作为工具变量。

于模型估计结果带来的差异。

关于名义税收优惠对企业市场获利行为的影响，表6-3显示，当被解释变量为 *assetprofit* 时，*ntaxpre* 的系数在统计上并不显著；而表6-7显示，当使用工具变量法时 *ntaxpre* 的系数在线性回归模型中依然不显著，但在面板数据固定效应和随机效应模型中都显著为负，表明 *ntaxpre* 对于 *assetprofit* 的影响并不显著。当被解释变量为 *revenueprofit* 时，表6-3和表6-7的结果都显示，不管是否使用工具变量法，*ntaxpre* 与 *revenueprofit* 都存在显著的负相关关系，即名义税收优惠不仅没有提高企业的总收入利润率，反而降低了企业的总收入利润率。

关于实际税收优惠对企业市场获利行为的影响，表6-4显示，无论被解释变量是 *assetprofit* 还是 *revenueprofit*，*rtaxpre* 的系数都显著为正；同时，表6-7与表6-4所显示的结果也一致。上述结果表明，无论是否考虑 *rtaxpre* 可能存在的内生性问题，*rtaxpre* 都与 *assetprofit* 和 *revenueprofit* 存在正相关关系，企业享受的所得税实际税收优惠有效激励了企业的市场获利行为，并且这一实证结果非常稳健。

关于税费返还率优惠对企业市场获利行为的影响，表6-5显示，无论被解释变量是 *assetprofit* 还是 *revenueprofit*，*backtaxpre* 的系数都显著为负；而表6-7的结果显示，即使考虑到 *backtaxpre* 的内生性问题，*backtaxpre* 与 *assetprofit* 和 *revenueprofit* 依然存在显著的负相关关系。上述结果表明，企业享受的税费返还率水平，对企业的市场获利行为存在显著的负面影响。

第三节 税收优惠与企业市场获利行为 实证研究的主要结论

本章在第二节就税收优惠对企业市场获利行为的作用机理进行理论分析的基础上，通过构建计量模型，以2008—2012年我国A股上市公司为样本，就税收优惠对企业市场获利行为的实际激励效果进行实证分析，可以得出如下结论：

（1）名义税收优惠与总资产利润率不相关，但与总收入利润率存在显著的负相关关系，这一结果与本章提出的研究假设1不一致；税费返还率与总资产利润率和总收入利润率都存在显著的负相关关系，这一结果与本章提出的研究假设 3 不一致。由此可见，我国政府制定的所得税税率优惠以及税费返还优惠尽管从理论上讲都可以提高企业的市场获利水平，但从实证的结果来看都没有实现它们的理论作用。其中一个重要的原因，可能在于政府出台此类税收优惠政策的目的本身就不是为了提高企业的市场获利水平，而更多的是为了促进区域经济发展、促进企业投资规模、实现产业升级、促进企业科技创新投入等目标，此类税收优惠政策对企业市场获利行为的激励效果，只是这些政策实施后从理论上带来的副产品，但现实情况可能由于各种因素制约而未能实现其预期效应。

（2）实际税收优惠与企业的总资产利润率和总收入利润率都呈显著的正相关关系，这一结果与本书提出的研究假设 2 相一致，从而印证了实际税收优惠政策对企业市场获利行为存在激励效果的理论预期，由此可以看出我国政府制定的除企业所得税税率优惠以外的其他企业所得税优惠形式，有效地促进了企业的市场获利行为。

（3）从分位数回归结果来看，名义税收优惠只在较低分位数上与企业总资产利润率呈正相关关系，只在较高分位数上与企业总收入利润率呈负相关关系；实际税收优惠在所有分位数上都与企业的总资产利润率和总收入利润率呈正相关关系；税费返还率则在所有分位数上都与企业的总资产利润率和总收入利润率呈负相关关系。从工具变量回归的结果来看，无论是否考虑实际税收优惠的内生性问题，它与企业的总资产利润率和总收入利润率都呈显著的正相关关系；无论是否考虑名义税收优惠和税费返还率的内生性问题，它们都和企业的总收入利润率呈显著的负相关关系。以上结果显示了本书模型估计结果的稳健性。

（4）从控制变量的估计结果来看，企业规模与企业市场获利水平存在倒 U 形曲线关系，财务杠杆和资本密集度都显著降低了企业市场获利水平，其他控制变量在模型中的估计结果似乎并不稳健。

第七章

提高税收优惠对企业市场行为
激励效果的政策建议

本书在就税收优惠对企业市场行为作用机理进行理论分析的基础上，以2008—2012年我国沪深A股上市公司为样本，对我国企业享受的税收优惠水平以及市场行为状况进行统计分析，并进一步运用计量经济学方法，围绕我国税收优惠政策对企业市场行为存在的实际激励效果进行深入研究，从而分析我国税收优惠政策是否实现了其既定的政策目标。从对我国税收优惠与企业市场行为的理论与实证分析中可以看到，我国政府制定的税收优惠政策在促进企业市场行为上发挥了很好的效果，但也由于多方面因素制约，我国的税收优惠体系还有许多地方值得改进。本章根据本书的研究结论，围绕提高税收优惠对企业市场行为激励效果的目标，提出相应的政策建议。

第一节　逐步推进税收优惠的预算化管理

对税收优惠政策的实施效果进行评估，是提高我国税收优惠政策对企业市场行为激励效果的基础，但由于我国并未将税收优惠纳入政府财政预算管理体制，税收优惠统计数据缺失，既没有国家宏观层面的税收优惠数据，也没有各省中观层面的税收优惠数据。因此，本书的实证研究只能依赖上市公司会计报表中报告的财务数据，来测算我国企业在微观层面上享受的税收优惠水平。但是，由于企业并没有直接报告不同税种、不同优惠方式所享受的税收优惠规模，本书构建的税收优惠指标受限于企业的会计报表科目，无法具体区分各税种的税收优惠政策对企业市场行为的影响差异，因此，本书对我国税收优惠制度运行状况的评估工作尽管是现有数据条件下的最优选择，但该项评估工作实际上还不够全面。从本书的研究内容来看，政府将税收优惠纳入预算管理，进行税收优惠规模统计工作，是形成并全面公开我国各层次税收优惠规模数据，进而更加准确细致地评估税收优惠对企业市场行为激励效果的基础。此外，从本书对我国税收优惠制度的考察中也可以看到，我国政府制定税收优惠政策的随意性比较强，专门针对某家企业出台税收优惠政策的不合理状况常有发生，反映出我国税收优惠政策实施过程中的法治化水平比较低。而且，从根本上讲，税收优惠作为税式支出，在实质上也是政府财政支出的一部分，财政支出的公共性决定了税收优惠政策的实施必须得到全面的监督，而实现税收优惠的预算化管理则是加强监督，完善公共财政预算管理体制的根本途径。

一　实现从税收优惠到税式支出的转变

本书对税收优惠与税式支出的比较分析表明，它们在本质上并无差别，但对预算管理的要求却有着很大的不同。显然，如果将税收优惠作为政府财政收入的减项，对其预算管理的要求并不严格，而如果将税收优惠视为税式支出，作为政府财政支出的加项，那么它在天然上就存在对其进行严格预算管理的要求。因此，要推进我国税收优惠的预算化管理，必须首先实现从税收优惠到税式支出的转变，在制定政府年度预算时，将税收优惠作为税式支出，纳入政府财政预算支出科目中，逐步推进税收优惠的预算化管理。①

实现我国从税收优惠到税式支出的转变，税收优惠政策在实施程序上也将变得更加规范。实施一项税收优惠政策，需要经历实施前论证、实施时控制和实施后评估三个完整的阶段。第一，税收优惠政策的制定权限归属于国务院及其下属财政部、国税总局等中央行政部门，相关部门在制定税收优惠政策时，必须对其进行严格且科学的论证。政府财政支出的公共性质，要求每一项支出都要有充分的支出理由和政策目标，特别是在我国当前政府财政支出规模庞大，总体宏观税负已无进一步提高的空间，但民生性财政支出规模又在非常有限的现实状况下，每一项税收优惠政策的实施都应该进行科学论证，将财政资金用在最需要的地方。第二，税务机关是税收优惠政策的具体执行部门，在税收优惠政策实施过程中，税务机关

---

① 尽管本书建议将税收优惠作为税式支出进行预算化管理，但是为了全书用词上的统一，在后文中依然使用"税收优惠"一词。

必须严格履行对税收优惠政策的监控职责，包括税收优惠政策在实施过程中是否存在漏洞、能否实现预期政策目标、政策实施成本是否过高、政策本身是否存在进一步优化的空间等，并及时将监控结果向上级部门反馈，切实保障税收优惠制度的顺畅运行。第三，中央行政部门作为税收优惠政策的制定部门，在政策实施年度终了以后有必要对税收优惠政策的实施绩效进行评估。尽管税务机关在税收优惠政策实施过程中，也履行了一定的绩效评估职能，但在年度终了时仍有必要对税收优惠的实施绩效进行总体上的评估，其绩效评估结果将会成为该项政策是否有必要继续实施的直接依据，因为税收优惠政策作为对现有基本税收制度的偏离，具有很强的灵活性和机动性，政策制定部门必须结合宏观经济形势、政府政策目标以及税收优惠政策的实施绩效等，对现行税收优惠制度进行进一步调整。

二　恰当选择税收优惠预算管理模式

不同国家的税收优惠预算管理模式有着很大差异，如果从预算管理所涵盖的范围来分，则可以将其分成全面的预算管理、重点项目或税种的预算管理、临时性非制度化的管理三种模式。① （1）全面的预算管理指的是，国家建立全面、完善、综合性的预算管理制度，通过统一的预算支出科目体系，将政府所有税收优惠项目作为税式支出，纳入政府的年度预算报告中。对税收优惠进行全面的预算管理，优点是政府可以全面计划并监控税收优惠项目的实施状况，形成完整的公共财政预算管理体系，从而有利于提高财政资金使用效率；但缺点是税收优惠作为政府隐性的财政支出，对其进行预算、决算等工作在技术上存在一定的难度，特别是我国税收优惠体系庞杂、政策复杂多变，许多较小的税收优惠项目所形成的隐性财政支出规模可能比较小，但将其纳入财政预算的成本却相对比较高昂。当然，随着我国预算管理制度的不断完善，政府行政效率的逐渐提高，以及计算机信息技术的广泛运用，对税收优惠进行全面预算管理的缺点将越来越微不足道，而优点将越来越明显。（2）重点项目或税种的预算管理指的是，只将某些规模比较庞大的税收优惠项目或税种纳入预算管理中，对其按照普通公共财政支出项目的预算要求进行严格管理，而未列入预算管理的税收优惠项目或税种则通常管理得比较松散。这一预算管理模式的

---

① 类似的分类可参见高树兰（2007），白重恩、毛捷（2011）等文献。

优点是能以较低的预算管理成本对政府绝大部分税收优惠隐性支出进行有效的管理，从而实现政府税收优惠预算管理效率的最大化；但缺点是造成政府公共财政预算管理体系不完整，而且规模较小的税收优惠项目集合在一起，也可能是一笔规模庞大的税式支出，将其排除在预算管理体系之外，显然不利于提高资金使用效率。（3）临时性非制度化的管理指的是，政府并未将税收优惠作为税式支出纳入财政预算中，对税收优惠的管理和监控并未形成制度化，相关税收优惠管理措施的出台具有很强的临时性。它唯一的优点是税收优惠管理的成本比较低，但缺点却更加突出。全面的预算管理模式是我国税收优惠管理制度的必然选择，它在完善税收优惠制度运行监督机制，提高资金使用效率上发挥着重要作用。实际上，财政部税政司早在 2002 年就曾明确提出"通过实行税式支出预算管理，将税收优惠完全等同于财政支出，建立起全面反映政府财政支出的预算平衡体系"①，只是由于各种原因，我国的税收优惠预算管理制度到目前始终尚未建立。

三　分步推进税收优惠预算管理工作

财政部税政司（2002）曾提出"先易后难，先宽后严，先试点后实施，尽快起步，稳步推进"的指导原则，分步推进我国税收优惠预算管理工作，并提出"2005 年在我国全面实行税式支出分析制度，并争取纳入预算管理"。遗憾的是，我国的税收优惠预算管理工作到现在仍然一片空白。实际上，尽管实施全面的预算管理模式是我国税收优惠预算管理工作的终极目标，但在我国现实条件约束下，应循序渐进地分步推进税收优惠预算管理制度的建立和完善。从税种来看，应首先集中精力将企业所得税和增值税纳入到预算管理体系中，因为企业所得税是我国税收优惠政策最集中的税种，而增值税则是我国政府收入规模最大的税种，而且它们也分别是所得税和流转税两个税类中的主要税种，将它们纳入预算管理体系，有利于在预算管理工作初期全面积累管理经验，并在此基础上降低预算管理工作全面推开时的难度。从行业来看，可以首先选择高新技术行业和金融保险业进行试点，因为高新技术行业享受的税收优惠政策比较密集，而金融保险业的财务会计制度非常完善，在试点初期可以通过较少的成本投

---

① 财政部税政司：《关于建立税式支出预算制度的基本思路》，《财政监察》2002 年第 3 期。

入而获得较高收益，并在这两个行业的税收优惠预算管理工作逐步走上正轨后，向其他所有行业全面铺开，降低新制度实施时可能产生的磨合成本。从内容来看，在实施税收优惠预算管理制度前期，税收优惠预算可以仅仅是指导性的，每年的预算执行情况可以是以估算为主、统计为辅的方式进行考察，但随着我国税收优惠制度在实施过程中不断完善，税收优惠预算必须得到严格的执行，其执行情况应逐渐过渡到以统计为主、估算为辅的方式进行考察，强化税收优惠预算管理工作的严肃性和权威性。当然，税收优惠预算管理工作的逐步推进与计算机信息技术的运用有着密切联系，随着计算机信息技术在税收优惠管理工作中的广泛应用，对庞杂的税收优惠体系进行预算管理的成本也将逐渐下降。

第二节　合理强化税收优惠的政策导向

从本书对企业税收优惠水平的泰尔指数分析中可以看到，我国企业名义税收优惠水平的行业间差距在不断扩大，显示我国企业享受的名义税率优惠的行业导向正在不断强化。但是，从区域导向来讲，我国企业享受的名义税收优惠的区域导向非常微弱，因为区域间差距对总差距的贡献每年都非常低。同时，无论是实际税收优惠还是税费返还率，根据它们的泰尔指数按照行业和地区进行分解的结果来看，行业内和区域内差距是总差距的主要来源，而行业间差距和区域间差距对总差距的贡献相对而言都非常低。此外，从本书就税收优惠对企业市场行为的计量结果分析中可以发现，部分税收优惠指标对企业市场行为的影响并不显著，甚至个别指标对企业市场行为的影响与理论预期完全相反。本书在实证研究中揭示的上述各种情况，都显示出我国税收优惠政策导向可能存在一定的问题。因此，从总体上看，我国税收优惠的政策导向还有待进一步强化。

一　强化税收优惠政策的行业导向

首先，适当加强我国税收优惠政策的行业导向力度。可以看到，在本书构建的三个税收优惠衡量指标中，只有名义税收优惠水平的行业导向相对比较强，而实际税收优惠和税费返还率的行业导向相对较弱。这一结果表明，虽然我国政府制定的税收优惠体系中，企业所得税名义税率优惠的行业导向比较强，但由于其他企业所得税优惠形式的行业导向比较弱，致使企业所得税在整体上表现出的实际行业导向比较弱。此外，我国税费返还形式的优惠，所具有的行业导向也比较弱。因此，我国应该在总体上加强税收优惠政策的行业导向力度。其次，进一步细化我国税收优惠政策的行业导向。国务院 2010 年将节能环保产业、新一代信息技术产业、生物产业、高端装备制造产业、新能源产业、新材料产业、新能源汽车产业等作为战略性新兴产业予以重点支持①，但实际上我国的税收优惠政策体系对这七大战略性新兴产业的支持却未进一步细化，而且优惠力度也有待进一步加强。一直以来，我国税收优惠政策多以直接优惠为主，间接优惠相对较少，但实际上后者的优惠效果可能更好。② 我国政府应该根据具体行业与税收优惠本身的特点，进一步细化税收优惠政策类型。最后，税收优惠政策的行业导向应以企业优惠与个人优惠并重。需要获得税收优惠政策支持的行业，具有的一个典型特点是，人员结构中从事科技研发工作的员工比较多，而且他们发挥的作用极为关键，但我国税收优惠政策在个人优惠上的行业导向仍然比较弱，需要进一步增强。

二　注重税收优惠政策的区域导向

当前许多研究都主张淡化税收优惠政策的区域导向③，但本书研究发现，尽管本书构建的三个税收优惠衡量指标在东部、东北部、中部和西部四个区域的统计结果上存在差异，但对它们的泰尔指数按照区域进行分解表明，区域间差距对总体差距的贡献非常小，即我国企业享受税收优惠水平的实际区域间差距，比我们主观估计的要小很多。但是，我们必须看到，我国各地区间的经济发展水平差距非常大，尽管 2000 年以来相继实施了西部大开发、振兴东北老工业基地、中部崛起等区域发展战略，但区域间经济发展水平差距依然存在。在这样的现实情况下，如果政府逐渐放弃税收优惠政策的区域导向，则区域经济差距可能会越来越大。因此，当前我国政府有必要继续注重税收优惠政策的区域导向，并对区域税收优惠政策进行进一步精细化管理，实现区域税收优惠政策导向由"面"向"点"的转变。我国当前已经出台的税收优惠政策大多是针对"西部"这

---

① 参见《国务院关于加快培育和发展战略性新兴产业的决定》（国发〔2010〕32 号）。
② 参见柳光强、田文宠（2012）等文献。
③ 参见邓保生（2011），柳光强、田文宠（2012）等文献。

样的大区域出台，但是大区域的中心城市以及省级区域的中心城市在实际
经济发展水平上已经比较高，而许多周边区域的经济发展水平却又非常落
后，针对大区域出台"面"状的税收优惠政策显然会造成"一刀切"的
后果。因此，我国政府应该出台"点"状的区域税收优惠政策，以县市
为单位作为享受税收优惠政策的主体。但是，具体哪些县市可以享受税收
优惠政策，哪些县市不能享受税收优惠政策，不应该由政策制定者主观随
意确定，而应该通过按照东部、东北部、中部和西部四个区域各自的经济
发展水平，制定详细的条件指标，通过指标筛选来确定享受区域性税收优
惠政策的县市，积极发挥税收优惠政策在促进区域经济发展中的作用。

三　发挥税收优惠政策的多方面导向

本书着重从行业和区域的角度统计分析企业享受的税收优惠水平差
异，并通过计量模型分析税收优惠对企业投资决策、科技创新和市场获利
行为的影响，但是由于政府政策目标的多样性，同时要求税收优惠政策的
导向是多方面的。从企业行为的角度来讲，根据社会公众利益最大化的目
标，政府和公众总是希望企业能够提供更多的就业岗位、照顾残疾人的就
业岗位需求、减少环境污染物排放水平、参加更多社会公益活动等，这些
行为对企业而言就意味着成本支出，如果单纯由企业按照边际收益等于边
际成本的决策原则进行行为决策，则企业的相关决策结果实际上很难满足
社会需要，因此必须充分发挥政府税收优惠政策对企业行为的多方面引导
作用。不过，在这个过程中，也必须同时注意税收优惠政策的具体实施效
果，如本书计量模型分析中所看到的，某些税收优惠指标对企业市场行为
的影响可能并不显著，甚至与理论预期正好相反，如果由于税收优惠政策
本身存在漏洞而导致政策失效，那么这样的税收优惠政策显然需要进一步
修改或放弃。

第三节　努力提高税收优惠的合意性

从本书关于税收优惠对企业市场行为影响的实证分析中可以看到，我
国绝大部分税收优惠政策的实际效应都与其理论效应相一致，但是也存在
名义税收优惠与企业总资产利润率不相关、名义税收优惠与企业外部投资
规模和总收入利润率都成反比、税费返还率与企业总资产利润率和总收入

利润率都成反比等问题。这些结果都表明，我国政府制定的部分税收优惠政策未能完全发挥其预期的政策目标，这可能和相关税收优惠政策的合意性较低密切相关，即政府出台的税收优惠政策由于各方面因素的限制，不能满足企业对税收优惠政策的实际需求。同时，在实证结果中通过不同税收优惠指标对企业投资规模和科技创新规模的激励效果对比可以发现，名义税收优惠的系数值要明显大于其他税收优惠指标的系数值，这表明所得税税率优惠比其他税收优惠形式对企业投资决策或科技创新的激励效果更好，对企业而言，不同税收优惠形式的合意性是不同的。因此，政府在出台税收优惠政策时，必须充分认识到政策合意性对政策实施效果的重要作用，通过多方面途径努力提高税收优惠政策的合意性。

一　让企业充分表达税收优惠需求

由于税收优惠是一项单向合约，政府在税收优惠政策供给中居主导地位，要提高税收优惠政策的合意性，政府必须着力创造一个让企业充分表达税收优惠需求的制度环境。一般来说，单个企业对政府政策的影响力是非常微弱的，除非是规模庞大且控制国民经济命脉的大型国有企业，绝大部分企业都几乎不可能通过一己之力，向政策制定部门表达自身对税收优惠政策的需求。在实际政策制定过程中，行业协会是表达企业税收优惠需求的主要途径。因此，我国必须进一步提高企业在行业协会中的参与度，并创造条件提高行业协会在税收优惠政策制定过程中的参与度。不过，行业协会作为特定企业团体的利益代表，在表达税收优惠需求时往往更容易夸大实际需求，或表达不合理的税收优惠政策需求，因此，政策制定部门也应该提升自身对企业税收优惠需求的识别能力。一般来说，合理的税收优惠需求往往需要满足如下某些条件：（1）个别企业肩负着一定的社会责任，并且企业由于履行相应的社会责任而导致经营收益不足以弥补成本，如邮政企业的平信业务肩负着保障公民通信权利的社会责任，但收取的邮资难以弥补实际成本；（2）企业的某些市场行为具有正外部性，自由竞争的市场经济难以弥补其正外部性，如企业的科技创新活动有利于提高社会整体科技实力，但给社会带来的利益却难以内部化为企业本身的收益；（3）企业的某些行为可以实现社会利益最大化，但如果没有政府相关政策支持，企业没有动力实施这些行为，或实施这些行为的动力不足。如企业吸收残疾人就业可以提高社会整体福利水平，但一般企业更愿意接纳身体健全的员工。总之，税收优惠政策制定过程中的政府主导性，要求一个有利于企业表达税收优惠需求的制度环境，并且政策制定部门本身也需要加强对企业合理税收优惠需求的识别能力。

二　以科学的程序制定税收优惠政策

同样，由于在税收优惠政策供给中的主导地位，政府出台相关政策时应该更加慎重，以科学的程序制定符合企业实际需求的税收优惠政策。首先，在政策出台前加强对企业的调研活动，由企业表达税收优惠需求是一种由下而上的需求表达方式，而政策制定部门通过加强对企业的调研活动，由上而下获得企业的需求信息，则更有利于加强政府与企业间的信息沟通效率。其次，设立"税收优惠政策顾问委员会"一类的咨询机构，在政策制定时组织相关专家进行论证，着重考察政策是否与企业的税收优惠实际需求相符合，分析实施该项政策可能给企业市场行为带来的激励效应和可能产生的负面效应，判断政策实施后可能对政府财政收入造成的影响幅度。顾问委员会的人员构成应以学术科研机构中从事财政税收理论与实务研究的专家学者为主，以保持顾问委员会本身的中立、公正与权威。再次，税收优惠政策是以相关法规文件作为政策载体，由基层税务机关按照法规文本的内容进行执行，所以政策制定部门必须合理设计税收优惠法规文本，使其能够完全体现政府的政策意图。否则，如果税收优惠法规文本存在漏洞，容易导致部分企业钻政策的空子，不仅政府政策意图难以实现，企业合理的税收优惠需求也不能得到满足，而且政府财政收入也将无谓流失。最后，政策制定部门应重视企业和基层税务机关对税收优惠政策实施过程中的意见反馈，政府出台税收优惠政策是基于对该项政策可以满足企业税收优惠需求的预期，但其最终实施效果如何则需要在政策实施的过程中以及实施以后，通过企业和基层税务机关的反馈意见获得相关信息。

三　税收优惠政策与国家发展战略相结合

实际上，税收优惠政策的合意性不仅是针对企业而言的，对政府来说也同样应该具有合意性，即税收优惠所体现的政策导向、承载的政策意图都应与国家发展战略相符合。我国政府应充分考虑我国社会经济现状，明确我国在人力资源、物力资源和财力资源上的优势和劣势，以及在国际市场竞争中可能面临的机遇和挑战，在此基础上进一步确立下一步经济发展战略目标，制定与国家经济发展战略相适应的税收优惠政策体系。由于我国属于单一制国家，全国人大、国务院及其下属财政部等部委是税收优惠法律法规的制定主体，基层税务机关则是税收优惠政策的具体实施主体，而地方人大和政府在税收优惠政策制定上几乎没有权限，如早在2002年，时任国税总局局长金人庆就明确指出，地方政府自行制定税收优惠政策属违法行为。但现实状况是，我国幅员辽阔，各地区经济发展水平不平衡，由中央立法或行政机关制定的全国性整齐划一的税收优惠政策，可能与各地区经济发展水平并不适应，在政策实施过程中会遭遇水土不服的问题。此外，地方政府基于本地区现实状况和发展战略目标，也有制定本辖区相关税收优惠政策的实际需要。因此，在单一制条件下，为了最大限度地提高税收优惠政策在企业和政府双方面的合意性，我国有必要给予省级人大和政府制定本辖区税收优惠政策的建议权，并形成制度化的政策决策程序，发挥省级人大和政府在制定税收优惠政策中的能动性。

第四节　定期开展税收优惠的绩效评估

为了不断完善税收优惠制度，需要对现行税收优惠政策的实施情况定期开展绩效评估工作，它包括三个方面的内容：实施税收优惠政策的成本、实施税收优惠政策的收益、通过成本收益对比得到的税收优惠政策的实施效率。税收优惠绩效评估工作需要大量的数据作为支撑，但我国税收优惠尚未纳入财政预算管理体系，税收优惠统计工作也未见成效，如此一来也就难以开展有效的税收优惠绩效评估工作。本书从企业的微观层面数据入手，分析税收优惠政策是否实现了既定的政府政策目标，它从侧面反映了实施税收优惠政策的收益，但其绩效评估的另外两个方面，即成本和效率却难有实质性的进展。特别是受到企业微观层面数据来源的限制，本书构建的税收优惠衡量指标也多有不尽如人意的地方，不能全面细致地反映我国税收优惠政策的实施现状。由于我国税收优惠绩效评估工作的缺失，许多效果可能并不太好的税收优惠政策依然在实施，本书的实证研究结果也显示，部分税收优惠衡量指标对企业市场行为的影响并不显著，甚至存在负面影响。因此，为了提高税收优惠对企业市场行为的激励效果，在建立完善的税收优惠预算管理制度的同时，我国还需要建立完善的税收优惠绩效评估制度，定期开展绩效评估工作。

一　推进税收优惠制度的成本核算

税收优惠作用于企业市场行为的一个重要特点是成本损耗性，因此，对于实施税收优惠政策的成本核算，也就成为绩效评估的重要内容。然而，税收优惠政策作为政府的隐性支出，尽管可以在一定程度上核算其直接成本，但由于政策本身的非中性特征，必然引起市场经济运行效率的改变，进而影响税收优惠政策实施的总体成本。为了尽可能全面地衡量税收优惠的实施成本，学术界提出了三种衡量方法：初始收入损失法，它是指引入一项税收优惠政策以后，在企业行为以及政府从其他税种上获得的收入不变的假设前提下，政府税收收入减少的数量；最终收入损失法，它是指引入一项税收优惠政策以后，在考虑到税收优惠对企业行为产生影响，并对其他税种收入产生影响的假设前提下，政府税收收入减少的数量；等额支出法，它是指为了获得与税收优惠支出相同的政策效果，需要花费的直接政府财政支出规模。[①]　显然，最终收入损失法在计算税收优惠成本时，除了考虑税收优惠的直接成本外，还需同步考虑税收优惠政策导致其他企业的行为改变而带来的成本，但这种影响的涉及面非常广，在实际工作中进行量化估计的难度较大。等额支出法则要求通过估算直接的财政支出与间接的税式支出之间的替代关系，该方法适合税收优惠的学术研究，而在其实际统计工作中的应用价值并不大。因此，初始收入损失法是我国进行税收优惠成本统计工作的恰当方法，在具体税收实践中，该方法需要与税收优惠预算管理工具密切结合，在对年度税收优惠预算进行决算时，通过统计每一项税收优惠政策产生的税式支出规模，作为实施税收优惠政策的成本。当然，尽管税收优惠预算管理制度为其成本核算工作提供了极大便利，但在我国当前税收优惠预算管理始终未纳入政府工作日程的情况下，我国税务机关也可以尝试通过其他途径进行税收优惠成本的统计工作，如可采取在日常工作中向企业发放税收优惠情况统计表的方式进行统计，但大规模、高效率、完整性的税收优惠成本的统计，还需要结合税收优惠预算管理制度来实施。

---

① 参见 Anderson（2008b）、OECD（2010）等文献。

二　促进税收优惠政策的收益评估

实施税收优惠政策的收益评估也是其绩效评估的重要内容，一般而言，可以通过两个角度对税收优惠政策的收益进行评估。首先，是货币现金收入的角度，即政府通过税收优惠政策来引导企业的市场行为，从而对社会整体经济运行产生重要的影响。如企业技术创新规模的增加、残疾人就业水平的提高等，通过货币对这些影响进行衡量，由此估算得到实施税收优惠政策给整体社会带来的货币现金收入。尽管该方法在理论上是可行的，但却难以将税收优惠政策对经济增长的激励效果与经济自然增长区分开来，在实际应用中面临较大的困难。其次，是政策目标实现的角度，即税收优惠作为政策载体，是否实现了政府预期的政策目标。一方面，它可以通过制定相关经济指标的方法，用税收优惠政策实施前和实施后的相关指标差异来判断政策的实施效果，其优势是税收优惠政策收益的评估相对简单，但劣势是受到主观影响比较大。另一方面，如本书所做的，通过搜集企业的税收优惠与市场行为指标数据，以计量经济模型的方法就税收优惠对企业市场行为的影响进行计量分析，其优势是可以客观地考察税收优惠政策的整体实施效果，但缺点是需要庞大的微观数据支持。总体而言，不同税收优惠收益的评估方法存在各自的优势和劣势，我国应该尝试进行多维度的税收优惠收益评估工作。在具体工作进程中，则应遵循循序渐进的原则，首先从对数据要求最低的经济指标评估法开始，随着税收优惠预算管理工作的推进和数据的积累，逐步实行计量模型评估法，并探索实施货币现金收入评估法在实际应用中的可能性。

三　实现税收优惠政策的优胜劣汰

并不是所有的税收优惠政策都能有效发挥对企业市场行为的激励作用，因此，在对我国税收优惠政策的成本核算与收益评估的基础上，有必要根据税收优惠政策的实施绩效，对其优胜劣汰。财政部税政司（2002）也曾明确提出，对每项税收优惠政策的效果进行评估，对没有效果和没有达到目的的税收优惠政策予以取消或缩减，提高税收优惠政策的效率。在政策实际执行过程中，由于政策效果评估工作的缺失，无法判断各项税收优惠政策是否实现了既定的政策目标，那么对其进一步的调整也就丧失了现实依据。根据不同阶段税收优惠收益评估方法的差异，对其进行优胜劣汰的方法选择也各不相同。首先，当税收优惠数据缺失，采用经济指标评估法时，主要根据各项税收优惠政策评估得分进行降序排列，并选择得分靠后的30%左右的政策项目进行深入调研和探讨，分析对它们进行调整的可行性和必要性，在此基础上实现政策的优胜劣汰。其次，当积累了一定量的税收优惠数据，采用计量模型评估法时，主要根据计量模型中税收优惠政策指标的数学符号及其显著性来判断政策的实施效果，对其衡量指标数学符号相反或不具显著性的税收优惠政策进行重点考察，并对它们进一步使用经济指标评估法进行绩效评估，根据它们的结果综合判断需要实行淘汰的政策项目。最后，货币现金法是税收优惠绩效评估最科学的方法，随着税收优惠预算管理工作的开展，实施税收优惠政策的成本可以得到有效衡量，但其政策实施收益的货币化评估却仍是一个难题，如果随着技术条件的成熟，货币现金收入评估法在实际工作中得到有效应用，则可以根据实施税收优惠政策的实际收益和成本的比较，来确定该项税收优惠政策的实施绩效，并据此实现税收优惠政策的优胜劣汰。

参 考 文 献

［1］［美］阿瑟·奥肯：《平等与效率》，王奔洲等译，华夏出版社 1999 年版。

［2］艾华、王敏：《税法》，高等教育出版社 2012 年版。

［3］白重恩、毛捷：《公共财政视角下的税式支出管理与预算体制改革》，《中国财政》2011 年第 2 期。

［4］财政部税政司：《关于建立税式支出预算制度的基本思路》，《财政监察》2002 年第 3 期。

［5］曹润林、邵晶：《我国税收优惠规模的测算及治理》，《统计与决策》2012 年第 14 期。

［6］陈斌：《税收优惠对吸引外商直接投资有效性的实证分析》，《改革与战略》2007 年第 1 期。

［7］陈端洁：《税式支出概念及其估算》，《经济学动态》2004 年第 2 期。

［8］陈海山、李保民：《在中观财政中实行税式支出的理论思考》，《中国经济问题》1994 年第 5 期。

［9］陈美容、曾繁英：《高新技术企业税收优惠政策及其效应分析——以信息技术业为例》，《财会月刊》2013 年第 20 期。

［10］陈强：《高级计量经济学及 Stata 应用》，高等教育出版社 2010 年版。

［11］陈庆萍：《论税式支出适度规模和效益》，《税务研究》2005 年第 11 期。

［12］陈涛、吕万革：《税收优惠政策的有效性分析》，《贵州大学学报》（自然科学版）2004 年第 11 期。

［13］陈怡男、刘颖：《企业非理性价格行为的行为经济学解释》，《价格理论与实践》2005 年第 1 期。

［14］陈永伟、徐冬林：《税收优惠能够促进就业吗》，《中南财经政法大学学报》2011 年第 2 期。

［15］崔惠玉、张威：《税式支出估算方法的国际比较》，《财政研究》2005 年第 11 期。

［16］戴晨、刘怡：《税收优惠与财政补贴对企业 R&D 影响的比较分析》，《经济科学》2008 年第 3 期。

［17］邓保生：《促进战略性新兴产业发展的税收优惠政策分析与优化》，《税务研究》2011 年第 5 期。

［18］邓欣：《我国涉外税式支出政策反思》，《武汉大学学报》（哲学社会科学版）1997 年第 3 期。

［19］Demurger 等：《地理位置与优惠政策对中国地区经济发展的相关贡献》，《经济研究》2002 年第 9 期。

［20］丁涛：《企业利润受税收影响的微分解析》，《兰州商学院学报》2002 年第 4 期。

［21］杜萌昆：《西方"税式支出"理论及其对我国的借鉴意义》，《涉外税务》1989 年第 7 期。

［22］杜军、王皓妍：《税收优惠政策促进高新技术企业发展的实证研究——以江苏省常州市为例》，《税务研究》2013 年第 3 期。

［23］方红生、张军：《中国地方政府竞争、预算软约束与扩张偏向的财政行为》，《经济研究》2009 年第 12 期。

［24］方重、梅玉华：《税收优惠促进就业的效应探析》，《税务研究》2008 年第 2 期。

［25］冯海波、陈旭佳：《公共医疗卫生支出财政均等化水平的实证考察——以广东省为样本的双变量泰尔指数分析》，《财贸经济》2009 年第 11 期。

［26］傅元海：《税收优惠政策对 FDI 质量影响的实证分析》，《税务研究》2007 年第 7 期。

［27］高鸿业：《西方经济学（微观部分）》第五版，中国人民大学出版社 2011 年版。

［28］高树兰：《对税式支出预算管理问题的探讨》，《天津经济》2007 年第 12 期。

［29］葛夕良、刘应红：《我国外资企业出口税收优惠政策有效性的实证

分析》，《财经论丛》2009 年第 3 期。

[30] 郭飞：《外汇风险对冲和公司价值：基于中国跨国公司的实证研究》，《经济研究》2012 年第 9 期。

[31] 郝博周：《税式支出：税收理论的新课题》，《当代经济科学》1991 年第 4 期。

[32] 胡宇：《现行增值税税式支出的效率分析》，《四川财政》1999 年第 6 期。

[33] 黄洁莉、汤佩、蒋占华：《税收优惠政策下农业企业研发投入、风险与收益——基于我国农业上市公司的实证检验》，《农业技术经济》2014 年第 2 期。

[34] 黄永明、何伟：《技术创新的税收激励：理论与实践》，《财政研究》2006 年第 10 期。

[35] 贾俊雪、郭庆旺、刘晓路：《资本性支出分权、公共资本投资构成与经济增长》，《经济研究》2006 年第 12 期。

[36] 江静：《公共政策对企业创新支持的绩效》，《科研管理》2011 年第 4 期。

[37] 金人庆：《领导干部税收知识读本》，中国财政经济出版社 2000 年版。

[38] 匡小平、肖建华：《我国自主创新能力培育的税收优惠政策整合》，《财贸经济》2007 年增刊。

[39] 孔东民、刘莎莎、黎文靖等：《冷漠是理性的吗？中小股东参与、公司治理与投资者保护》，《经济学》（季刊）2012 年第 10 期。

[40] 李爱鸽、钟飞：《财政补贴与税收优惠对企业研发投入影响的定量分析》，《管理现代化》2013 年第 4 期。

[41] 李杰、李思、刘李清：《高新技术企业税收优惠效应的实证分析：以生物制药为例》，《系统工程》2013 年第 5 期。

[42] 李杰云：《税式支出与财政支出的比较分析》，《财经研究》1991 年第 6 期。

[43] 李俊杰、刘渝：《税收优惠政策对民族地区企业经营决策的影响分析》，《青海民族研究》2011 年第 7 期。

[44] 李丽青：《我国现行 R&D 税收优惠政策的有效性研究》，《中国软科学》2007 年第 7 期。

［45］李善民、陈玉罡：《企业并购：基于相对交易成本视角的初步研究》，《中山大学学报》（社会科学版）2004 年第 6 期。

［46］李万福、林斌、杜静：《中国税收优惠政策的激励效应研究》，《管理世界》2013 年第 6 期。

［47］李伟、铁卫：《税收负担影响中国银行业经营绩效的实证分析》，《统计与信息论坛》2009 年第 7 期。

［48］李香菊：《完善西部大开发税收优惠政策的思考》，《财政研究》2001 年第 11 期。

［49］李扬：《财政补贴的经济分析》，上海三联书店 1990 年版。

［50］李莹：《税收优惠和减免对我国税收流失的影响》，《中国市场》2005 年第 12 期。

［51］李增福：《税率调整、税收优惠与新企业所得税法的有效性》，《经济学家》2010 年第 3 期。

［52］李宗卉、鲁明泓：《中国外商投资企业税收优惠政策的有效性分析》，《世界经济》2004 年第 10 期。

［53］李宗卉：《我国外商投资企业税收优惠政策的局限与完善》，《国际商务——对外经济贸易大学学报》2004 年第 4 期。

［54］林文婷、潘孝珍：《股权结构、税收优惠与企业绩效——基于我国上市金融企业的实证分析》，《浙江金融》2012 年第 5 期。

［55］林毅夫、李志赟：《政策性负担、道德风险与预算软约束》，《经济研究》2004 年第 2 期。

［56］林毅夫、刘明兴、章奇：《政策性负担与企业的预算软约束：来自中国的实证研究》，《管理世界》2004 年第 8 期。

［57］刘大众：《借鉴税式支出理论完善减免税的管理制度》，《税收纵横》1991 年第 1 期。

［58］刘海峰、陈占锋：《中国税收优惠制度改革研究》，西南交通大学出版社 2007 年版。

［59］刘红：《企业经营目标偏离的行为经济学解释》，《商业时代》2007 年第 22 期。

［60］刘建民、劳辉：《税收优惠对"长三角"引资效应的实证分析》，《财政研究》2007 年第 11 期。

［61］刘瑞翔、安同良：《中国经济增长的动力来源与转换展望》，《经济

研究》2011 年第 7 期。

［62］刘心：《税式支出概说》，《涉外税务》1990 年第 10 期。

［63］柳剑平、郑绪涛、喻美辞：《税收、补贴与 R&D 溢出效应分析》，
《数量经济技术经济研究》2005 年第 12 期。

［64］刘军、邱长溶：《西部大开发税收优惠政策实施效果评估》，《当代
经济科学》2006 年第 7 期。

［65］刘蓉：《税式支出的经济分析》，西南财经大学出版社 2000 年版。

［66］刘蓉：《税收优惠政策的经济效应与优化思路》，《税务研究》2005
年第 11 期。

［67］刘颖、刘明：《关于促进技术进步的税式支出研究》，《东北财经大
学学报》2012 年第 1 期。

［68］娄贺统、徐浩萍：《政府推动下的企业技术创新：税收激励效应的
实证研究》，《中国会计评论》2009 年第 6 期。

［69］罗云辉、林洁：《我国资源类企业对外投资的有效性》，《财经科
学》2009 年第 10 期。

［70］罗必良：《合约理论的多重境界与现实演绎：粤省个案》，《改革》
2012 年第 5 期。

［71］马国强：《中国现行税收优惠：问题与建议》，《税务研究》2003 年
第 3 期。

［72］马拴友：《税收优惠与投资的实证分析》，《税务研究》2001 年第
10 期。

［73］潘孝珍：《中国地方政府间的企业所得税竞争研究——基于面板数
据空间滞后模型的实证分析》，《经济理论与经济管理》2015 年第
5 期。

［74］潘孝珍：《税收优惠、市场机遇与企业投资决策》，《财政经济评
论》2012 年上卷。

［75］潘孝珍：《"三驾马车"：哪一个才是经济持续增长的真正动力》，
《中国税务报》2009 年 9 月 2 日。

［76］潘越、戴亦一、吴超鹏等：《社会资本、政治关系与公司投资决
策》，《经济研究》2009 年第 11 期。

［77］庞凤喜、潘孝珍：《论税负痛感指数的构建及其运用》，《中南财经
政法大学学报》2013 年第 2 期。

［78］庞凤喜：《税收原理与中国税制》第三版，中国财政经济出版社
　　　2010 年版。

［79］彭熠、胡剑锋：《财税补贴优惠政策与农业上市公司经营绩效》，
　　　《四川大学学报》（哲学社会科学版）2009 年第 3 期。

［80］彭程、杨红、黄荣：《基于税收利益与破产成本的企业投融资决策
　　　互动关系研究》，《中国管理科学》2011 年第 6 期。

［81］邵诚、王胜光：《我国软件企业税收优惠与研发投入关系的结构方
　　　程模型分析》，《工业技术经济》2010 年第 1 期。

［82］邵培德：《美国税式支出的发展趋向》，《涉外税务》1991 年第
　　　5 期。

［83］沈肇章、魏朗：《影响高新技术企业税收优惠政策实施效果的因素
　　　分析》，《财贸经济》2009 年第 5 期。

［84］宋晶、黄舟：《和谐劳动关系构建：基于隐性合约理论视角的分
　　　析》，《东北财经大学学报》2010 年第 3 期。

［85］宋燕琳：《关于税式支出管理制度的思考》，《财会月刊》2005 年第
　　　10 期。

［86］苏建华：《FDI 对税收优惠的敏感分析》，《重庆工商大学学报》（西
　　　部论坛）2006 年第 4 期。

［87］孙德轩：《中韩税收优惠政策比较及借鉴》，《税务研究》2006 年第
　　　4 期。

［88］孙磊：《税收优惠政策微观分析指标体系及方法研究》，《税务与经
　　　济》2011 年第 6 期。

［89］孙秀凤、王定娟：《企业税收负担与绩效的相关性分析》，《经济论
　　　坛》2006 年第 16 期。

［90］万广华：《不平等的度量与分解》，《经济学》（季刊）2008 年第
　　　10 期。

［91］万莹：《我国地方政府税式支出竞争的博弈分析》，《财政研究》
　　　2005 年第 8 期。

［92］万莹：《我国福利事业税收优惠的绩效分析》，《税务研究》2006 年
　　　第 5 期。

［93］万莹：《我国区域税收优惠政策绩效的实证分析》，《中央财经大学
　　　学报》2006 年第 8 期。

［94］ 汪华亮、邢铭强：《最新企业税收优惠政策指南》，立信会计出版社
2005 年版。

［95］ 王建刚、韩毅、李中健：《对再就业税收优惠政策的分析与修正》，
《税务研究》2005 年第 11 期。

［96］ 王立彦、刘向前：《IPO 与非法定公司所得税收优惠》，《经济学》
（季刊）2004 年第 1 期。

［97］ 王陆进：《简论税式支出》，《当代财经》1990 年第 11 期。

［98］ 王陆进：《论我国涉外税式支出的综合治理》，《涉外税务》1991 年
第 1 期。

［99］ 王素荣、刘宁：《税收优惠政策对行业净利润影响的统计分析》，
《北京工商大学学报》（社会科学版）2012 年第 3 期。

［100］ 王玺、姜朋：《鼓励自主创新的税收优惠政策探析》，《税务研究》
2010 年第 8 期。

［101］ 王一舒、杨晶、王卫星：《高新技术企业税收优惠政策实施效应及
影响因素研究》，《兰州大学学报》（社会科学版）2013 年第 6 期。

［102］ 汪盈、吕久琴：《税收优惠对福利企业业绩的影响——针对浙江某
县级市福利企业的调研》，《财会月刊》2012 年第 7 期。

［103］ 温来成：《公共财政理论与深化中国税式支出制度改革》，《中央财
经大学学报》2000 年第 5 期。

［104］ 闻媛：《税收差别政策与外商直接投资》，《经济理论与经济管理》
2005 年第 11 期。

［105］ 吴从锋、赵卫斌：《家族上市公司与机构投资者持股内因：权限抑
或公司价值》，《改革》2011 年第 7 期。

［106］ 吴联生：《国有股权、税收优惠与公司税负》，《经济研究》2009
年第 10 期。

［107］ 吴文锋、吴冲锋：《中国上市公司高管的政府背景与税收优惠》，
《管理世界》2009 年第 3 期。

［108］ 夏飞、胡洪曙：《入世后我国高新技术产业税收优惠的研究》，《财
政研究》2002 年第 5 期。

［109］ 夏霖：《外资税收优惠政策的有效性及再调整》，《税务研究》
2003 年第 12 期。

［110］ 解学智、史耀斌、张天犁等：《关于建立科学规范的税式支出制度

的思考》,《财政研究》2003 年第 6 期。

[111] 薛荣芳:《企业所得税对 R&D 投资影响分析及美、日等国税收优惠比较》,《税务研究》2007 年第 9 期。

[112] 闫龙飞、张天舒:《西部大开发税收优惠政策实施效果的实证分析》,《税务研究》2010 年第 2 期。

[113] 姚林香、车文军:《对促进就业税收优惠政策的效应分析》,《税务研究》2008 年第 3 期。

[114] 叶金育、顾德瑞:《税收优惠的规范审查与实施评估——以比例原则为分析工具》,《现代法学》2013 年第 6 期。

[115] 易志坤:《国外税式支出实施经验及启示》,《税务研究》2003 年第 3 期。

[116] 肖育才:《西部大开发税收优惠政策评价及未来取向》,《财经科学》2012 年第 3 期。

[117] 袁宏伟:《企业税收负担与投资结构的关系研究》,《中央财经大学学报》2010 年第 10 期。

[118] 张彬、邢鹏:《水利行业税式支出测算实践与启示》,《水利财务与经济》2011 年第 8 期。

[119] 张江雪:《我国技术市场税收优惠政策效果的实证研究》,《科技与经济》2010 年第 8 期。

[120] 张荣芳、刘燕冰:《浅议我国技术创新企业税收优惠(补贴)措施》,《福州大学学报》(哲学社会科学版)2013 年第 3 期。

[121] 张维:《税式支出理论与减免税治理》,《涉外税务》1991 年第 3 期。

[122] 张卫国、任燕燕、花小安:《地方政府投资行为、地区性行政垄断与经济增长》,《经济研究》2011 年第 8 期。

[123] 张先锋、卢丹、张燕:《税收优惠、社会性支出与外商直接投资——基于省际面板数据联立方程模型的研究》,《经济经纬》2013 年第 5 期。

[124] 张义忠、汤书昆:《高新技术产业税收优惠制度的基本原则探析》,《科学学研究》2007 年第 10 期。

[125] 张勇、王美今:《中国企业年金税收优惠政策的成本研究》,《统计研究》2004 年第 8 期。

[126] 张余、杨抚生：《税式支出对促进高新技术产业发展的实证分析》，《阅江学刊》2010 年第 12 期。

[127] 赵宏斌：《中国高等教育规模省级区域分布的差异性研究——基于泰尔指数的比较》，《中国高教研究》2009 年第 2 期。

[128] 赵伟、马瑞永：《中国区域金融增长的差异——基于泰尔指数的测度》，《经济地理》2006 年第 1 期。

[129] 钟炜：《税收优惠与 FDI 的时空分析》，《财经研究》2006 年第 8 期。

[130] 周文豪：《企业：生产成本与交易成本的统一》，《财经科学》2001 年第 5 期。

[131] 周业安：《行为经济学是对西方主流经济学的革命吗》，《中国人民大学学报》2004 年第 2 期。

[132] 朱承斌：《税收优惠的经济分析》，经济科学出版社 2005 年版。

[133] 朱平芳、徐伟民：《政府的科技激励政策对大中型工业企业 R&D 投入及其专利产出的影响》，《经济研究》2003 年第 6 期。

[134] 朱云欢、张明喜：《我国财政补贴对企业研发影响的经验分析》，《经济经纬》2010 年第 5 期。

[135] 左大培：《外资企业税收优惠的非效率性》，《经济研究》2000 年第 5 期。

[136] Anderson, B., Tax Expenditures in OECD Countries, 5th Annual Meeting of OECD – Asia SBO, 2008a.

[137] Anderson, B., Powerpoint Presentation at the Asian Senior Budget Officials Meeting, www. oecd. org/dataoecd/40/6/39944419. pdf, 2008b.

[138] Bao, S., Chang, G. H., Sachs J. D., et al. Geographic Factors and China's Regional Development under Market Reforms, 1978 – 1998. *China Economic Review*, 2002, 13 (1).

[139] Barnett, V., Lewis, T., *Outliers in Statistical Data*, Chichester: John Wiley, 1994.

[140] Berger, P. G., Explicit and Implicit Tax Effects of the R&D Tax Credit, *Journal of Accounting Research*, 1993, 31 (2).

[141] Bernstein, J. I., The Effect of Direct and Indirect Tax Incentives on Canadian Industrial R&D Expenditures, *Canadian Public Policy*,

1986, 12 (3).

[142] Bloom, N., Griffith, R., Van Reenen J., Do R&D Tax Credits Work? Evidence from a Panel of Countries 1979 – 1997, *Journal of Public Economics*, 2002, 85 (1).

[143] Bond, E. W., Samuelson, L., Tax Holidays as Signals, *The American Economic Review*, 1986, 76 (4).

[144] Buckley, P. J., Casson, M., *The Future of the Multinational Enterprises*, London: Macmillan, 1976.

[145] Cheng, L. K., Kwan, Y. K., What are the Determinants of the Location of Foreign Direct Investment? The Chinese experience, *Journal of International Economics*, 2000, 51 (2).

[146] Coase, R. H., The Nature of the Firm, *Economica*, 1937, 4 (16).

[147] Coase, R. H., The Problem of Social Cost, *Journal of Law and Economics*, 1960, 3.

[148] Grossman, S. J., Hart, O. D., The Costs and Benefits of Ownership: A Theory of Vertical and Lateral Integration, *Journal of Political Economy*, 1986, 94 (4).

[149] Coyne, E. J., *An Articulated Analysis Model for FDI Attraction into Developing Countries*, Florida: Nova Southeastern University, 1994.

[150] Derashid, C., Zhang, H., Effective Tax Rates and the "Industrial Policy" Hypothesis: Evidence from Malaysia, *Journal of International Accounting, Auditing and Taxation*, 2003, 12 (1).

[151] Demirgüç – Kunt A., Huizinga, H., Determinants of Commercial Bank Interest Margins and Profitability: Some International Evidence, *The World Bank Economic Review*, 1999, 13 (2).

[152] Devereux, M. P., Griffith, R., Taxes and the Location of Production: Evidence from a Panel of US Multinationals, *Journal of Public Economics*, 1998, 68 (3).

[153] Dilnot, A., Johnson, P., Tax Expenditures: The Case of Occupational Pensions, *Fiscal Studies*, 1993, 14 (1).

[154] Eisner, R., Albert, S. H., Sullivan M. A., The New Incremental Tax Credit for R&D: Incentive or Disincentive, *National Tax Journal*,

1984, 37 (2).

[155] Forsyth, D. J. C., Docherty, K., *US Investment in Scotland*, New York: Praeger, 1972.

[156] Guellec, D., Pottelsberghe, The Impact of Public R&D Expenditure on Business R&D, *Economics of Innovation and New Technology*, 2003, 12 (3).

[157] Hall, B. H., R&D Tax Policy during the 1980s: Success or Failure?, *Tax Policy and the Economy*, MIT Press, 1993.

[158] Haufler, A., Schjelderup G., *Corporate Tax Systems and Cross Country Profit Shifting*, Oxford Economic Papers, 2000, 52 (2).

[159] Hines, J. R. Altered States: Taxes and the Location of Foreign Direct Investment in America, *American Economic Review*, 1996, 86 (5).

[160] Ho, M., Landau, T., China: New Guidelines for Preferential NHTE Tax Rate, *Journal of International Taxation*, 2008, 11.

[161] Jian, T., Sachs, J. D., Warner A. M., Trends in Regional Inequality in China, *China Economic Review*, 1996, 7 (1).

[162] Kahneman, D., Tversky, A., Prospect Theory: An Analysis of Decision under Risk, *Econometrica*, 1979, 47 (2).

[163] Keuschnigg, C., Nielsen, S. B., Tax Policy, Venture Capital, and Entrepreneurship, *Journal of Public Economics*, 2002, 87 (1).

[164] Knox, D. M., The Taxation Support of Occupational Pensions: A Long – Term View, *Fiscal Studies*, 1990, 11 (4).

[165] Mamuneas, T. P., Ishaq Nadiri, M., Public R&D Policies and Cost Behavior of the US Manufacturing Industries, *Journal of Public Economics*, 1996, 63 (1).

[166] Mintz, J. M., An Empirical Estimate of Corporate Tax Refundability and Effective Tax Rates, *Quarterly Journal of Economics*, 1988, 103 (1).

[167] OECD, *Corporate Tax Incentives for Foreign Direct Investment*, http: // www. oecdbookshop. org/oecd/display. asp? K = 5LMQCR2KLH0Q& DS = No. – 04 – Corporate – Tax – Incentives – for – Foreign – Direct – Investment, 2001.

[168] OECD, *Tax Incentives for Research and Development: Trends and Issues*, http: //www. metutech. metu. edu. tr/download/tax% 20incentives% 20for% 20R&D. pdf, 2002.

[169] OECD, *Tax Expenditures in OECD Countries*, http: //www. oecd. org/ publishing/corrigenda, 2010.

[170] Pechman, J. A. , *Federal Tax Policy*, Washington, D. C. : The Brookings Institution, 1987.

[171] Porcano, T. , Corporate Tax Rates: Progressive, Proportional, or Regressive, *Journal of the American Taxation Association*, 1986, 7 (2).

[172] Rolfe, R. J. , Ricks D. A. , Pointer M. M. , et al. , Determinants of FDI Incentive Preferences of MNEs, *Journal of International Business Studies*, 1993, 24 (2).

[173] Rugman, A. M. , *Inside the Multinationals: The Economics of Internal Markets*, New York: Columbia University Press, 1981.

[174] Saez, E. , The Optimal Treatment of Tax Expenditures, *Journal of Public Economics*, 2004, 88 (12).

[175] Schick, A. , Off – budget Expenditure: An Economic and Political Framework, *OECD Journal on Budgeting*, 2007, 7 (3).

[176] Scholes, M. S. , Wolfson, M. A. , The Effects of Changes in Tax Laws on Corporate Reorganization Activity, *The Journal of Business*, 1990, 63 (1).

[177] Shevlin, T. , Taxes and Off – Balance – Sheet Financing: Research and Development Limited Partnerships, *Accounting Review*, 1987, 62 (3).

[178] Shiller, R. J. , Market Volatility and Investor Behavior, *American Economic Review*, 1990, 80 (2).

[179] Shorrocks, A. , The Class of Additively Decomposable Inequality Measures, *Econometrica*, 1980, 48 (3).

[180] Stickney, C. P. , McGee, V. E. , Effective Corporate Tax Rates the Effect of Size, Capital Intensity, Leverage, and Other Factors, *Journal of Accounting and Public Policy*, 1983, 1 (2).

[181] Stigler, G. J. , *The Theory of Price*, 3rd edition, New York: Macmil-

lan, 1966.

[182] Surrey, S. S. , *Pathways to Tax Reform: The Concept of Tax Expenditures*, Cambridge: Harvard University Press, 1973.

[183] Theil, H. , *Economics and Information Theory*, Amsterdam: North Holland, 1967.

[184] Tukey, J. W. , The future of Data Analysis, *Annals of Mathematical Statistics*, 1962, 33.

[185] Warda, J. , Measuring the Value of R&D Tax Treatment in OECD Countries, *STI Review*, 2001, 27.

[186] Warda, J. , *Measuring the Value of R&D Tax Provisions*, http: //ec. europa. eu/invest – in – research/pdf/download_ en/eu_ b_ index_ paper_ final. pdf, 2005.

[187] Whitehouse, E. , *The Tax Treatment of Funded Pensions*, http: // www. oecd. org/dataoecd/17/46/2391559. pdf, 1999.

[188] Wilkie, P. , Corporate Average Effective Tax Rates and Inferences about Relative Tax Preferences, *The Journal of the American Taxation Association*, 1988, 10 (1).

[189] Williamson, O. E. , *Markets and Hierarchies: Analysis and Antitrust Implications*, New York: The Free Press, 1975.

[190] Williamson, O. E. , *The Economic Institutions of Capitalism*, New York: The Free Press, 1985.

[191] Wu, L. , Wang, Y. , Luo W. , et al. , State Ownership, Tax Status and Size Effect of Effective Tax Rate in China, *Accounting and Business Research*, 2012, 42 (2).

[192] Zhang, W. , Rethinking Regional Disparity in China, *Economics of Planning*, 2001, 34 (1 – 2).

后　记

　　本书是在我的博士毕业论文的基础上修改而成，它的出版为我的求学生涯画下了一个圆满的句号。回忆起自己五岁进入幼儿园时的情形，不禁感慨万千，在此后二十多年的求学历程中，自己最主要的任务就是埋头学习，古人所谓的"十年寒窗"大概也莫过于此吧。如果把自己的求学生涯比作马拉松长跑的话，那么我在中南财经政法大学度过的博士三年应该就是最后的冲刺，回首遥望，来时路历历在目。

　　感谢我的导师庞凤喜教授，她渊博的学识、严谨的治学态度一直以来都让我受益匪浅。本书是我在读博期间参与庞老师主持的国家社科基金重大项目（12&ZD044）的研究过程中写作完成，她在晚饭后散步到我宿舍楼下过道里帮我修改、推敲书稿写作提纲的情景仍令我记忆犹新，本书在字里行间无不渗透着她的辛劳与智慧。感谢在我的人生成长过程中所有关心过我、帮助过我的师长亲友，能在人生的旅途中与他（她）们相遇相识，让我深信自己是一个幸运的人。

　　谨以此书献给我的父母、妻儿：我的父母用勤劳的双手让我在求学过程中无衣食之忧；我的妻子林文婷以她的善良包容我的种种缺点；我的儿子潘澄小朋友的出生让我备感压力，但他可爱的笑脸也让我充满前进的动力。

潘孝珍

2016 年 4 月 18 日

于钱江之滨